齊藤明美

至文堂

目　次

序　文……………………………………………………………… 7

Ⅰ　序　論

1．『交隣須知』研究の意義 ……………………………………… 9
2．『交隣須知』に関する先行研究 ………………………………11
　　1　日本人による『交隣須知』の研究……………………………12
　　2　韓国人による『交隣須知』の研究……………………………16
3．研究資料………………………………………………………19
4．研究方法………………………………………………………21

Ⅱ　古写本系『交隣須知』

1．京都大学本『交隣須知』 ………………………………………25
　　1　京都大学本『交隣須知』の書誌的概要………………………25
　　2　京都大学本『交隣須知』の書写期……………………………25
2．沈寿官本『交隣須知』（天保本・文政本）……………………27
　　1　沈寿官本『交隣須知』（天保本・文政本）の書誌的概要 ……27
　　2　京都大学本『交隣須知』と天保本『交隣須知』………………27
　　3　文政本『交隣須知』……………………………………………29
3．アストン本『交隣須知』 ………………………………………34
　　1　アストン本『交隣須知』の書誌的概要………………………34
　　2　見出し語の異同………………………………………………34
　　3　韓国語本文の異同……………………………………………34
　　4　対訳日本語の異同……………………………………………35

Ⅲ　増補本系『交隣須知』

1．巻一（アストン本『交隣須知』・白水本『交隣須知』）…………37
　　1　アストン本『交隣須知』と
　　　　白水本『交隣須知』の書誌的概要………………………38
　　2　アストン本『交隣須知』巻一と
　　　　白水本『交隣須知』巻一の部門配列……………………39
　　3　アストン本『交隣須知』巻一と
　　　　白水本『交隣須知』巻一の見出し語配列………………40
　　4　アストン本『交隣須知』巻一と
　　　　白水本『交隣須知』巻一の例文…………………………43
2．巻二（ソウル大学本『交隣須知』・済州本『交隣須知』）………53
　　1　ソウル大学本『交隣須知』と
　　　　済州本『交隣須知』の書誌的概要………………………53
　　2　ソウル大学本『交隣須知』と
　　　　済州本『交隣須知』の相互関係…………………………54
3．巻三（ソウル大学本『交隣須知』・済州本『交隣須知』・
　　　　中村本『交隣須知』）………………………………………61
　　1　中村本『交隣須知』の書誌的概要………………………61
　　2　見出し語の異同……………………………………………61
　　3　韓国語本文の異同…………………………………………65
　　4　対訳日本語の異同…………………………………………66
　　5　相互関係……………………………………………………68
4．巻四（ソウル大学本『交隣須知』・小田本『交隣須知』・
　　　　アストン本『交隣須知』）…………………………………70
　　1　小田本『交隣須知』と
　　　　アストン本『交隣須知』の書誌的概要…………………70
　　2　ソウル大学本・小田本・アストン本の相互関係………72

Ⅳ 『交隣須知』の刊本

1．明治14年本『交隣須知』……………………………………81
 1　明治14年本『交隣須知』の書誌的概要………………81
 2　『交隣須知』諸本の部門配列…………………………82
 3　明治14年本『交隣須知』の見出し語…………………84
 4　明治14年本『交隣須知』の例文………………………87
 5　明治14年本から明治16年本へ…………………………88
2．明治16年本『交隣須知』と宝迫本『交隣須知』…………90
 1　明治16年本『交隣須知』と
 　　宝迫本『交隣須知』の書誌的概要……………………90
 2　明治16年本『交隣須知』と
 　　宝迫本『交隣須知』の相互関係………………………93
3．明治37年本『交隣須知』…………………………………104
 1　明治37年本『交隣須知』の書誌的概要………………104
 2　明治37年本『交隣須知』の新しさ……………………105

Ⅴ 『交隣須知』の系譜

1．『交隣須知』の著者………………………………………107
 1　雨森芳洲著者説…………………………………………107
 2　雨森芳洲著者説の問題点………………………………111
2．『交隣須知』の系譜………………………………………113
 1　見出し語配列による『交隣須知』の二系列…………113
 2　古写本系の系譜…………………………………………114
 3　増補本系と刊本の系譜…………………………………117

VI 『交隣須知』の日本語

1．音韻・表記 …………………………………… 121
  1　『交隣須知』における音韻と表記 …………… 121
  2　『交隣須知』の濁音表記 ……………………… 121
  3　『交隣須知』の半濁音表記 …………………… 129
  4　オ段長音の開合表記 …………………………… 132
  5　その他の音韻・表記 …………………………… 136

2．文　　法 ……………………………………… 140
  1　「上方語」と「江戸語」の文法的特徴 ……… 142
  2　『交隣須知』の文法 …………………………… 143

3．語　　彙 ……………………………………… 154
  1　原因・理由を表わす接続助詞 ………………… 154
  2　副詞「いか（こ）う」と「もっとも」……… 166
  3　韓国語に干渉された日本語の語彙 …………… 182

4．言語の地域性 ………………………………… 194
  1　『交隣須知』に見られる九州方言 …………… 194
  2　『交隣須知』に見られる対馬方言 …………… 198
  3　二段動詞の一段化 ……………………………… 204
  4　「見る」の命令形 ……………………………… 208
  5　形容詞のカリ活用 ……………………………… 209
  6　カ行漢字音の拗音表記 ………………………… 210

VII 結　　論 ……………………………………… 215

注 …………………………………………………… 221
参考文献 …………………………………………… 225
あとがきにかえて ………………………………… 233
索　引 ……………………………………………… 235

序　文

　『交隣須知』は江戸時代から明治時代を通して日本で最も広く用いられた韓国語の学習書である。江戸時代には朝鮮通信使が何度と日本を訪れ、鎖国状態にあった日本に東洋の文化を伝えた。江戸幕府が朝鮮通信使をいかに貴重な機会と考え、歓待したかは、朝鮮通信使の絵巻等から窺い知ることができる。東洋の医学から天文学に至る知識が伝えられたとされるが、その際、優れた韓国語通訳が必要とされた。『交隣須知』は、江戸時代に、雨森芳洲により作成されたとされる通訳者養成のためのテキストである。

　『交隣須知』の構成は、天文、車馬、行動のように類語的分類がなされており、各項目は、漢字の見出し語とその見出し語漢字の下に、その漢字に関連した韓国語の例文が短文で表示されている。そして、例文の右、または左に対訳日本語が付記されている。この例文は日常会話体で書かれている。この点に近世から近代の日本語、韓国語の言語資料としての重要な価値を見出すことができる。江戸時代に作成された『交隣須知』は、明治14年に刊本が出版されるまで、200年近くにわたり、増補されながらも、写本で伝えられ続けた。このため、近世から近代にかけての日本語と韓国語を通時的に、また、対照的に研究をすることが可能となる。この点から、『交隣須知』の日本語を言語学的に研究することは、近世から近代の日本語を知る上で極めて貴重と言える。筆者は、『交隣須知』の言語資料としての価値に興味を惹かれ、日本語と韓国語両面から、言語学的体系化を試みることに従事してきた。

　拙著はその成果の一部である。内容は2000年8月に韓国の漢陽大学で博士（文学博士）の学位を取得した博士論文『交隣須知の系譜と言語』をベースにしている。学位論文はまず現存する交隣須知諸本の系譜を体系的に整理し、それに続き、前半で『交隣須知』の日本語について、音韻、表記、文法、語彙、

言語の地域性について言及している。そして、後半で韓国語の表記法（語頭合用並書の表記、連綴・重綴・分綴の表記、終声の表記、語幹末子音群の表記等）について論及した。本書は、前半部分の系譜の体系的研究と日本語の研究部分を中心にまとめている。『交隣須知』の韓国語部分に関心のある方は、『交隣須知의系譜와言語』（韓国語版）をご覧いただきたい。

2002年3月15日

齊藤　明美

I 序　　論

1.『交隣須知』研究の意義

　『交隣須知』は、江戸時代から明治期にかけて日本人に最も広く用いられた韓国語学習書である。本書は、天文、時節、昼夜、方位のように分門し、それぞれに漢字の見出し語を掲げ、見出し語である漢字の下にその漢字に関連した韓国語の短文を書き、短文の右、または左に対訳日本語が付けられている。そして、この日本語が活き活きとした会話体で書かれているというところに言語資料としての価値を見出すことができる。

　本書は、明治14年に刊本が出されるまで、200年近く写本のままで伝えられた。また、だからこそ言語資料としての価値があると言えよう。しかし、言語資料としての価値が高いのにもかかわらず、これまで『交隣須知』に対する体系的な研究が数多くなされてきたとは言い難い。

　その原因の一つとして、『交隣須知』に関する書誌学的研究が体系的になされてこなかった点や、現存する『交隣須知』の言語的特徴を考える時、不明な点が多いことなどをあげることができよう。また、これまで見ることができた『交隣須知』だけでは言語資料として量的に不十分であったこともあげられよう。

　いずれにしても、200年もの間伝えられてきた日本語と韓国語を研究することは、両言語の変遷を各々理解するためにも、二言語を対照的に研究していくうえでも、非常に意味深いことであると思われる。

　その意義について述べている先学の記述を次にあげておくことにする。

　　『交隣須知』の用語は日本語にありても朝鮮語にありても時代によって可なりの相違がある。其等の変遷を語学的に研究することは極めて興味あることである。

　　　　　　　　　　　　　　　　　　　　（小倉進平、1936、p.742）

それぞれを比較することによって、捷解新語や隣語大方の場合と同様、両言語についての、もろもろの問題を考える手がかり、ヒントの得られることが期待されるものである。

(濱田敦、1968、p.505)

それは、日本語と韓国語との比較対応において、有益な手がかりを与えてくれるわけで、普通の明治期の資料とは、全く類を異にしている。

(福島邦道・岡上登喜男、1990、p. 4)

『交隣須知』には韓国語本文と対訳日本語があり、そこに日本語と韓国語の200年にわたる会話文が残っているとすれば、当時の両言語の対照研究も可能であると思われる。また、古写本類諸本から増補本、刊本へと変化していく日本語と韓国語を歴史的に研究することもできるし、相互に関連し合う問題についても十分に研究できる資料となり得るはずである。

2.『交隣須知』に関する先行研究

『交隣須知』の研究は、主に日本と韓国でそれぞれ行なわれてきた。

本書が、雨森芳洲のような日本人によって作られた学習書であると考えれば、厳密に言うと「外国資料」(日本語によっての外国語を母語とするものの手に成った資料)とは言えないのかもしれない(安田章、1963、p.53)。しかし、その形式は、見出しとして約3,000の漢字、漢語を媒介として掲げ、その下にそれぞれの見出し語漢字を含む短文がつけられている、言わば、「例解」字典の形をとっている為、韓国語の例文と、対訳日本語(傍注としての日本語、しかも本来対訳として成立したものではなく、心覚え程度のもの(安田章、1980、p.243)とも考えられている。)の両方の面からの研究があり、日・韓両国で、その研究成果が発表されている。

しかし、研究論文の数は、韓国人が日本語学習書として用いた『捷解新語』に比べて決して多いとは言えない。その理由は、『交隣須知』には言語資料として利用する以前の問題が少なくない(白藤禮幸、1967、p.100)からであるとも言われている。

白藤禮幸(1967)は京都大学本『交隣須知』を対象に次のような問題点を指摘している(p.100)。

① この書の著者は雨森芳洲であると言われるが、確かではなく、成立年時も明らかではない。
② 対訳された日本文が書写されるたびごとに、書き加えられたか、と見られる。そのために、この日本文がいつ、どこで記されたものであるかを、『交隣須知』の諸異本の調査とともに明らかにする必要がある。
③ 日本語的韓語、韓語的日本語の現象が諺文文や日本語文に認められるとすると、国語資料としての位地は、一種特殊なものと考えられねばならない。

以上の三点であるが、『交隣須知』を研究する場合、先にも述べたが著者の問題、作成された時期、場所、諸異本の調査をしなければならないのはもちろんのこと、そこに見られる両言語の特質(地域性、韓国語と日本語による相互

干渉等）についても留意しながら研究を進めていかなければならないのは確かであるが、このように複雑であるがために却って、研究に対する意欲が刺激されることも否定できない。

　以上のようにいくつかの問題点を残しているといわれる『交隣須知』ではあるが、ここではまず、日本人による研究から見ていくことにする。

1．日本人による『交隣須知』の研究

　日本人による『交隣須知』に関する研究にはいろいろあるが、古いものとしては、幣原担（1904）をあげることができよう。

　これは、1904年2月、京城刊行の前間恭作、藤波義貫共訂『校訂交隣須知』に対する批評文である。

　この批評文には、『校訂交隣須知』の長所と短所が列挙されており、長所としては、明治16年本に比べて対訳日本語の妥当性が高い、韓国語の部分の郷語を京語に変えた、節目の改正と章句の位置を変更した、明治16年本の「釜山」における対話を「漢城」の対話に変更し、韓国の風俗や人情も理解できるように考慮した、諺文を整理し、言語を適切に使いわけた、類語の列記に心掛けた等の点をあげている。

　この後の大曲美太郎（1935）は、対馬厳原から釜山に移された日本の朝鮮語学所の情況や、釜山に於て印刷された明治14年本『交隣須知』について述べたものである。また、島井浩の談として『探桂玉』という珍しい『交隣須知』の一種が存在することも併記している。これは、現在目にすることのできない資料であると思われるが、大変興味深い話である。

　さて、小倉進平（1936）では、写本としては、中村庄次郎書写の『交隣須知』三巻（ソウル大学本）と、済州本『交隣須知』二巻について、また刊本としては、明治14年印行、外務省蔵版の『交隣須知』四巻、及び明治16年印行、浦瀬裕校正増補『再刊交隣須知』四巻、同じく明治16年出版の宝迫繁勝刪正『交隣須知』四巻について、これらの『交隣須知』が写本、並びに刊本として世に出るに至った由来について詳しく述べている。そして、写本二種の類似性を強調している。

　しかし、これに対して濱田敦（1966a）は、両者の具体的な例があげられていないので、どの程度の一致が見られるのか明らかではないこと、ソウル大学

本、済州本を苗代川に伝えられた写本と比較すると、相当大きく異なった本文も存在したのではないか、という点について記している。

　また、小倉進平（1936）は、幣原担（1904）に対して、前間恭作の書簡を理由に、その誤りを正している。誤りとしているのは、次の3点である。

① 幣原担（1904）「其原本の體裁内容今や人の知る者なく、雨森家亦深く秘して人に示さず」は誤りである。
② 「通事小田幾五郎が近藤真琴氏に和訳の誤字の修正を依頼した」のは錯誤である。
③ 旧本の価値の問題として、此本と二百年前の初本との差異はそれ程大きくなく、浦瀬本等の中で用いられた言語は、郷語ではなく、当時の標準語（つまり、よそ行き詞）であった。

　以上であるが、これらの三点のうち、①と③は、白藤禮幸があげた『交隣須知』の問題点にも関連のある重要事項である。

　一方、濱田敦（1966a）は、京都大学文学部言語学研究室蔵の『交隣須知』と、安田章が発見した第十四代沈寿官蔵『交隣須知』（巻一、巻四の一部分、および巻三の全巻二種）について詳しく解説している。

　濱田敦（1966b）は、京都大学本『交隣須知』の日本語に認められる韓国語の干渉として、音韻現象、清濁の問題、長音の短音表記、漢字、助詞「が」と「は」、「を」と「に」、「まで」「ばかり」「ほど」「だけ」、「こそ」等の問題をとりあげている。また、本書においても後述するが、動詞「食う」と「飲む」、「見る」と「逢う」、「すわる」と「とまる」の問題や、名詞「こえ」と「おと」についても説明している。これらはいずれも、日本語と韓国語における用法が異なる為に、韓国語の用法に干渉されて日本語が「変に」なったと考えられる例である。

　また逆に、韓国語に見られる日本語の干渉による歪みではないかと思われる例、「末音m、n、ŋの三種の鼻音の区別の乱れや、日本語では区別する必要のない母音に混乱が生じた例、『を』格と『に』格とのくい違い等」についても説明している。

　尚、この他にも、福島邦道（1968）では、田中健夫が発見した小田本『交隣

須知』(巻四)にある識語を根拠にして、幣原担の論(『交隣須知』は、小田幾五郎によって増補欄が付された)が立証されたとしている。

『交隣須知』の修正増補は、寛政七年(1795)に行なわれ、「従来の研究では交隣須知の成立年代は江戸時代という漠然たることとして言いえなかったのであるが、修正増補の年代の判明により、原交隣須知の成立はそれを遡ることになるわけで、交隣須知に一つのクロノロジーを与えたことになる」としてもいる(p.3)。また、小田本の出現により、小倉進平が中村本、および済州本の両書について、次のように論述したことは訂正されなければならなくなったともしている(p.5)。

> 両書が前間氏の所謂「浦瀬氏校正前の対馬通事の旧本」に当るもので、しかも大体に於て著作当時の面影を忠実に伝へて居る原本に近いものであらうと想像するものである。
>
> (小倉進平、1936,pp.729-730)

この他にも、白藤禮幸(1967、p.100)が、「この複製の原本は江戸期の写本と言われるが、江戸期の写本の上に、後代の書きこみもあるのではないかと思われる。」とした点に関して、白藤禮幸(1967)の「ケンカン」は、「県官」ではなく「県監」であり、この指摘は誤りであるとした(p.7)。

そして、『交隣須知』の成長については、次のように書いている(p.7)。

> 言語の二重性の上に成った交隣須知は、その必要性から、写本において転写をかさね刊本において改訂をつづけ、それに伴ないことばも変転をとげたのであり、それはものの成長にもなぞらえることができるのである。

また、福島邦道(1969b)は、『交隣須知』の明治刊本について解説している。明治16年本については、二種の資料(明治16年本・宝迫本)で用いられている日本語の語彙に関する説明にまで及んでいる。

福島邦道(1983)には、明治14年本『交隣須知』が出版されるに至った経緯が説明されており、これによると、明治14年版の刊本は、福島邦道の蔵にあったものを出版したことがわかる。明治16年本『交隣須知』については、大曲美

太郎（1935）を引用し、外務省版（明治16年本）と白石版（宝迫本）との違いについて記している。そして、「今後、これらの写本類と明治14年版の本文との異同を詳細にしらべることにより、14年版の本文の性格がはっきりしてくるものと考えられるのである。」とし、『交隣須知』諸本を校合していくことの必要性を説いている。

また、最後に『交隣須知』に関するこれまでの研究について次のように記している（p.33）。

> されば、『交隣須知』の研究は、前間恭作、幣原坦にはじまり、小倉進平により集大成されたのであり、戦後は、濱田敦による画期的な影印作業ならびに苗代川本総索引になって完成するのである。
> ただし、明治版については、なお今後の研究にまつべきものがあるのであり、ここに鶏肋の論をなした次第である。

迫野虔徳（1989）では、まず『交隣須知』の諸本をあげ、続いて交隣須知伝本の二系列（京都大学本とそれ以外の資料の二系列に分類している）について説明を加え、明治の刊本は、増補本系の写本を底本にしていると述べている。続いて、交隣須知の増補について論じ、小田本がいわゆる増補本の祖本の位置に据えられることに対しては、少し気掛かりな点がないではない、ともしている。

次に、京都大学本『交隣須知』の対訳日本語には、九州方言的な語が多く見られるとしてその用例をあげ、「交隣須知の対訳日本語文は、九州南部の人の手になるものというより、九州北部、特に対馬の人との関連を考慮した方がよいように思われる。」としている（p.429）。また、京都大学本とソウル大学本に見られる二段動詞の一段化現象についてもふれている。

さて、最後に、岸田文隆（1998）をあげておくことにする。

岸田文隆は、ロシア、東方学研究所サンクトペテルブルク支部に所蔵されていた『交隣須知』巻一（二本）、巻四を発見し、巻一の一本は、「増補」欄はないが、部門の立て方、巻の分け方から見ると、いわゆる増補本系の流れを汲んでいる資料であり、また、巻四は、「増補」欄の有無および巻の分け方が小田本と全く一致しており、これもまた増補本系の一本を写したものであることを

明らかにした。

　また、京都大学本の系統に属すると考えられる巻一も発見したが、特に注目すべき資料は、いわゆる増補本系（増補の部分はないが）の巻一の発見であるだろう。従来知られていた増補本系の写本は（白水本を除くと）いずれも巻一を欠いていた。従って、この巻一の出現により、増補本系写本、巻一の内容をつぶさに知ることができるようになり、今後の『交隣須知』の研究の発展に大いに役立つであろうことが期待される。

2．韓国人による『交隣須知』の研究

　次に、韓国人による『交隣須知』の研究について見ていくことにする。ここにあげた論文の多くは、韓国で発表されたものであるが、中には日本で発表されたものもある。

　まず、李鐘徹（1982）は、沈寿官氏所蔵の天保本『交隣須知』とソウル大学本『交隣須知』とを対照的に比較し、天保本の性格を明らかにした。

　次に、沈保京（1995）をあげることができるが、これは、明治14年本『交隣須知』に見られる誤った韓国語の用例をあげ説明を加えたものである。

　また、沈保京（1996）によると、韓国語の硬音化と口蓋音化という点から考えれば、明治14年本は、当時の口語体で書かれており、沈寿官本（天保本）は、近代韓国語へ移行しつつある過渡期的な様相を呈しているという。また、韓国語の誤りが種々あることをも指摘している。

　この他に崔彰完（1994）がある。これは、交隣須知に見られる韓国語「말하다（言う）」「보다（見る）」「있다（いる、ある）」の敬語について述べたものである。また、崔彰完（1996）では、京都大学本で「ゴザル」とある部分が、明治14年本では「マス」「デアル」に変化している現象を説明している。

　また、片茂鎮（1991）は写本（京都大学本、済州本、小田本）と、刊本（明治16年刊本）とに共通する見出し語をもつ韓国語本文に付けられた日本語が、どのような関係にあるかを調査することによって、刊本における日本語の性格を究明しようとしたものである。

　また、片茂鎮（1998a）は、白水本『交隣須知』の性格を明らかにしようとしたものである。この他にも片茂鎮（1998b）があり、釜山市立市民図書館にある『交隣須知』に見られる墨書、朱書、鉛筆で修正した加筆等の校正部分

が、明治16年本『交隣須知』に反映されていることを明らかにした。
　一方、李康民（1990）は、『漂民対話』の日本語と韓国語の特色を述べる為に、『漂民対話』と京都大学本『交隣須知』とを比較した。そして、『漂民対話』の日本語と韓国語について次のように述べ、京都大学本『交隣須知』との関係をも示唆している（p.25）。

> その日本語の語法的事象を、語彙的事象と連続的なものとして捉えることにはなお疑問が残り、その意味で、本書を純粋な九州方言資料として取扱うには慎重を期したい。
> 朝鮮語本文は、苗代川の地に広く流布していた『交隣須知』の類に比して、一層現代語に近付いたものであり、それにより本書の編まれた理由も自ずから明らかだと思われる。『交隣須知』の後を継ぐべき朝鮮語学習書に対する切実な要求が、九州南端の鹿児島の地に存したことは、近世末の歴史を考えるうえでも、興味深い。

　また、李康民（1992、p.39）は『交隣須知』と『方言集釈』、『倭語類解』との関り方を次のような図式で示した。

```
『交隣須知』┄┄┄┄┐
     （原倭語類解）┄┄┄┄┄┄┄┄┄┄┄┄┄┄┄┄『倭語類解』
           └┄┄┄┄┄┄┄┄┄┄┄┄『方言集釈』
```

　つまり、「文脈を有する『交隣須知』から単語のみを抽出して原倭語類解が成立し、『方言集釈』の「倭語」は、そのような原倭語類解から蒐集したものであろう」としているのである。また、「現存する『倭語類解』が、その編纂に際し、『方言集釈』が資料として仰いだ原倭語類解に加えて『交隣須知』をも参照していた可能性は高いと言えそうである。」ともしている（p.40）。
　翌年には、李康民（1993）があるが、この論文の「むすび」の部分で次のように述べ、『物名』と『交隣須知』との関係を明らかにしている（p.180）。

> 以上、江戸時代の仮名書き朝鮮語辞書『物名』の成立背景を探り、その音韻史資料としての性格と特徴について検討してきた。それにより『物名』

が増補本系に属する『交隣須知』を藍本として成立したことをある程度明らかにすることが出来たと思う。

　また、李康民（1998）では白水本『交隣須知』もアストン本『交隣須知』の巻一（*Manual of Korean,* Vol.1）も増補本系『交隣須知』に属するが、白水本『交隣須知』と京都大学本『交隣須知』に似通っている例文が多く見られ、アストン本『交隣須知』の例文が明治14年版刊本の例文と似通っているところから、明治の刊本はアストン本『交隣須知』の流れを汲んでいる可能性が強いことを論証している。また、アストン本『交隣須知』の巻四とソウル大学本『交隣須知』の類似性についてもふれている。

　これまで、日本と韓国における『交隣須知』の主な先行研究について見てきたが、これらの論文により、『交隣須知』が作られ、写本の形で伝えられ、明治の刊本に至った事情や、そこに書かれている日本語、本文としての韓国語の特色をある程度は知ることができる。しかし、残されている問題点も多い。例えば、原交隣須知の作者、交隣須知が作られた正確な場所、年代、交隣須知の異本諸本の関係、そこに書かれている日本語と韓国語の流れを体系的に把握すること等がそれにあたる。

　今後は、異本の校合をすることによって資料相互の関係を明らかにし、異本諸本を体系的に整理したうえで、言語の性格（地域性・時代性等）を明らかにしていく必要があると思われる。各資料の成立した時期については、資料自体に記されているものもあり、ある程度推定できるものもある。これを見ると、長い間写本のままで伝えられていたことがわかる。しかも、そこには「活き活きとした」話しことばが記録されている。この「ナマの会話体」が豊富に残されている『交隣須知』の言語資料としての価値は高い。『交隣須知』に現われた言語の流れをより正確に分析することによって、日本語と韓国語、各々の流れや二言語の関係を明らかにすることができると思われる。

Ⅰ　序　論

3．研究資料

　ここでは、本書で研究資料として用いる『交隣須知』の諸本をあげておくことにする。(尚、書誌的概要についてはⅡ章以後で述べるので、ここでは詳細な記述は省略することにする。)

○『交隣須知』の諸本
　《《写本》》
　１）古写本系
　　１。交隣須知（京都大学本）巻一、二、三、四　苗代川伝本京都大学所蔵
　　２。交隣須知（沈寿官本）巻一の一部、巻三（２種-天保本・文政本）、巻
　　　　　　　　　　　　　　四の一部、沈寿官家所蔵
　　３。交隣須知（アストン本）巻一の一部、ロシア東方学研究所所蔵

　２）増補本系
　　１。交隣須知（ソウル大学本）巻二、三、四　中村庄次郎伝本前間恭作模
　　　　　　　　　　　　　　　　写、ソウル大学校中央図書館所蔵
　　２。交隣須知（済州本）巻二、三　済州伝本、東京大学小倉文庫所蔵
　　３。交隣須知（中村本）巻二、三　中村幸彦所蔵
　　４。交隣須知（小田本）巻四　小田幾五郎伝本、東京大学旧南葵文庫所蔵
　　５。交隣須知（白水本）巻一　白水福治伝本、対馬歴史民俗資料館所蔵
　　６。交隣須知（アストン本a）巻一、四　ロシア東方学研究所所蔵（アス
　　　　　　　　　　　　　　　トン本b）巻一の一部、巻二の一部ロシア
　　　　　　　　　　　　　　　東方学研究所所蔵

　《《刊本》》
　　１。交隣須知（明治14年本）巻一、二、三、四　浦瀬裕校正増補1881年刊
　　２。交隣須知（明治16年本）巻一、二、三、四　浦瀬裕校正増補1883年刊
　　３。交隣須知（宝迫本）巻一、二、三、四　宝迫繁勝刪正1883年刊
　　４。校訂交隣須知（明治37年本）１巻　前間恭作・藤波義貫公訂1904年刊

尚、『交隣須知』諸本の呼び方については、いくつかある場合もあるが、本書においては、大旨、李康民（1998）に従い、（　）内に示した[2]。また、本書で言う「古写本」というのは、『交隣須知』の写本類には、増補本系列と増補される前段階のものとの二種類があるが、増補本系列に対するものとして便宜上使用した名称であり、増補本系以前のものと推定できる筆写本のうち、比較的『交隣須知』の古態を残していると思われるものを指す。

　また、ここにあげた資料の他に長崎大学図書館蔵『交隣須知』（巻一、三、四、武藤文庫、以下長崎大学本と略記する）があるが、時間の都合上、詳細にわたる調査は今後の課題とし、本書では詳しく取り扱わないことをお断わりしておく。

4．研究方法

　本書は、『交隣須知』の系譜を明らかにし、そこに用いられている言語、用例文としての韓国語と、韓国語の右または左に付けられている日本語について論及しようとするものである。これまでも『交隣須知』に関する多くの研究がなされてきたが、諸本相互の詳細な関係を明らかにし、そこに用いられている日本語と韓国語が体系的に整理されたことは無かったように思われる。

　そこで、まずⅠ章で『交隣須知』を研究する意義と先行研究、及び研究方法について述べたあと、前頁にあげた『交隣須知』の諸本を古写本系、増補本系、刊本の三つに分類し、資料一つ一つを対照的に比較することにより諸本の性格を明確にし、『交隣須知』の系譜について考えていく。

　Ⅱ章では古写本系『交隣須知』の中から沈寿官本の巻一の一部と巻四の一部を除いた写本類（京都大学本、沈寿官本－天保本・文政本、アストン本）について検討していく。沈寿官本の巻一の一部と巻四の一部については資料が不完全であることと、巻一は特にそうであるが、保存状態もよくない為に、はっきり解読できない部分が多いので、今回は調査対象からはずすことにした。

　また、1．京都大学本『交隣須知』、2．沈寿官本『交隣須知』（天保本、文政本）、3．アストン本『交隣須知』というように資料ごとに項目を設けたが、これは京都大学本に関しては巻一、二、三、四の全てが揃っているが、沈寿官本の天保本と文政本には巻三のみが現存し、アストン本『交隣須知』についても巻一の一部のみが見られるだけなので、このような形式をとることにした。アストン本『交隣須知』巻一については、量的にはわずかであるが、韓国語の読み方がカタカナで書かれている等、他の諸本には見られない資料的価値があると考え、とりあげることにした。これらの諸本を検討することにより、同じ古写本系に属する資料間に見られる相互関係を明らかにしていこうと思う。

　Ⅲ章では、増補本系『交隣須知』を1．巻一、2．巻二、3．巻三、4．巻四のように巻ごとに分類し検討していくことにする。まず巻一では、アストン本『交隣須知』と白水本『交隣須知』について各々の資料の巻の分け方、部門の立て方、見出し語の有無、見出し語の配列順序、韓国語本文と日本語の内容、韓国語の表記等を調査していく。

　次に、巻二では、小倉進平（1936、p.729）が次のように記しているソウル

大学本『交隣須知』と済州本『交隣須知』の相互関係について述べていく。

　私が上記済州本「交隣須知」を手にした翌昭和六年十一月、私は偶然にも前項説明の中村翁自筆の「交隣須知」(前間氏摹写本)を前間氏から示された。私は早速此の二種の異本を比較して見たが、驚くべきことには、分類項目其の他語法の微細な点に至るまで殆んど一致するものあることを発見したのである。

　増補本系『交隣須知』諸本の類似性については迫野虔徳(1989、p.418)にも次のようにある。

　京大本と増補本とでは、例文としての朝鮮語本文が相違していることがしばしばあるのであるが、増補本の右の写本(ソウル大学本、済州本、中村本、小田本を指す)の範囲では互いの間にほとんど相違はない。(( )内は筆者による)

　巻三においても、巻二同様、ソウル大学本、済州本、中村本を調査し、その結果を分析することにより、従来「どれも皆よく似ている」とされてきた写本類諸本間にある差異、相互関係等を明らかにしていきたいと思う。
　巻四においては、ソウル大学本と小田本、及びアストン本の見出し語漢字・韓国語の例文、対訳日本語を各々対照的に比較することによって、まず小田本『交隣須知』とソウル大学本『交隣須知』の相互関係について述べ、次に、アストン本について調査してみた。
　Ⅳ章の『交隣須知』の刊本、は明治年間に刊行された『交隣須知』の相互関係を調査分析したものである。
　明治14年本『交隣須知』では、明治14年刊本が刊行される際、それまで流布していた写本類諸本のうち、どの写本を藍本としたのかについて検討してみた。
　明治16年本『交隣須知』と宝迫本『交隣須知』では、まず明治14年本『交隣須知』と明治16年本『交隣須知』の相異点について述べていく。また、同じく明治16年に出版された明治16年本と宝迫本とを検討することによって、両本の

相異点を具体的に示していこうと思う。

　明治37年本『交隣須知』では、最後の『交隣須知』である明治37年本の新しさについて述べていこうと思う。明治37年本はそれまでの『交隣須知』が四巻で構成されていたのに対し、一冊になっている。そして、そこに用いられている韓国語本文も対訳日本語も写本類諸本や明治14年本・16年本に比べて新しいものになっているものと思われる。

　Ⅴ『交隣須知』の系譜では、これまで調査・検討してきた結果をもとにして、現存する『交隣須知』全体の系譜について考えていきたいと思う。

　Ⅵ章では、『交隣須知』の日本語について論及していく。
『交隣須知』の日本語の音韻・表記、文法、語彙、言語の地域性、の四項目にわたる考察を試みる。

　そして、最後のⅦ章で結論として、『交隣須知』諸本の系譜とそこに見られる日本語についてまとめることにするが、以上により『交隣須知』諸本の相互関係と日本語の性格をある程度明らかにすることができると思われる。

II 古写本系『交隣須知』

1．京都大学本『交隣須知』

１．京都大学本『交隣須知』の書誌的概要

　本書については濱田敦（1966a）に詳しいが、これによると、四巻四冊であり、各巻一冊の線装本である。本文は巻一（60張）、巻二（62張）、巻三（72張）、巻四（56張）より成り、欠落の無い完本であるところに言語資料としての価値を見出すことができる。張ごとに一面6行の韓国語本文があり、行の初めに見出し語としての漢字が提示されており、その下に該当する見出し語漢字を用いて作成した韓国語の短文が諺文で書かれている。そして、韓国語本文の左側（巻一の途中までは右側）に日本語の対訳文が片仮名で付されている。

　本書は古写本系『交隣須知』のうち唯一の完本ではあるが、これが原『交隣須知』の原態をどれ程保存しているかという点については今だ明確な答えを出すことはできない。

　また、本文中に「一本ニ」「又一本ニ」とあり、同時期に異本が存在し、異なる本文との校合の結果を示していると思われる箇所がある。

　いずれにしろ、明治期に入ってから刊行された『交隣須知』以前の、より古い姿を示す写本としては現在知られる限り唯一の完本であり、日本語、韓国語の両国語の歴史、並びに相互関係を研究するうえで、欠かすことのできない貴重な伝本であることは疑いを容れる余地がないであろう。また、『交隣須知』には、対馬に伝わっている資料と、苗代川に伝来しているもの等があるが、京都大学本『交隣須知』は、苗代川に伝わっているものである。

２．京都大学本『交隣須知』の書写期

　京都大学本『交隣須知』の書写期については、これまで明らかにされていないが、李康民（1996）によると、「文化・文政期（1804〜）から、遅くとも天保・弘化期（〜1847）までには書写されたものと見てさしつかえないと思われる。」（引用者日本語訳）としている。この時期を設定した根拠は、苗代川に

残存する『交隣須知』以外の韓国語学習書等の書写期にあると思われるが、これについては様々な説があるようである。

　安田章（1966、pp.133-134）には、苗代川の沈寿官翁から聞いた話として、「江戸時代中期、苗代川では朝鮮語を語る者が減少し、一方において、漂着する朝鮮人が跡をたたず、朝鮮通詞の必要上、対馬から招聘したとのことである。明治初年まで三代に亘って、カワシマ某が朝鮮語を教授しに訪れたという。もし「加嶋先生」が翁の伝え聞いた彼であるならば、対馬と苗代川の関係も、そして、苗代川の写本の存在も、共に容易に納得し得るのである。現存する写本の日付けは寛延（京大本、仮題『朝鮮語学書』）を溯らず（同時に、明治以降にも及ばず）、また、延享・寛延の朝鮮信使を記録した写本（『朝鮮使節官氏名』）の存在も、右の言い伝えを裏書きするのではあるまいか。」とあり、これを根拠にして、迫野虔徳（1989、p.431）では、「苗代川の朝鮮語写本が寛延（1748～1751）を溯らず、延享・寛延の朝鮮信使を記録した写本のあることも注意されており、京大本交隣須知もおそらくこのころのものと見てよいであろう。」としている。

　また、濱田敦（1966、p.22）には次のようにある。

> 本書には、序跋ともになく、その成立、書写の事情を明らかにすることは困難であるが、紙質、筆蹟からして、少くとも江戸時代末期以前の書写に属すべきものであることは間違なく、恐らく、他の同類の、苗代川伝本の朝鮮語学書と相前後する、文化・文政頃より、おそくとも、天保・安政頃までの、つまり、十九世紀の前半期の書写と見て大過ないと思われる。

これは先にあげた李康民（1996）と一致するものである。

　但し、京都大学本『交隣須知』が増補本系『交隣須知』諸本よりも古態を保っている古写本系『交隣須知』に属すると考えるならば、増補本の一種である小田本に「1795年」という記述が見えることにより、京都大学本『交隣須知』が書写された時期は1795年以前であった可能性が強いとも言えよう。仮に1748～1751年を遡らないとすれば、この頃より1795年位の間に書写されたという想定も可能であると思われる。

2．沈寿官本『交隣須知』（天保本・文政本）

1．沈寿官本『交隣須知』（天保本・文政本）の書誌的概要

　沈寿官本『交隣須知』については濱田敦（1996a）に詳しいが、これによると、京都大学本『交隣須知』と同様、薩摩苗代川に伝えられたもので、薩摩焼の伝統を継ぐ第十四代沈寿官の蔵にあったものである。この『交隣須知』は保存が不良で、虫損が甚だしい。そして、全四巻のうち巻一と巻四の一部分、及び巻三の全巻二種が現存している。日本語の部分は京都大学本とは異なり、韓国語の例文の右側に記されている。また、各巻は一筆で統一されているが、その筆蹟から書写者は各々異なった人物であったろうと思われる。尚、巻三の一本（天保本）の巻首には「天保拾四年癸卯七月廿四日」（1843）とあり、巻末に「天保十三年寅十一月廿八日」（1842）とある。また、他の一本（文政本）の巻末には「文政十年」（1813）「文政（十）亥年十二月中旬」と記されている。巻四の巻末に近いところには「安政二年卯八月廿三日」（1855）「嘉永五歳子八月十一日」（1852）とある。

　これ等が各々の写本の所謂「識語」に当るものかどうかは別としても、恐らくこの頃に近い時期に書写されたものであろうと思われる。

　見出し語の配列順序、韓国語の例文の内容等から見ると、いわゆる古写本系『交隣須知』に属するものであると思われる。

2．京都大学本『交隣須知』と天保本『交隣須知』

　まず、部門配列を見ると、天保本に「政刑」の部門が見られないというのを除けば、すべて京都大学本と等しいと言える。[3]

　そして、京都大学本の「政刑」の部門に配列された語は、全部その前の「戯物」の部門の中にある。

　見出し語漢字については、京都大学本にはあるが天保本に無い例として、「衣冠」の部門での「帽子」の「子」、「盛器」の中の「炉」、「鉄器」の「錚」、「鑽」の後「鑢」〜「犂」までの13語をあげることができる。この13語がすっぽりと抜けているのである。また、「錚」の見出し語漢字を一字抜いた為に、次に来る「鉅」の下に「錚」の本文が来、その次の「鑽」の例文として、本来は「鉅」の下に来るべき例文が来るというような「ずれ」が起っている。ある[4]

いは、京都大学本では見出し語漢字が一語であっても、その下に続く韓国語、およびそれに付けられた対訳日本語が二例ある場合に、天保本では見出し語漢字を二度出し、その下に一行ずつ韓国語を付している。例えば、「冊」(「文式」)がこれに当るが、見出し語の出し方は、二語を続けて出すというようなことはせず、何語か隔てて二度めを出すといった形式を取っているようである。

　また、京都大学本では「銍」の次にある「鑿」が、天保本では「鎚」の後に置かれているような例もある。韓国語に付けられた日本語については、京都大学本では韓国語の左側にあり、天保本では、韓国語の右側にある。ただし、天保本においても京都大学本と同じように、韓国語の左側に対訳日本語を書いた例が1例のみ見られる。(「征戦」の降)

　ところで、京都大学本では韓国語の例文だけがあって、日本語が付けられていないのに、沈寿官本の天保本では、日本語対訳が付けられている例が20例近くある。この例とは反対に、京都大学本には日本語があるのに、沈寿官本の天保本では日本語が無い例もあるがこれは2例だけである。

　また、「飲食」の餠、「疾病」の消渇のように京都大学本にも天保本にも対訳日本語が無い例もある。

　従って、全体的に見れば、京都大学本では日本語が無かったものに、天保本で対訳日本語を付けた例が多いと言える。さて、次に祖本をそのまま書写したあとで一線を引いて語句の訂正をしている例を見ていくと、全部で8例見られるが、これらの例を見ると、一度書写したものを意識的に訂正している書き手の態度が窺われる。

　尚、今回両本の校合をした結果をまとめてみると次のようになる。

　まず、京都大学本と天保本の部門配列を見ると、天保本に「政刑」が無いところを除けば、全て等しいと言える。見出し語漢字については、天保本においては見出し語が抜けていたり、同じ見出し語が二度出たりする場合がある。また見出し語につけられた韓国語には、例文がずれている場合が見られる。韓国語に付けられた対訳日本語の位置は、京都大学本では韓国語の左側にあり、天保本では、韓国語の例文の右側にある。(ただし1例のみ左側に書かれたものがある。)そして、京都大学本では見られなかった対訳日本語が、天保本で付

けられた例が多く見られる。天保本では、書写した後で書き手が意識的に訂正したと思われる対訳日本語がいくつか見られる。つまり、京都大学本にある文字をそのまま書写した後で、それを消して、他の文字をその脇に書いていると思われる例がいくつか見られるのである。(京都大学本の「コエ」を天保本で「ヲト」・「音」と訂正した例が多く見られる。)また、対訳日本語が異なる例もいくつか見られる。(「衣冠」の冠、「鉄器」の鑿、「文式」の紙等)

3．文政本『交隣須知』

　沈寿官本の『交隣須知』については、濱田敦（1966a、p.27）に「苗代川本の交隣須知の本文を京大本と比較するに、やはり大同とは云えるにしても、小異は往々にして存する。」とあり、李康民（1996、pp.93-94）に「現存する沈寿官本は、日本語対訳が韓国語本文の右側に書いてある点を除けば、体裁、内容とも全て京都大本と違いは無い。ただし、ちょっと注意を要するのは、文政年間の書写期を持つ巻三の存在である。この文政本は現存する古写本系『交隣須知』の中で一番古い書写年を持っているものであるが、(中略)文政本は両本（京都大本・天保本）とは微妙に異なった文例を持っていて、両本の共通祖本とは異なった異本の影響を受けていると思われる。」（引用者日本語訳）とある。

　そこで、ここではまず接続助詞、「ほどに」・「により」を中心にして文政本『交隣須知』の異質性について考えていき、続いて例文による異なりを見ていくことにする。「ほどに」と「により」はどちらも順接の確定条件を表わす接続助詞であるが、時代によってその使用頻度が異なり、また「により」は『交隣須知』において、一種のきまり文句のように用いられている語である。

　はじめに、部門配列を見ると、次のようになっている。

衣冠・女飾・鋪陳・盛器・織器・鉄器・雑器

　以上のような部門立てになっており、しかも雑器の甌の後は、眠・阿欠・宿・覚・欠伸・静・俯・仰・伏・至・顚・沛・倒と続いている。この部分の語彙の配列は、京都大学本・天保本と大きく異なっているが、他の部分は、ほぼ同じである。

さて、「ほどに」・「により」についてであるが、濱田敦（1970、p.294）に「原刊『捷解新語』から明治15年前後の版の『隣語大方』『交隣須知』に至るまでは、「により」か、或は「ほどに」が一般的に用いられていた」とある。
　確かに京都大学本・天保本の巻三を見ても、「により」「ほどに」が用いられているが、その使用頻度を比べると、「により」が圧倒的に多い。
　ところが、文政本『交隣須知』には、「により」が一例も見られない。
　文例のいくつかをあげると次のようである。

「衣冠」
笠　カサキタ後ニヲビヲセヌミトモナイ（文政本）
笠　カサキタノチニヲビヲセヌニヨリミトモナフコザル
　　　　　　　　　　　　　　　　　　　　（京都大学本・天保本）

裘　カワコロモハアツイニヨツテフロシキニツツンデヲケ（文政本）
裘　カワ衣ハアツイニヨリフロシキニツツンデヲケ（京都大学本）
裘　カワコロモハアツイニヨリフロシキニツツンデヲケ（天保本）

縫　ヌウタトコロカホコロビタホドニカサ子テヌウテコメイレイ（文政本）
縫　ヌウタモノカホコロヒタニヨリカサネテヌフテコメヲイレイ
　　　　　　　　　　　　　　　　　　　　（京都大学本・天保本）

油衫　カツハカヤブレテ雨カモル（文政本）
油衫　カツハガヤブレタニヨリアメガモリマスル（京都大学本）
油衫　カツハカヤブレタニヨリアメガモリマスル（天保本）

吐手　テヌキヲシタレバウデクヒカアタタカニコサル（文政本）
吐手　テヌキカケタニヨリウテクヒカアタタカニコサル
　　　　　　　　　　　　　　　　　　　　（京都大学本・天保本）

　文政本の例文を見ると「により」を省略している例が5例、「により」のかわりに「ほどに」としている例が3例、「により」を「によって」としている

例が5例ある。また接続助詞「ば」を用いている例が2例、助詞の「て」を用いている形が1例のみ見られる。

　濱田敦（1970、p.298）は、時代が新しくなるに従って、「ほどに」から「により」の使用頻度が高くなると言っているが、もしそれが事実であるとすれば、天保本より文政本の方が古い言い方を残していると言えるのかもしれない。しかし、一般的な言語変化と、『交隣須知』の言語変化が必ずしも一致しない場合もあり得る。例えば口語と文語、丁寧な表現とそうでない場合等で言語変化が異なる場合もあるだろう。

　また、「により」のかわりに、「によって」が見られるのは、「により」が本来は文章体に多く用いられた語であることを考えると、文政本『交隣須知』が、京大本や天保本『交隣須知』に比べて、より活き活きした会話体で書かれているとも言えるのかもしれない。

　いずれにしても、朝鮮資料の特色、この種の資料における一種のきまり文句であるとまで言われている「により」の使用が一例も見られない文政本は、やはり他の資料に比べて異質であると言えるだろう。

　さて、次に例文の違いについて見ていくことにするが、ここでは参考のために、天保本と文政本の他にソウル大学本と明治14年本をも校合することにする。

○京都大学本と天保本が等しく、文政本のみが異なる例文

「衣冠」
袈裟　ケサヲカケ僧巾ヲカブツテ念仏申スヤウスワマコトニ釈迦如来シヤ
　　　　　　　　　　　　　　　　　　　　　　　　　　（文政本）
袈裟　ケサカケテソキンヲカブツテジユズカケテシヤカニヨライノマエニテネンブツスルハ長老テゴサル（京都大学本・天保本）
袈裟　ケサカケテ僧巾ヲカブツテ念仏申スヤウスガマコトニ釈迦如来テゴサル
　　　　　　　　　　　　　　　　　　　　　　　　　　（ソウル大学本）
袈裟　ケサカケテ僧巾カブツテ念仏申スヤウスガマコトニ釈迦如来ノ弟子デゴザル
　　　　　　　　　　　　　　　　　　　　　　　　　　（明治14年本）

「鋪陳」
日傘　日ガサワヒヲサイギルモノテミヤコ外ノ役目ヲスル人ドモガタテテアルク（文政本）
日傘　ヒカサハヤクメヲツトムルヒトタチノタテテアルク
　　　　　　　　　　　　　　　　　　　（京都大学本・天保本）
日傘　ヒガサハ外方ノツトメスル歴ミガ立テヽマワリマスル（ソウル大学本）
日傘　ヒガサハ外方ノ守令等ガタテヽマワリマス（明治14年本）

「静止」
眠　　子ムリガサイタコレマデニシテ子マセウ（文政本）
眠　　子ムリガキタニヨリソレマテニシテ子マシヨウ（京都大学本・天保本）
眠　　子ムリガサシタニヨリソレマデニシテ子マセウ（ソウル大学本）
眠　　子ムリガキタニヨリソレマデニシテ子マセウ（明治14年本）

宿　　子テアスコサレ（文政本）
宿　　トマツテアスミメイテユカシヤレイ（京都大学本・天保本）
宿　　ヤスンテ明日未明ニユクヤウニシマセウ（ソウル大学本・明治14年本）

呵欠　アクビヲサツシヤルガ子トウコサルカ（文政本）
呵欠　アクビシテ子ムタイソウニアル（京都大学本・天保本）
呵欠　アクビセズトヒル子ナリトモスルヤウニナサレマセイ（ソウル大学本）
呵欠　アクビセズシテヒル子ナリトモセヨ（明治14年本）

静　　シツカデサヒシイ（文政本）
静　　シツカニシテミツノヲトバカリキコエマスル（京都大学本・天保本）
静　　シヅカニシテ水ノヲトバカリキコエマスル（ソウル大学本）
静　　シヅカニシテ水ノヲトバカリキコエマス（明治14年本）

沛　　アヲノキニコケテアタマヲワロウ（文政本）
沛　　アヲノケニタヲレテアタマカワレソウ（京都大学本・天保本）
沛　　アヲノケニタヲレタラハアタマガワリヤウ（ソウル大学本）

32

II　古写本系『交隣須知』

沛　　アヲノケニタフレタラバアタマガワレウ（明治14年本）

○京都大学本・天保本・文政本ともに異なる例文

「衣冠」
冠　　カンムリヲカブツテコソ客ノチソウヲシマスル（文政本）
冠　　対訳日本語が見られない（京都大学本）
冠　　カンムリヲカブツテコソ客ヲトリモチマスルトコロニドウシテアノヨフニユカメテカブラシヤルカマツスグニカブラシヤレ（天保本）
冠　　カンムリヲナゼアノヤウニユガメテキサシヤルカマツスグニキサシヤレイ　　　　　　　　　　　　　　　　　　　　　（ソウル大学本）
冠　　カンムリヲナゼアノヤウニユガメテカブラレルカマツスグニカブラシヤレヨ　　　　　　　　　　　　　　　　　　　　（明治14年本）

「鉄器」
鑿　　ノミハ木ニアナアケルニテウホウナ（文政本）
鑿　　又ノミガナケレバサイクカシニクイノミハキニアナアケルニカンヨウナモノチヤ　　　　　　　　　　　　　　　　　（京都大学本）
鑿　　ノミハ木ニアナアケルニカナメモノジヤ（天保本）
鑿　　ノミハ木ニアナアケルニツキチヤウホウナモノジヤ（ソウル大学本）
鑿　　ノミハ木ヲエルニツキチヨウハウナモノデアル（明治14年本）

　以上であるが、この他にも文末表現のみが異なる例や、一つの単語だけが異なる例等も見られるが、ここでは比較的大きな違いがあるもののみをあげてみた。
　これらの用例からも文政本の異質性を窺うことができよう。

3．アストン本『交隣須知』

1．アストン本『交隣須知』の書誌的概要

　アストン本『交隣須知』巻一の一部は、岸田文隆がロシアの東方学研究所サンクペテルブルグ支部にアストン（William. G. Aston）旧蔵本として所蔵されていたものを入手し、紹介したものである（岸田文隆、1998）。

　1冊11丁より成り、大きさは縦27cm×横19cmである。外題に『交隣須知』とあるが、内容は巻一冒頭の「天文」「時節」門のみを書写したものである。

　書写した時に依拠した底本は、古写本系に属するものであり、増補本系諸本とは相違しているようである。本書において特に注目すべき点は、韓国語の用例文の左側に、その読み方（音注）がかな書きで表記されていることである。

　さて、ここでは、アストン本『交隣須知』と京都大学本『交隣須知』の「天文」「時節」門を比較し、（1）見出し語の異同、（2）韓国語本文の異同、（3）対訳日本語の異同について見ていくことにする。

2．見出し語の異同

　アストン本と京都大学本の「天文」「時節」における見出し語配列は、大体同じであるが、次の箇所で異なりが見られる。

　「天文」門においては、京都大学本では「東北風、西南風、西北風」とあるが、アストン本には「西南風」が見られない。また、京都大学本では「電、靄」の順であるが、アストン本では逆になっている。あるいは、「時節」門においては、京都大学本では「腸」と「元日」の間に「臘」があるが、アストン本では、「秋夕」と「換節」の間に「臘」がある。

　次に、韓国語本文の異同について見ていくことにする。

3．韓国語本文の異同

　韓国語の本文に違いが見られる例文には次のようなものがあるが、これを見ると、表記法の違いが目立つようである。

月　둘이 볽그니 심;흔디 말이나 ᄒᆞᆸ새　（アストン本・巻一・天文）
月　둘이 볽으니 심;흔디 말이나 ᄒᆞᆸ새　（京都大学本・巻一・天文）

西北風　셔븍풍이 부니 뫼도라가기 둇게 ᄒᆞ엿ᄉᆞᆸᄂᆡ　（アストン本・巻一・天文）
西北風　셔븍풍이 부니 뫼도라가기 죳게 ᄒᆞ엿ᄉᆞᆸᄂᆡ　（京都大学本・巻一・天文）

霰　ᄡᆞᆫ눈이 만히 오니 맛치 발이 ᄂᆞ려디ᄂᆞᆫ둧 ᄒᆞ외　（アストン本・巻一・天文）
霰　싿눈이 만히 오니 맛치 쑬이 ᄂᆞ려디ᄂᆞᆫ둧 ᄒᆞ외　（京都大学本・巻一・天文）

去年　거년 농ᄉᆞ는 무단히 되엿ᄉᆞᆸ데　（アストン本・巻一・時節）
去年　거년 농ᄉᆞ는 므단히 되얻ᄉᆞᆸ데　（京都大学本・巻一・時節）

4．対訳日本語の異同

　アストン本と京都大学本とで、対訳日本語が異なっている例文をあげると次のとおりである。

月暈　月ガカサヲキマシタ　（アストン本・巻一・天文）
月暈　月ガミミガ子ヲカケマシタ　（京都大学本・巻一・天文）

西風　西風ガキツフ吹クニヨリ風ガワルフテ氣毒ニゴザル
　　　　　　　　　　　　　　　　（アストン本・巻一・天文）
西風　西風ガイカフ吹クニヨリ風ガワルフテ氣毒ニゴザル
　　　　　　　　　　　　　　　　（京都大学本・巻一・天文）

逆風　逆風ガフクニヨリ弓ガイリニクウゴザル　（アストン本・巻一・天文）
逆風　逆風ガフクニヨリ弓イルニムツカシフゴザル（京都大学本・巻一・天文）

　対訳日本語も韓国語本文と同じく違いはあるが、内容を大きく変えるものではないと思われる。以上であるが、アストン本『交隣須知』の巻一（一部）と京都大学本『交隣須知』とを校合した結果、見出し語の配列にはわずかの差はあるが、類似性が高いと言えよう。また、韓国語の表記においては「볽그니・

붉으니」「못게・좃게」「븐눈・싼눈」「무단히・므단히」等の違いが見られた。これを見ると、アストン本により保守的な形が残っていると言えよう。また、対訳日本語においても、わずかではあるが異なりが見られた。

III　増補本系『交隣須知』

1．巻一（アストン本『交隣須知』・白水本『交隣須知』）

　これまで『交隣須知』を研究する際に問題点とされてきたことの一つに、「資料不足」ということがある。『交隣須知』を日本語及び韓国語の言語資料として見る時、この資料がおよそ200年以上にも渡る活き活きとした会話体を残している貴重なものであるのにもかかわらず、資料としての価値という点において高い評価を得ることができなかった原因の一つとして、現在目にすることのできる資料が完全な形で残っていないということが指摘されてきたのである。資料が不完全であり、しかも残存する資料に関する成立過程や系譜について明確に知ることができないとなれば高い評価が得られないのは当然であるのかもしれない。

　しかし、近年、ロシア東方学研究所サンクペテルブルグ支部に所蔵されていたW.G.アストンの収集本である『交隣須知』が紹介されるに至って（岸田文隆、1998）、『交隣須知』の研究、特に増補本のそれは再検討の必要性が生じてきた。そこには、それまで欠けていた増補本系『交隣須知』の巻一も含まれていたのである。Manual of Koreanには、『交隣須知』という書名は見られないが、その内容は明らかに『交隣須知』の写本であった。（以下、アストン本と略記する）

　アストン本の『交隣須知』巻一の出現により、今までその存在が確認されていた対馬歴史民俗資料館所蔵の『交隣須知』の巻一（以下、白水本と略記する）とともに、増補本系『交隣須知』巻一の内容が明らかになったのである。

　そこで、本章では、アストン本『交隣須知』の巻一と白水本『交隣須知』の巻一における部門立て、見出し語配列の仕方、日本語と韓国語の用例等を具体的に調査することにより、二資料の性格を明らかにしていくつもりである。これら二つの『交隣須知』を京都大学本、明治14年本と対照的に比較することによって、その資料性を明らかにしていくことが、『交隣須知』全体の系譜、性格等を決定する際の一助となると考えたからである。

1．アストン本『交隣須知』と白水本『交隣須知』の書誌的概要

アストン本『交隣須知』の巻一の存在については、すでにHayashi,N.& Kornicki (1991)によって明らかにされていたが、1998年に岸田文隆によって実物が紹介されるまでは、その内容を実際に知ることはできなかった。この資料は岸田文隆（1998）に詳しいが、これによると、*Manual of Korean*（図書番号Ｂ４）に収められているものであり、*Manual of Korean*は革洋装四冊から成る。大きさは縦24cm×横16．5cmであり、第一冊め外題に「天文」とあり、アストンの自筆と思われる文字で「*Manual of Korean* Vol. 1」とある。第一冊めの巻末には「弘化三丙午読始/（墨抹）/永留氏」とあり、これが『交隣須知』の巻一にあたるという。尚、弘化3年は1846年である。

また、第二冊めの巻末には「天保十三壬寅年設之/壮月秋分/知好」、第四冊めの巻末には「天保十二辛丑年知好（花押）/二月廿一日/浦瀬岩次郎」とあるが、天保13年は1842年、天保12年は1841年にあたる。第四冊めにある「浦瀬岩次郎」は、明治14年本『交隣須知』を校正増補した、かの「浦瀬裕」と何らかの関係があるのかもしれないが、現段階では、はっきりしない。

尚、*Manual of Korean*全四冊のうち、『交隣須知』が収められているのは、一冊めと二冊めであり、一冊めには巻一が、二冊めには巻四がある。そして、残りの三冊めと四冊めには『隣語大方』が収められている。

一方、白水本『交隣須知』は片茂鎮（1998a）によると、一冊75帳で大きさは縦23cm×横16cmである。外題に『交隣須知仁』とある。現在、対馬歴史民俗資料館に所蔵されており、表紙の下段中央に貼付されている書標により、某家の文書であったこの資料が1987年に津江篤郎によって宗家文庫に寄贈されたものとするが、詳しいいきさつはわからない。この本の上表紙には「白水」という墨書が見え、本の末尾に「白水福治」という名前がある。また、裏表紙にも「白水主」という文字が見えることから、この資料が対馬の白水家に伝わり来たったものであることが推測できるが、白水（しろず）家は、対馬藩の平民であり、朝鮮通信使を排出した家柄であったと思われる。関西大学の泉澄一によると、安政元年（1854）と安政２年（1855）の対馬における漂流民送りの口上覚（対馬歴史民俗資料館所蔵）の中に、10人の通詞の中の一人として白水福治という名前が記載されているという。また、白水福治の名前は一番下に書かれており、これによって彼が通詞の中でもランクの一番低い者であったことが類

推できる。仮に白水福治が通詞になる為に韓国語の教科書として『交隣須知』を用いたとすれば白水本『交隣須知』は、1854年以前には存在していたことになろう。

　この白水本には増補本系『交隣須知』特有の「増補」欄があり、増補本系の一種であることがわかる。

2．アストン本『交隣須知』巻一と白水本『交隣須知』巻一の部門配列
　次にアストン本『交隣須知』巻一と白水本『交隣須知』巻一の、巻の分け方と部門配列について見ていくことにする。これについては、すでに先行研究における指摘があるが（岸田文隆、1998/片茂鎮、1998a）、ここに一覧表を作成し掲げておくことにする。

　この表を見ると、京都大学本のみに「人性」門があることがわかるが、京都

『交隣須知』巻一の部門配列

アストン本	白水本	京都大学本	明治14年本
（第一冊め始）	（巻一始）	（巻一始）	（巻一始）
天文	天文	天文	天文
時節	時節	時節	時節
昼夜	昼夜	昼夜	昼夜
方位	地理	方位	方位
地理	方位	地理	地理
江湖	江湖	江湖	江湖
水貌	水貌	水貌	水貌
舟楫	舟楫	舟楫	舟楫
人品	人品	人品	人品
		人性	
官爵	官爵	官爵	官爵
天倫	天倫	天倫	天倫
頭部	頭部	頭部	頭部
身部	身部	身部	身部
形貌	形貌		形貌
		（巻一終）	
		（巻二始）	
羽族	羽族	飛禽	羽族
（巻一終）	（巻一終）		（巻一終）

大学本の「人性」門にある見出し語は、アストン本、白水本、明治14年本においては「人品」門に含まれている。

また、アストン本、白水本、明治14年本においては、巻一の最後に「羽族」門があるが、京都大学本では「身部」門で巻一は終了している。そして、他の三資料の「羽族」門にある見出し語漢字は巻二の初めにある「飛禽」門にある。

ところで、白水本の部門配列表では「地理」「方位」の順になっているが、実際に中を見ると、「方位」「地理」の順になっている。

以上により、アストン本、白水本、京都大学本、明治14年本のうち、京都大学本以外の三資料における巻の分け方、部門配列は等しく、京都大学本のみが異なっていることがわかる。これにより、アストン本、白水本はともに明治14年本に近く、京都大学本とは相違していると言うことができよう。

3．アストン本『交隣須知』巻一と
　　白水本『交隣須知』巻一の見出し語配列

次に、アストン本、白水本、京都大学本、明治14年本の見出し語配列について見ていくことにする。

『交隣須知』巻一の見出し語配列（「天文」門）

	①	②	③	④	⑤	⑥	⑦	⑧	⑨	⑩
アストン本	天	日	月	星	老人星	三台星	参星	日蝕	月蝕	日暈
白水本	天	日	月	星	老人星	三台星	参星	日蝕	月蝕	日暈
京都大学本	天	日	月	星	老人星	三台星	参星	日暈	月暈	日蝕
明治14年本	天	日	月	星	老人星	三台星	参星	日蝕	月蝕	日暈

	⑪	⑫	⑬	⑭	⑮	⑯	⑰	⑱	⑲	⑳
アストン本	月暈	明	暗	朗	晴	照	昏	微月	漢水	曀
白水本	月暈	明	暗	朗	晴	照	昏	微月	漢水	曀
京都大学本	月蝕									
明治14年本	月暈	明	暗	朗	晴	照	昏		漢	曀

	㉑	㉒	㉓	㉔	㉕	㉖	㉗	㉘	㉙	㉚
アストン本	風	東風	西風	南風	北風	東南風	東北風	西南風	西北風	横風
白水本	風	東風	西風	南風	北風	東南風	東北風	西南風	西北風	横風
京都大学本	風	東風	西風			東南風	東北風	西南風	西北風	順風

III 増補本系『交隣須知』

明治14年本	風	東風	西風	南風	北風	東南風	東北風	西南風	西北風	横風
	㉛	㉜	㉝	㉞	㉟	㊱	㊲	㊳	㊴	㊵
アストン本	逆風	順風	風止	残風	旋風	急風	雪	雲	雨	驟雨
白水本	逆風	順風	風止	残風	旋風	急風	雪	雲	雨	驟雨
京都大学本	悪風	逆風	旋風	残風	急風	風止		雲	雨	驟雨
明治14年本	逆風	順風	風止	残風	旋風	急風	雪	雲	雨	驟雨
	㊶	㊷	㊸	㊹	㊺	㊻	㊼	㊽	㊾	㊿
アストン本	雹	霰		霖	細雨	六花	霜	著霜	露	霧
白水本	雹	霰		霖	細雨	六花	霜	著霜	露	霧
京都大学本	雪	霰	雹	霖	細雨	六花	霜	著霜	露	霧
明治14年本	雨雹	霰		霖	細雨	六花	霜	著霜	露	霧
	51	52	53	54	55	56	57	58	59	60
アストン本	霞	雷	電		霹靂	天動	震動	虹	旱	快晴
白水本	霞	雷	電		霹靂	天動	震動	虹	旱	晴
京都大学本	霞	雷	電	靄	霹靂	虹	天動	震動	旱	晴
明治14年本	霞	雷	電		霹靂	天動	震動	虹	旱	快晴
	61	62	63	64	65	66	67	68	69	70
アストン本			牽牛	織女	七星	飄風	暴風	急雨	祈雨	瑞気
白水本			牽牛	織女	七星	飄風	暴風	急雨	祈雨	瑞気
京都大学本		曀	漢水	牽牛	織女					
明治14年本			牽牛		七星	飄風	暴風	急雨	祈雨	瑞気
	71	72	73	74	75	76	77	78	79	80
アストン本	靄									
白水本	靄	二十八宿	彗星	南斗星	北斗星					
京都大学本										
明治14年本	靄	二十八宿	彗星	南斗星	北斗星	海霧	換風	地震		

　上記の表は、アストン本、白水本、京都大学本、明治14年本の巻一の「天文」門における見出し語配列を一覧表にしたものであるが、これを見ると、アストン本と白水本との間にある違いは⑥の「快晴」（アストン本）、「晴」（白水本）と、白水本にのみ見られる「増補」欄にある見出し語（72 73 74 75）の有無のみである。

　また、この二種の『交隣須知』を京都大学本、明治14年本と比較してみると、明治14年本に近く、京都大学本とは異なっていることがわかる。アストン本、白水本、明治14年本が等しく、京都大学本のみが異なっている見出し語漢字として33例をあげることができるが、この用例数は決して少なくないと言えよう。

以上、見てきたように、アストン本『交隣須知』、白水本『交隣須知』の巻一は、いずれも巻の分け方、部門配列、見出し語漢字の配列の仕方においては、明治14年本に近く、京都大学本とは異なっていることが明らかになった。
　見出し語漢字の配列表は、紙幅の都合上「天文」門だけをあげたが、巻一全体を見た場合の見出し語漢字の有無、または配列順序の違いは次のようになっている。(但し、ここでは白水本だけが持っている「増補」欄にある見出し語類は除いた)

〈アストン本のみにある見出し語〉
「昼夜」門・・・明
「天倫」門・・・比漢

〈白水本にのみある見出し語〉
「江湖」門・・・水道
「天倫」門・・・厥
「羽族」門・・・黄鳥

〈アストン本と白水本とで見出し語の配列順序が異なるもの〉
「羽族」門・・・鶺
　　　　(アストン本では「羽族」門の最後にあるが「鶺」と「白鷺」の間に「末ニアリ」とある。
　　　　白水本では「鶺鴒　白鷺」の順になっている。)
「江湖」門・・・灘、渓（アストン本）
　　　　　　　渓、灘（白水本）

　以上であるが、これらの見出し語漢字が配列されている位置を見ると、アストン本のみにある「明」(「昼夜」門)以外の「比漢」「水道」「厥」「黄鳥」は全て、各々の部門の最後に置かれている。また、「明」はアストン本、白水本の「天文」門にもあり、アストン本のみに見られる「昼夜」門の「明」は、重複していることになる。
　前述したように、アストン本には「増補」欄が無く、白水本には増補本系

『交隣須知』特有の「増補」欄があるといった大きな違いはあるが、本の体裁面、構成の仕方から見ると、どちらも増補本系の『交隣須知』に属すると言えよう。

4．アストン本『交隣須知』巻一と白水本『交隣須知』巻一の例文

さて、ここではアストン本、白水本、京都大学本、明治14年本の対訳日本語を校合することによって、アストン本と白水本『交隣須知』巻一の例文の性格を明らかにしていきたいと思う。また、必要に応じて、韓国語の例文についてもふれていく。

まず、アストン本と白水本の対訳日本語の内容が異なっている例文を次にあげておく。アストン本『交隣須知』に見られる見出し語漢字の数は全部で約700であり、73例の例文に異なりが見られる。これは、全体のおよそ10％にあたる。逆に言うと、アストン本と白水本に見られる対訳日本語の約90％は等しい、あるいは似ていると言えるわけである。しかし、対訳日本語の内容、文脈は大体同じであっても、細かい点で異なっている場合が非常に多い。つまり、どちらかの資料が他の一方を見て書写したという感じはしないのである。この点については、すでに李康民（1998、p.116）が指摘しているが、お互いに類似した文脈の中にも微細な違いが多く存在している。

また、このような現象は単にアストン本と白水本の間だけに止まらない。京都大学本においても明治14年本においても同じようなことが言えるようである。もちろん、韓国語も日本語も全く同じ例文もあるが、全体的には似ていても文末表現や助詞が異なっている場合が非常に多く見られる。そこで、ここでは、微細な相違がある例文ではなく、比較的大きな差異が明確に現れている場合のみを取り出してみることにした。

○アストン本と白水本とで対訳日本語が異なる例文のうち、アストン本と明治14年本の例文が同じ、もしくは似ている場合。
暗　アノ人ハ目ガミヱカ子テナニスル⁊モシリマセヌ（京都大学本・天文）
暗　暗イ夜ハ明松ヲ灯シテマワルヤウニナサレマセイ（アストン本・天文）
暗　アノ人ハ眼ガクランデドウスルワケモ知リマセヌ（白水本・天文）
暗　クライ夜ハタイマツトモシテ廻ラシヤレヨ（明治14年本・天文）

豊年　ホフ子ンガツヾクニヨリマコトニチンチョフニゴザル
　　　　　　　　　　　　　　　　　　　　　（京都大学本・時節）
豊年　豊年ガツヽイテテキテ万民ガ太平デクラシマスル（アストン本・時節）
豊年　ホウ子ンガ連テマコトニヨロコバシウゴサル（白水本・時節）
豊年　豊年ガ連イテデキテ万民ガ太平デクラシマス（明治14年本・時節）

○アストン本と白水本とで対訳日本語が異なる例文のうち、白水本と京都大学本の例文が同じ、もしくは似ている場合。
端午　端午ハ五月初五日テコサリマスル（京都大学本・時節）
端午　端午ハ男女トモナクビシヤゴヲイリマスル（アストン本・時節）
端午　タンゴハ五月初五日ノ日デゴサル（白水本・時節）
端午　端午ハ男女トナク鞦韆ヲノル（明治14年本・時節）

夜　夜ハサヒシフテ子ラレズニナンギニコザル（京都大学本・昼夜）
夜　ヨルカ短イユヱ朝寝ヲヨウシマスル（アストン本・昼夜）
夜　ヨルニナレハサビシウテ子イラレズクルシウゴサル（白水本・昼夜）
夜　夜ガミジカイ故アサ子ヲヨクシマス（明治14年本・昼夜）

○アストン本と白水本とで対訳日本語が異なる例文のうち、アストン本と明治14年本の例文が同じ、もしくは似ており、同時に白水本と京都大学本の例文が同じ、もしくは似ている場合。
今　今ノ人ハ信義ワスレテヨクシンバカリダスニヨリイタシカタハゴサラ
　　　　　　　　　　　　　　　　　　　　　（京都大学本・昼夜）
今　今ノ時節ハ専ラ慾心ハカリデシカタノナイ⏋テコサル
　　　　　　　　　　　　　　　　　　　　　（アストン本・昼夜）
今　今ドキノ人ハシンギハワスレテヨクシンバカリ出テシカタガコサリマセヌ
　　　　　　　　　　　　　　　　　　　　　（白水本・昼夜）
今　今ノ時節ハ専ラ慾心バカリ出シテシカタガゴザリマセヌ
　　　　　　　　　　　　　　　　　　　　　（明治14年本・昼夜）

明々日　明後日ハ舘ニ早フ入テユキテユルイトハナシイタシマシヨウ

Ⅲ　増補本系『交隣須知』

(京都大学本・昼夜)
明々日　明後日ハ雨ガ降テモ下ツテキマセウ（アストン本・昼夜）
明々日　明後日ハ舘ニ入テキテユルリト咄マセウ（白水本・昼夜）
明々日　アサツテハ雨ガフリテモクダリテキマセウ（明治14年本・昼夜）

○アストン本と白水本とで対訳日本語が異なる例文のうち、アストン本と京都大学本の例文が同じ、もしくは似ている例。
百終　ヒヤクシウハ七月十五日ニテシモヾミハタママツリト申テコトコトクアソビマスル（京都大学本・時節）
百終　百終ハ七月十五日デ下モヽハ魂祭ト云ウテコトヽミシウアソビマスル
　　　　　　　　　　　　　　　　　　　　　　　　（アストン本・時節）
百終　百終ハ七月十五日テ常ノ人ハ亡魂ト云テワザヽミアソビマスル
　　　　　　　　　　　　　　　　　　　　　　　　（白水本・時節）
百終　七月十五日ヲ百終トモ云ヒ中元ト云フテ諸寺ニテ僧徒ガ仏供イタシマス
　　　　　　　　　　　　　　　　　　　　　　　（明治14年本・時節）

乾　カワイタ（京都大学本・地理）
乾　カワイタ（アストン本・地理）
乾　ヒアガツタ（白水本・地理）
乾　カワイタ（明治14年本・地理）

○アストン本と白水本とで対訳日本語が異なる例文のうち、白水本と明治14年本の例文が同じ、もしくは似ている場合。
西風　ニシカゼガイカフフクニヨリ風カワルフテキノトクニコサル
　　　　　　　　　　　　　　　　　　　　　　　　（京都大学本・天文）
西風　西風ガ急ニ起タニヨリ気遣シウゴサリマスル（アストン本・天文）
西風　ニシカセガ急ニフキマスル（白水本・天文）
西風　西風カ急ニ吹キオコリマシタ（明治14年本・天文）

客　対訳日本語なし（京都大学本・人品）
客　ヲ客サマノアカリソウナシナヲ用意シテ進セイ（アストン本・人品）

45

客　ヲ客ガヲイデナサレタユヱ何デモヨウイセイ（白水本・人品）
客　オ客カ来テ在マス故何ナリトモコシラヘヨ（明治14年本・人品）

　以上であるが、アストン本と白水本とで対訳日本語が異なっている例は全部で73例あり、そのうちの43例において、アストン本と明治14年本との一致、または類似が見られ、22例において白水本と京都大学本との一致、または類似が見られる。この数値はアストン本と京都大学本との一致、または類似が見られる例（2例）や白水本と明治14年本との一致、または類似が見られる用例数（7例）に比べて多いと言えよう。ただし、ここで一つ問題になることがある。それは、京都大学本の韓国語の例文には対訳日本語が付されていない、またはあったとしても一部分のみである場合が少なからずあるということである。
　このような例を次にあげておく。

○京都大学本の対訳日本語が無い、もしくはあったとしても一部分のみである場合。
久　対訳日本語は一部分のみ「ノコリヲミゴサル、ナツカシフゴサル」
　　　　　　　　　　　　　　　　　　　　　　　　（京都大学本・昼夜）
久　久シフリニ逢マシテマコトニヨロコハシウコサリマスル
　　　　　　　　　　　　　　　　　　　　　　　　（アストン本・昼夜）
久　久ウアイマセイデノユリ多ウゴサル（白水本・昼夜）
久　久シブリニマミエテマコトニヨロコバシウゴザル（明治14年本・昼夜）
　（＊京都大学本には例文が2つあり、1つは白水本の韓国語と似ている。）

中　対訳日本語なし（京都大学本）
中　中ハサシツカヘマセヌ（アストン本・方位）
中　中ハドウゴサルカ（白水本・方位）
中　中ハサシツカヘマセヌ（明治14年本・方位）
　（＊京都大学本と白水本の韓国語は等しい）

　尚、京都大学本に対訳日本語が付けられていない、もしくはあったとしても、一部分のみである例文のうち、白水本と京都大学本の韓国語が等しい、も

しくは似ている場合をあげると次のようである。

○京都大学本に対訳日本語が付けられていない、もしくはあったとしても一部分のみである例文のうち、韓国語の例文が白水本と同じ、または似ている場合。
上　対訳日本語は「ハッキリト」のみ（京都大学本・方位）
上　山ノ上ニアカレハ四方ガハツキリトミヘマスル（アストン本・方位）
上　山ノ上ニアガレハツシマガアリミミト見ヘマスル（白水本・方位）
上　山ノウヘニアガレバ四方ガ皆見ヘマス（明治14年本・方位）
　　（＊京都大学本と白水本の韓国語は等しい）

中　対訳日本語なし（京都大学本）
中　中ハサシツカヘマセヌ（アストン本・方位）
中　中ハドウゴサルカ（白水本・方位）
中　中ハサシツカヘマセヌ（明治14年本・方位）
　　（＊京都大学本と白水本の韓国語は等しい）

　調査結果によると、京都大学本に完全な形で対訳日本語が付けられていない用例31例のうち、京都大学本と白水本とで韓国語の例文が一致、または類似している例が11例ある。従って、白水本と京都大学本の例文が一致、または類似していると思われる用例数は前に掲げた22例に11例を加えた33例ということになる。
　尚、この11例のうち8例については、アストン本と明治14年本とが一致、または類似し、同時に白水本と京都大学本とが一致している。従って、アストン本と明治14年本とが一致し、同時に白水本と京都大学本とが一致している用例は前にあげた14例に8例を加えた22例ということになる。また、京都大学本には「七星」や「其日」のように、見出し語自体が見られない場合もある。
　次にここで対象とした四資料のうち、アストン本のみが異なる場合、白水本のみが異なる場合、四種の資料全ての例文が異なる場合をあげておくことにする。

○アストン本の対訳日本語のみが他と異なる場合
月暈　月ガミミガ子ヲカケマシタ（京都大学本・天文）
月暈　月ガカサメシタニヨリ出テ見サシヤレイ（アストン本・天文）
月暈　月ガ耳ガ子ヲカケマシタ（白水本・天文）
月暈　月ガ耳カ子カケマシタ（明治14年本・天文）

島　イマシマニカエラシヤルニヨリノコリヲ、サガカキリゴサリマセンヌ
　　　　　　　　　　　　　　　　　　　　　　　（京都大学本・江湖）
島　島ハ舩ノ往来ガアツテコソ諸方ノ消息ヲキヽマスル（アストン本・江湖）
島　今島ニカヘラレマスルニヨリノコリ多イガカキリコサリマセヌ
　　　　　　　　　　　　　　　　　　　　　　　　（白水本・江湖）
嶋　イマ島ニカヘリ往カレルニヨリノコリ多ホサガカギリゴザリマセヌ
　　　　　　　　　　　　　　　　　　　　　　　（明治14年本・江湖）

○白水本の対訳日本語のみが他と異なる場合
乾　カワイタ（京都大学本・地理）
乾　カワイタ（アストン本・地理）
乾　ヒアガツタ（白水本・地理）
乾　カワイタ（明治14年本・地理）

○アストン本、白水本、京都大学本、明治14年本の対訳日本語がそれぞれ異な
　る場合
傀　カルウサスルヨウスミサシヤレ（京都大学本・人品）
傀　カブキスルヤウスガヲモシロイ（アストン本・人品）
傀　カブキスルヤウスガ見ニヨウゴサル（白水本・人品）
傀　アヤツリシテ遊ブヤウスガオモシロウゴザル（明治14年本・人品）

鸚鵡　ヲヽムハタクミニモノヲ云マスル（京都大学本・飛禽）
鸚鵡　ヲウムハ人ノ口マ子ヲシテケシカリマセヌ（アストン本・羽族）
鸚鵡　ヲヽムハ人ノ口マ子ヲスルト申マスル（白水本・羽族）
鸚鵡　鸚鵡ハ人ノ口マ子ヲシテフシギニゴザル（明治14年本・羽族）

48

以上である。

　本章は、*Manual of Korean*の一冊めに含まれている『交隣須知』巻一（アストン本）と対馬歴史民俗資料館所蔵の『交隣須知』巻一（白水本）の言語資料としての系譜を明らかにすることを目的として、韓国語に付けられた対訳日本語を中心に、アストン本、白水本『交隣須知』と京都大学本、明治14年本『交隣須知』との比較検討を試みたものである。アストン本『交隣須知』と白水本『交隣須知』に関する先行研究としては、李康民（1998）と片茂鎮（1998）をあげることができるが、李康民（1998）は、アストン本と明治14年本、そして白水本と京都大学本が各々密接な関係にあるということをいくつかの例を掲げて実証し、「アストン本は京都大学本とは異なる系統の影響を受けた増補本の一伝本として取り扱うのが穏当ではないかと考えられる。そして、そのような要素が明治14年本まで流れていった可能性があると思いたい。」（引用者日本語訳）とした。

　一方、片茂鎮（1998）は、白水本が体裁面で統一性に欠けることを指摘すると同時に、白水本の底本としては京都大学本系、または京都大学本が底本とした古写本が考えられるとした。また、白水本の増補の部分については「まず増補の漢字語単語（見出し語）項目が生まれ、その後それに韓国語用例文が書かれ、次に対訳の日本語文が付けられて増補本類の『交隣須知』が形成されるという過程を見てとることができ、このような過程を通して形成された増補本類が刊本の底本として活用されたと思われる。」（引用者日本語訳）としている。さらに、「刊本の本文は、対馬本の本文に増補欄を加えた形態に近くなっている」（引用者日本語訳）ともしている。（尚、片茂鎮（1998）が「対馬本」としている『交隣須知』は、本書では「白水本」、「苗代川本」としている資料は、ここでは「京都大学本」としている。）

　筆者がアストン本、白水本、京都大学本、明治14年本を校合した結果についてはすでに述べてきたのでくり返すことになるが、まず、アストン本、白水本の二資料は、資料の構成の仕方から見ると増補本系の流れを汲んでいる明治14年本に近いと言える。

　また、対訳日本語の例文を見ると、アストン本と白水本とでその内容が完全に一致しているもの、あるいは似通っているものが約90％を占めていることが

わかった。このような場合、差異点に注目することも重要であるが、何よりもまず類似性に注目していきたいと考えている。
　従って、アストン本と白水本とは、資料の構成面、形態面からも、対訳日本語の内容から見ても非常によく似た資料であると言えよう。
　しかし、両本の例文が内容的には似通った文脈でありながら、微細な点で異なっている場合がかなりあることも忘れてはならない。また、約10%の対訳日本語は異なった内容を持っており、これらの例文の多くは、アストン本と明治14年本、白水本と京都大学本とが各々一致している場合が多々見られるのである。特にアストン本と白水本とで対訳日本語が異なっている場合に、アストン本と京都大学本とが等しい例文を持つ場合が極めて少ないことを考えると、やはりアストン本は京都大学本とは異なる伝本の影響を受けていると考えるのが自然であると思われる。
　しかし、アストン本と白水本とで対訳日本語が異なっている場合に、全ての例文においてアストン本と明治14年本とが一致し、白水本と京都大学本とが一致しているわけではないことは前述のとおりである。アストン本と明治14年本との一致、または類似が見られる例文の数はアストン本と白水本とで異なった例文が記載されている用例数73例中43例であり、白水本と京都大学本との一致、または類似が見られる例文の数は73例中33例である。四資料とも異なった例文を持つ場合もあり、アストン本だけ、白水本だけが他と違った例文を持っている場合もあるのである。あくまでも、対訳日本語の内容から見ると、アストン本は増補本系、白水本は古写本系に見られる対訳日本語を多く持っている傾向があるというのである。
　また、京都大学本『交隣須知』の中には、しばしば「一本ニ」（塡「地理」門、宗室「人性」門）、「又一本ニ」（瀑布「江湖」門）とあり、同時期に他の異なった『交隣須知』が存在していたことを思わせるのであるが、アストン本、白水本の「江湖」門にある「瀑布」の例文は、まさに京都大学本の「又一本ニ」の例文と同じものである。
　さて、次にこれらの『交隣須知』の書写期、あるいは作成された年代について考えてみると、ここで対象とした四種の資料のうち、明治14年本については、1881年に刊行されたことがはっきりと確認できる。また、アストン本についても1846年に読み始めたという記述があるところからこの時期には存在して

III 増補本系『交隣須知』

いたであろうことが予測できるのであるが、この資料がいつ頃作成されたものであったのかというところまではわからない。

これは白水本、京都大学本に関しても同様であり、白水本に記載されている「白水福治」の生存時期はある程度明らかにされたが、それは白水本『交隣須知』が存在した時期の証明にこそなれ、この資料が作成された年代を明確にするものではない。京都大学本『交隣須知』に関してもこれまでいくつかの推測はなされてきたが作成時期、書写年代を正確に知ることはできないのである。

ただ一つ、いわゆる「増補」欄を持つ増補本『交隣須知』の小田本に1795年という年代の記載があり、アストン本に1846年の記述があり、白水本が1854年からそれほど遠くない、それ以前の時期に存在していたとすれば、いわゆる「増補」欄を持たないアストン本と不完全な「増補」欄を持つ白水本、そして完全な形態と思われる「増補」欄を持つ小田本は前後すること約50年の間に存在していた可能性が高いと言えそうである。

ここで想像を逞しくすることが許されるのであれば、次のような可能性が考えられる。

雨森芳洲によって作られたと思われる原『交隣須知』に、必要に応じて見出し語漢字を追加し、少なくとも二種類以上の「増補」欄を持たない古写本系『交隣須知』（京都大学本、沈寿官本、アストン本（（巻一一部））等）ができた。そして、次の段階として、古写本系『交隣須知』に新しい見出し語漢字が付け加えられたり、削除されたりして成長を遂げ、白水本やアストン本、ソウル大学本、済州本、中村本、小田本等のような増補本系『交隣須知』が生まれることになる。ただし、増補本系『交隣須知』にはいわゆる「増補」欄を持つものと持たないものがあったようである。そして、ある種の増補本系『交隣須知』には「増補」欄が書き添えられ、さらに改正されて明治の刊本が生まれるに至った。

ここで古写本系『交隣須知』と増補本系『交隣須知』の存在を二段階に分けた理由の一つとして、増補本系『交隣須知』の写本類諸本の用例には各部門の最後に付け加えたもの以外に各部門の真中当りにも各写本独自の見出し語・用例文が見られ、韓国語の教科書であるという資料の性格を考えあわせると、各々の藍本の存在を考えるのが自然であるという点をあげることができる。し

かし、古写本系『交隣須知』の成立と増補本系『交隣須知』の成立時期にはあまり大きな差はなかったかもしれない。

　韓国語の例文は、言わば教科書の「本文」であり書写する者が恣意によって変えることは、本来許されないものであり（濱田敦、1970、p.32）、ましてや書写する者が日本人であるとすれば自信の無い外国語であるから、韓国語本文の部分はすでに存在していたものを書写したという考え方の方が無理がないと思われる。一方、対訳日本語は自信のある日本語であるから多少自由に書いた可能性もある。一字一字書写しなくても自分が理解できることを第一の目的とすれば、それ程神経を使うこともなかったであろう。しかし、『交隣須知』の源は、恐らく一つであったと思われる。それゆえに古写本系『交隣須知』と増補本系『交隣須知』には、同一の、あるいは似通った例文が数多く見られるのであり、どの写本類にも共通して見られる例文を集めたものこそが原『交隣須知』に最も近いと言えるのではないだろうか。

2．巻二（ソウル大学本『交隣須知』・済州本『交隣須知』）

1．ソウル大学本『交隣須知』と済州本『交隣須知』の書誌的概要
○ソウル大学本『交隣須知』巻二、三、四　中村庄次郎伝本、前間恭作模写、
　ソウル大学中央図書館所蔵

　ソウル大学本『交隣須知』については小倉進平（1936）に詳しいが、これによると、以前から『交隣須知』の旧写本を得たいと思っていた前間恭作が昭和6年（1931）に釜山在住の中村庄次郎（当時80歳）に依頼したところ、中村庄次郎の夫人の里方の家の土蔵の中から中村自身が12歳の頃書写した「交隣須知」三冊を発見し、前間恭作に送ったという。この「交隣須知」は、巻一は存在しないが、巻二、巻四は完全な形で残っている。また、巻三は腐蝕して後部を欠いている。巻二に「慶応四戊辰年四月三日より」（明治元年、1868）とあり、書写した時期を知ることができると思われる。そして、本書を受け取った前間恭作は、「藩政時代の本として残欠ながら今日では之れ以上のものは恐らく得られないものと信ずる」という折り紙を付けて小倉進平に内覧を勧めたという。その後、京城帝国大学（現ソウル大学）の図書館に寄贈されることになり、現在もソウル大学の中央図書館に所蔵されている。筆蹟も見事であり、巻二、巻三、巻四が揃っているので増補本系『交隣須知』の中でも言語資料としての価値が高いと思われる。

○済州本『交隣須知』巻二、三　済州伝本、東京大学小倉文庫所蔵

　済州本『交隣須知』についても、小倉進平（1936）に詳しいが、これによると、小倉進平が昭和5年（1930）6月に済州島の或る戸籍色（通訳を司った役人）の子孫から得たものであるという。このことは済州本『交隣須知』の最終丁に小倉進平の筆によって記されている。本書はもと四巻本であったのが、巻一、巻四の二巻は失われ、巻二、巻三のみが残存したものである。書写者は小倉進平が同じく済州島で得た写本の学習書である『集語』（韓国語の会話を集めたもの）の書写者と同一人物である古賀岩助という14歳の少年で、書写した時期は明治13年頃（1880）であるという。

　この書の内容について小倉進平は次のように記し、ソウル大学本との類似性を強調すると共に、原交隣須知に近いものであろうとしている（pp.729-730）。

私が上記済州本「交隣須知」を手にした翌昭和六年（1931）十一月、私は偶然にも前項説明の中村翁自筆の「交隣須知」（前間氏摹写本）を前間氏から示された。私は早速此の二種の異本を比較して見たが驚くべきことには、<u>分類項目其の他語法の微細な点に至るまで殆ど一致するものであることを発見したのである</u>。出所及び筆者を異にした両書の間に斯の如き一致を見ることは、どう考へても単なる偶然の出来事となすを得ざるべく、両書が恐らくは同一原本から謄写せられたものであることを想像するより外に途が無いのである。縦しそれが同一原本より出でたと言ふことが出来ないにしても、本書の謄写が古くより如何に忠実に伝承せられ来つたものであるかを想像するに足るであらう。此等の点から観て吾人は両書が前間氏の所謂「浦瀬氏校正前の対馬通事の旧本」に当るもので、しかも<u>大体に於て著作当時の面影を忠実に伝へて居る原本に近いものであらうと想像するものである</u>。尚、本書は京都大学文学部国語学国文学研究室編（1969）『異本隣語大方・交隣須知補』に収められている。

（－線部は筆者による）

　そこで、ここではソウル大学本『交隣須知』と済州本『交隣須知』の（1）見出し語の異同、（2）韓国語本文の異同、（3）対訳日本語の異同を調査することによって、二資料の相互関係を明らかにしていくことにする。

2．ソウル大学本『交隣須知』と済州本『交隣須知』の相互関係
1．見出し語の異同
　まず、ソウル大学本と済州本の見出し語漢字の異同について見ていくことにする。
　見出し語漢字の異なりについては、次のとおりである。

III 増補本系『交隣須知』

ソウル大学本と済州本の見出し語の異なり

NO	済州本	ソウル大学本	NO	済州本	ソウル大学本
	（走獣）		⑧	松	松茸
①	駿	駿馬		（農圃）	
②	鹿射	麝香	9	春	春シヨウ
	（水族）			（果実）	
3	名太	名太	10	檎-ムロ	檎
		北魚云 北魚トモ云		（花品）	
	（昆虫）		11	蕊	蕊 ズイ
4	螳蜋	螳蜋	⑫	蓮花	蓮
		俗カマキリ		（都邑）	
5	蝸	蝸タイリヤウ	⑬	閭	閭閻
	（禾黍）			（宮宅）	
⑥	大	太	⑭	欄	欄干
7		山斗稲			
	（蔬菜）				

　これを見るとソウル大学本にはあるが、済州本には見られない見出し語は次の一例のみである。

　7 山斗稲　トウホシ米ハ水ノナイ田ニ出キル

　この例は、「禾黍」の増補に見られ、京都大学本には無い。
　また、ソウル大学本ではルビを付けてあるが、済州本にルビの無い例は9、11である。済州本でルビがあるのは10だけであるが、これには韓国語の님という文字が当てられている。
　次に、見出し語の下に書かれた韓国語と、その韓国語に付けられた日本語の異同について見てみよう。

2．韓国語本文の異同

　ソウル大学本と済州本において、韓国語本文の異なりが見られるのは、次の10例である。

ソウル大学本と済州本の韓国語本文の異なり

	見出し語（部門）	ソウル大学本	済州本
1	象（走獣）	못 견디여 ᄒᆞ옵니	견디지못ᄒᆞ
2	獅（走獣）	ᄉᆞ진ᄂ 강남의	ᄉᆞ진가 강남은
3	蚱（昆虫）	해롭ᄉᆞ오니	해롭ᄉᆞ외
4	蜾（昆虫）	더러온거시라	더럽ᄉᆞ외
5	蛭（昆虫）	ᄲᅡ라내고니	ᄲᅡ라내옵시
6	蛆（昆虫）	쉬이ᄇᆞ리게ᄒᆞ소	쉬이내여ᄇᆞ리게ᄒᆞ소
7	桜桃（果実）	해롭지 아닌 거시올쇠	해롭지아닌ᄒᆞ키
8	葡萄（果実）	먹게ᄒᆞ옵소	먹는니
9	銀杏（果実）	먼면마시됴ᄉᆞ의	먹습니
10	庁（宮宅）	ᄒᆞ시옵니	ᄒᆞ시옵셔

　異なっている部分は僅かであるが、全く同じであるとは言い難い。『交隣須知』が、外国語のテキストであってみれば、学習者が本文である韓国語の部分を自由に書き変えることは考えにくいので、この時期に、増補本系『交隣須知』の巻二が2種類以上あったことを思わせる根拠となり得るとも思われる。

3．対訳日本語の異同

　対訳日本語の異なりが見られるのは、次の箇所である。（尚、ここでは、部門と見出し語漢字のみをあげておくことにする。）

（走獣）
豹、獣、獐、鼢、鼠、白馬、狸
（水族）
亀、小螺、鰾、錦鱗魚、道味
（昆虫）
蚕、蟻、蝠、蟬
（禾黍）
粳、稲、真荏、禄

（蔬菜）
茄、真芷、筍、紫葱、萱、酸漿、胡椒
（農圃）

刈、積
(果実)
柿、梨、柚子、大柑子、龍眼、茘芝、柏子、檎、葡萄、漆柿、胡桃
(樹木)
松、桂、蘇木、杉木、梧桐、欟、樥、楊、柳、株
(花品)
花、躑躅、芙蓉、茎、花盆、映山紅、蘇鉄、向陽花、四節花
(草卉)
茵
(都邑)
国、京、郷、社稷、城、烽燧、陸路、水路、駅、矼、京都、場
(宮宅)
家、築、桂、遮子、板子
(味臭)
鹹、香気
(喫貌)
食、酔、宴、醒、勧食、使酒、参、飢、煎、焚、醸、挑
(買売)
貰、倍、窖、倍直、証人
(疾病)
消渇、近視、経水、痢疾、帯下、時病、亀背、救病、調理、矮子、刖足、胞衣、侍病、宿病、称病、癜風、小疫
(行動)
去、帰、還、来、擾、致、拝、及、隠、逃、随、尋、逢、延、出、過、俯、陵幸、還宮

　以上であるが、韓国語に付けられた対訳日本語の異なりは、146例見られた。この数は決して少ないとは言えない数値である。また、この中には仮名遣いの違いもあるが、次の例のように、日本語訳の間違いと思われるものもある。

ソウル大学本が正しいと思われる例

見出し語（部門）	韓国語	対訳日本語（ソウル大学本）	対訳日本語（済州本）
①獣（走獣）	제님자롤	オノレガ主ヲ	主シヲ
②鼠（走獣）	아니치느니	打マセヌ	打マシタ
③鼠吾（走獣）	발벗트니도	ソソバソスル人モ	ソソバソスル人ヲ
④小螺（水族）	엿드냐	アケタカ	アケタ
⑤茄（蔬菜）	가지격은	ナスビノデンガクハ	ナスビノデンガク
⑥萱（蔬菜）	넘느믈도	ワスレ草モ	ワスレ草
⑦積（農圃）	싸하둔섬을	ツンデヲイタ俵ヲ	ツンデヲイテ俵ヲ
⑧胡桃（果実）	호도	クルミ	クルミミ
⑨梧桐（樹木）	머괴남그로	キリノキテ	キリノ木ハ
⑩花（花品）	봄의도	ハルニモ	ハル
⑪茵（草卉）	자리롤	ゴサヲ	ゴサ
⑫鹹（味臭）	먹게ᄒᆞ엿다	呑ムヤウニアル	呑ヤカウニアル
⑬宴（喫貌）	ᄒᆞ옵새	シマセウ	シマスル

以上はソウル大学本の日本語訳が正しいと思われる例であるが、付されている韓国語が日常会話であることを考えると、正しい、間違っているというより、むしろ直訳的であるという方が適切であるのかも知れない。

「獣」は、제があるから「ヲノレガ」が正しいと思われる。「鼠」は、否定形「打マセヌ」が正しい。「鼠吾」は、도は「〜も」という意味であるから「ソソバソスル人モ」が正しいと思われる。「小螺」は、냐は疑問の形であるから、「アケタカ」が正しい。「茄」の은は「〜は」という意味があるから「ナスビノデンガクハ」が正しいと思われる。「萱」の도は「〜も」という助詞であるから「ワスレ草モ」が正しい。「積」は「ツンデヲイタ俵ヲ」が正しいと思われる。また、「胡桃」は、「クルミ」が正しく、「クルミミ」は間違い。「梧桐」の로は手段を表わす「〜で」であるから「キリの木ハ」は間違いであろう。「花」の도は「〜にも」という意味であるから「ハルニモ」が正しい。「茵」の롤は「〜を」という助詞であるから「ゴサヲ」が正しいと言えるだろう。そして、「鹹」は「呑ムヤウニアル」が正しく、「宴」の새は「〜しよう」という意味で「シマセウ」が正しい。

Ⅲ　増補本系『交隣須知』

済州本が正しいと思われる例

見出し語(部門)	韓国語	対訳日本語(ソウル大学本)	対訳日本語(済州本)
①狸（走獣）	즘성이라	ケタモジヤ	ケタモノジヤ
②蟻（昆虫）	만습데	多イ	多ウゴザル
③粳（禾黍）	만잡수오시옵니	ハガリアガリマスル	バカリノアガリナサレマスル
④株（樹木）	혀누니라	カゾエマル	カゾエマスル
⑤場（都邑）	수오십니	四五里	四五里・四五十里
⑥小疫（疾病）	홍담이논	ワタクシモ	ワタクシゴトハ
⑦擾（行動）	말제금ᄒ 여라	ヤメルヤウニセイイタセ	ヤメルヤウニセイ
⑧過（行動）	ᄒ옵새	イタシマスル	イタシマセウ

　これを見ると、ソウル大学本の方は、単純な書き忘れによる間違いが多いようである。

　「狸」の「ケタモジヤ」は、単に「ノ」を書き忘れたと思われる。「蟻」は、습があるから少していねいな言い方が良い。「多い」より「多ウゴザル」の方が適切である。また、「粳」の만には「～ばかり」という意味があり、清濁の問題になるが、「バカリ」が正しい。「株」の「カゾエマル」は単に「ス」を書き忘れたものと思われる。「場」の십は十の意味であるから、「四五十里」が正しい。「小疫」の눈は「～は」の意味だから「ワタクシゴトハ」の方が正しい。「擾」の「セイ、イタセ」は重複した形である。また、「過」の새は「～しましょう」という意味であるから「イタシマセウ」が適切である。

　次に、ソウル大学本か済州本のどちらか一方にしか見られない部分を調査したが、ソウル大学本にあって、済州本には見られない例が多いことがわかる。次に、いくつかの例をあげておくことにする。

　（果実）　柿　　俗柳
　　　　　　柿雪　白粉
　　　　　　　　　カキノ
　　　　　　小柑子　青皮　청피
　　　　　　　　　　セイヒ

59

本章では、ソウル大学本と済州本とを対照的に比較することにより、「分類項目其の他語法の微細な点に致るまで殆ど一致する」と言われる二資料の異同を明らかにしようとした。その結果、ソウル大学本と済州本の部門配列は等しいが、見出し語漢字の有無に関しては1例、異なりに関しては13例の違いが見られた。また、見出し語漢字の下に書かれた韓国語の本文の一部が異なる例は10例あるが、これらは内容を大きく変えるものでは無い。また、韓国語に付けられた対訳日本語の異なりは146例見られた。これらの中には仮名遣いの違い等もあるが、日本語訳の間違いであると言えるような用例もあり、間違いと思われる箇所は資料により、各々異なっている。
　ソウル大学本と済州本の藍本が、はっきりしていないので断定することは避けなければならないが、二資料の間には決して少なくない差異が見られ、今後の問題を多く残していると思われる。

3．巻三（ソウル大学本『交隣須知』・済州本『交隣須知』・
　　　中村本『交隣須知』）

　本章では、増補本系『交隣須知』であるソウル大学本『交隣須知』と、済州本『交隣須知』、中村本『交隣須知』の巻三における（1）見出し語の異同、（2）韓国語本文の異同、（3）対訳日本語の異同等について調査することによって、三資料の相互関係を明らかにしていく。

　まず初めに、書誌的概要について記述していくが、ソウル大学本と済州本については、すでに前章で述べたので、ここでは、中村本『交隣須知』についてのみ記すことにする。

1．中村本『交隣須知』の書誌的概要

　中村本『交隣須知』は九州大学教授、中村幸彦が九州大分において入手したものと言われる（濱田敦、1968）。入手した際の詳しい事情を知ることはできないが、巻三のみが現存している。

　中村本『交隣須知』も、巻の立て方、部門の配置の仕方、見出し語漢字の有無、見出し語漢字の配列順序、「増補」欄の有無等から見ると、やはり増補本系『交隣須知』に属するものと思われる。保存状態は良好である。岡上登喜男が『交隣須知』の索引を作成した際の凡例の中で、済州本との異同が少ないことを理由に、東京大学小倉文庫蔵本（済州本）を中心に取り上げ中村幸彦蔵本については東京大学小倉文庫蔵本と異なる時のみに掲載する[13]としていることからも済州本と中村本はかなり類似しているであろうことが予想できる。尚、本書は済州本『交隣須知』と同様に京都大学文学部国語学国文学研究室編（1969）『異本隣語大方・交隣須知補』に収められている。

　次に見出し語の異同について見ていくことにする。

2．見出し語の異同
　○済州本とソウル大学本の見出し語

　部門配列については、ソウル大学本、済州本、中村本ともに等しいが、見出し語漢字については違いが見られるようである。

　済州本とソウル大学本の見出し語の漢字において異なりが見られるのは次の

箇所である。

済州本とソウル大学本の見出し語異同表

済州本	ソウル大学本
①墓寺 　懸	懸板
②鋪陳 　遮日	遮
③布帛 　「方紬」の後に「花紬」の順	「方紬」の後に「閃緞」「廣識」 「花紬」の順
④綵色 　「芭蘭」は無い	増補に「塗金」の後に「芭蘭」が有る
⑤ 　白 　　　泡水 　玄 　黄 　赤 　清彩　金彩 　塗金 　　　の順	白 玄　　泡水 黄　　金彩 赤 青彩 塗金　芭蘭 　　　の順
⑥雑器 　「明灯」の後に「桃燈」	「明燈」の後に「煙竹」「甌」「桃燈」
⑦ 　「紡車」の後に「壓車」	「壓車」「紡車」の順
⑧武備 　刀木	刀本
⑨戯物 　増補部分は次の順 　横倒押判 　碁譜手 　失望 誤望 還手 有家無家 還退 五 　穴　花	碁譜手 横倒　還退 挿判　還手 失望　五望　五穴桃花 有家無家

　この表を見ると見出し語の有無についてはソウル大学本に「芭蘭」があり、これが済州本には無いという一語のみの違いである。その他は語の配列に多少の変化が見られる程度で全体的にはかなり類似性が高いことがわかる。

III 増補本系『交隣須知』

○済州本と中村本の見出し語

次に済州本と中村本について同じように比較検討してみた。その結果は次のとおりである。

済州本と中村本の見出し語異同表

済州本	中村本
1　墓寺 「懸」「街鉄」「鉄」「枢」の順	増補の「因山」と「裹飾」の間に●「枢」がある
2　金宝 　本文最後に「風炉」	「風炉」は「治炉」の本文下にある増補の最後に「青江石」「孔雀石」
3　綵色 「粉」「三青」「三緑」の順	「粉」「三緑」「三青」の順
4　「広恭」「阿膠」の順	●「阿曜」は「増補」のに最後にある
5　衣冠 「木履」「屐」「裁」の順	増補の最後に「○履」がある
6　鉄器 「鎖」「鐃」「鑰匙」の順	「鎖」「鑰匙」「鐃」の順
7　「鍼」の下に「針」	「鍼」の下に「針」が無い
8　視聴 「眼鏡」の後に「千里鏡」	「眼鏡」の後に○印のみ「千里鏡」は本文の最後
9　車輪 　増補の最後は「牽馬」	増補「牽馬」の後に「藍与」
10　鞍具 　増補の最後に「上馬砲」	「上馬砲」の後に「騎肘」
11　文式 「講」「写」の順	「講」「墨」「写」の順
12　増補の最後は「套書」	「套書」の後に「墨湿紙」「印朱」「逸筆又名筆」「寄才」
13　綵色 　　白 　　玄 　　黄 　　赤 　　青綵　金綵 　　塗金	白 玄 黄 赤 青綵　金綵 塗金 ●阿膠

63

済州本	中村本
14　戯物 　　増補に次の順である 　　戯才 　　掛縄才 　　後裙倒 　　横倒　押判 　　碁譜手 　　失望　誤望　還手 　　有家無家　還退 　　五穴　花	戯才 街縄才 後裙倒 横倒　押判 碁譜手 失望　誤望 還手　有家無家 五穴　花　還退

　この表を見ると中村本の方が見出し語の漢字数が多い。「青江石」「孔雀石」「覧与」「騎肘」「墨湿紙」「印朱」「逸筆又名筆」「奇才」は中村本にのみ見られる語である。一方、済州本にあって中村本に無い語は「針」一語である。

　ところで、中村本の中に●○のような印がいくつかある。そしてこの印が付いた語は済州本と語順が異なるものであることがわかる。この印は書写者が付したものであるのか、後で誰かが異本と比較した際の目印としたものなのかはっきりしない。

　いずれにせよ巻三の見出し語の漢字は全部で800字を越えるものであるから、ここで取り上げた増補本はどれも非常に類似性が高いが、特にソウル大学本と済州本の類似性が高いと言えよう。また、これらの見出し語漢字にルビが付されているものを見ていくと、済州本に25例、中村本に11例、ソウル大学本には1例のみあることがわかる。

　そのいくつかを次にあげておく。

（済州本）
　髢　テイ　（女飾）

（中村本）
　桅　シ　（墓寺）

（ソウル大学本）
　匜　サウ　（征戦）

3．韓国語本文の異同

次に韓国語本文の異同について見ていくことにする。

韓国語本文が異なるのは、次の箇所である。

【鋪陳】

設場幕　셜 당막을 거두가니 식훤 ᄒᆞ의　（済州本）
　　　　トマリサイソクヲシモウテユカレテココテヨウゴザル
　　　　셜 장막을 어두어 가늬 식훤 ᄒᆞ의（ソウル大学本）
　　　　トマリサイソクヲシモウテユカレテココチヤウコサル

【文武】

題　글계를 내여 주시면 글 지어 보오리（済州本）
　　詩題ヲダシテ下サレタラバ時ヲツクツテ見マセウ
　　글계를 내여 주시면 글을 지어 보오리 （ソウル大学本）
　　時題ヲダシテ下サレマスレハ時ヲツクツテ見マシヤウ

綾花　능화로 쳔판주를 ᄇᆞᄅᆞ면 보기 됴고니（済州本）
　　　モソシデ井板ムヲハレバ見カケガヨイ
　　　능화로 쳔판주롤 ᄇᆞᄅᆞ면 보기 됴ᄉᆞ의（ソウル大学本）
　　　モソシデテンジヤウヲハレバ　ミカケカヤウゴサル

【征戦】

㥘　검을 낼쟉시면 뎍인 업슈이 너김이라（済州本）
　　ヲソレヲダスモノトレバテキガナヒガシロヲモウ
　　컵을 낼쟉시면 덕인이 업슈이 너가ᄂᆞ니（ソウル大学本）
　　ヲソレヲダスモノナレバテキカナニガシロニヲモヲウ

　これを見ると、韓国語の本文の異なりは見られるが、僅かであることがわかる。

4．対訳日本語の異同

　さて、次に対訳日本語について見ていくことにする。今ここでとりあげる増補本には、いずれも韓国語の右側に日本語の対訳が付けられている。しかし、より古い形を止めていると思われる京都大学本に対訳語の欠けている項目が多いことや日本語の記載箇所が資料によって左右異なっていること、韓国語の異なりに比べて対訳日本語のそれが多いこと等を理由に、原交隣須知にはこの対訳語は無かった、あるいはあったとしてもメモ程度のものであったのではなかったかという指摘もあるが、ここでは増補本系諸本を具体的に校合した結果をあげ、この点について考えていくことにする。

　まず「墓寺」の初めから数語にわたる日本語を対照的に比較してみよう。（尚、対訳日本語の左側にあるハングルは両者とも等しいことをあらかじめお断りしておく。）

済州本とソウル大学本の対訳日本語の異なり

済州本	ソウル大学本
社 シャハ天ニ祭スル所ジャ	社ハ天ニ祭スル所ジャ
塔 トウハ寺ニコソアル	トウハ寺ニコソアル
壇 ダンハ鬼神ヲ祭ルトコロジャ	ダンハ鬼神ヲ祭ル所ジャ
陵 ミサギハ紅箭ガアツテ遠クヨリ見エマスル	ミサギハ紅箭門ガアツテ遠クヨリ見ヘマスル
夜叉 ヤシヤハトツカブト云テ今デモ変ガアル	ヤシヤハトツカブト云テ今デモ変ガアル
薺 モノイミシテカラ祭ニタチマジハルヤウニイタシマセウ	モノイミシテカラ祭ニタチマジワルヤウニイタシマスル
菴子 アン 菴カチイソウテモシツカニコサル	菴ガチイソウテモシヅカニゴザル

　これを見ると「塔」「夜叉」以外は何らかの点で異なっていることがわかる。今ここでは漢字表記と仮名表記、濁点、語彙の異なり、仮名遣い等の異なりが見られたが、この他にも全体を見ると、語法に関する差異等も見られ、全部で

III 増補本系『交隣須知』

250以上の異なりがあった。ここで異なっている箇所の全てをあげることはしないが、仮名遣い、濁点の有無を除いた例がこのうちの約160例をしめることからも、見出し語の配列、韓国語の異同に比べて対訳日本語の違いはかなり多いと言えよう。

次に済州本と中村本の対訳日本語を比較してみた。すると済州本とソウル大学本との間で異なっていた（仮名遣い、濁点の有無以外の）約160例のうち100例以上が済州本と中村本で重なっていることがわかった。

その用例を次にあげておく。（尚、ここでは用例を全てあげることはせず、部門、並びに見出し語漢字のみを提示することにする。）

○対訳日本語が、済州本・中村本が等しくソウル大学本が異なる例
(墓地)…沐浴、魂魄、墓、埋、掛鐵、修葺、弔、神主、忌日、尸体、莫
(金宝)…金、珠、真珠、玳瑁、珊瑚、螺細、銅、含錫
(鋪陳)…枕、綾、布、絲、羅、大緞、甫氈、輕光紬、禾花紬、珇緞、柳緑、連頭色、藍色、雪綿子、賞賜緞
(綵色)…黒、朱紅、三青、阿膠   (衣冠)…女袴、衫、蓑衣、靴、戰笠
(女飾)…也、吉、蠟油、釧   (盛器)…箸、罐、沙鉢、樽、杯、貼匙
(織器)…筐、篩、臥看書案   (鐵器)…犁、定南針、引刀
(雑器)…礎   (風物)…喇叭、阿筆、唱、絃、螺角
(車輪)…輦、載、濁轎   (戯物)…碁、雙陸、戯才、後裾倒
(政刑)…政、分竹、謫、屬公、公事、贖罪 (文武)…題、綾花、文、五書、印
(武備)…鏃、甲、火藥、矢、刀木、令箭
(征戰)…微兵、亡、讐、戰場、軍號、酒、刀麵、洹、肉、膾、燒酒、麵、茶、汁、豆腐

○対訳日本語が、済州本・ソウル大学本が等しく中村本が異なる例
(布帛)…甫羅色、機   (衣冠)…女袴
(女飾)…了髻   (鉄器)…攢
(風物)…螺角   (車輪)…輦
(鞍具)…馬上立

○対訳日本語が、中村本・ソウル本が等しく済州本が異なる例
(墓地)…掛鐵　　　　　　　(金寶)…寶見、琉璃、象牙
(衣冠)…紐、冠　　　　　　(女飾)…了
(盛器)…屈、筐　　　　　　(雜器)…杵、竿
(風物)…吹、樂　　　　　　(視聴)…吹
(戯物)…變、馬　　　　　　(武備)…鏃
(征戰)…掠　　　　　　　　(飲食)…饅、肉

○対訳日本語が、済州本・中村本・ソウル大学本ともに異なる例
(墓地)…材、神主、成服　　(鋪陳)…椅、日傘
(布帛)…殘、多紅緞、梭　　(綵色)…三綠、石雄黄、黄
(衣冠)…被、襪　　　　　　(盛器)…甕瓦
(織器)…纏袋　　　　　　　(視聴)…自鳴鐘
(政刊)…黜、訊　　　　　　(文武)…圖書

　見出し語の下にある対訳日本語の異同について具体的に見ていくと、済州本と中村本との類似性が高く、ソウル大学本に比べて韓国語に忠実な丁寧な日本語訳が付いていることがわかる。また、敬語についても韓国語に忠実であると言えるが、全体的には直訳的な感じがする。
　一方、ソウル大学本は、済州本、中村本に比べて対訳日本語が意訳的であると言える。

5．相互関係
　これまで、済州本、中村本、ソウル大学本の見出し語漢字の異同と韓国語に付けられた対訳日本語等について検討してきたが、この調査によって、見出し語漢字の有無、配列の異同に関しては三者共に類似性が高いと言えるが、特に済州本とソウル大学本の類似性が高いことがわかった。一方、韓国語に付けられた対訳日本語の校合からは済州本と中村本が類似していることが明らかになった。また「交隣須知」が韓国語の学習書であったことから、本文である韓国語の異なりはごくわずかであったが、見出し語、韓国語の異なりに比べて対訳日本語の異なりが多いことや対訳日本語には仮名遣い等において書き手の個性

が出ている点、対訳日本語が同じ時代の他の朝鮮資料の平仮名表記と異なり、漢字片仮名で書かれていること、古くからある資料である京都大学本には欠けている部分の多いこと等を考えあわせると、『交隣須知』の日本語は固定した対訳語として成立したのではなくむしろテキストを使って学習した際の覚え書きが発展したものである可能性もあると言えるのかもしれない。しかし、済州本と中村本のように類似性の高い資料の存在から、日本語もある程度はすでに書かれたものを、他の人が書写した可能性もあるとも思われる。

　いずれにせよ、そこには書き手の活き活きとした個性が現われており、日本語の資料としても非常に貴重なものとなっているのである。

4．巻四（ソウル大学本『交隣須知』・小田本『交隣須知』・
　　アストン本『交隣須知』）

　増補本系『交隣須知』の巻四について述べるにあたって、まず、小田本『交隣須知』とアストン本a『交隣須知』の書誌的概要についてあげておくことにする。（ソウル大学本については巻二の部分で、すでに記述したので、ここでは省略する。尚、アストン本aは、以下アストン本と略記する。）

１．小田本『交隣須知』とアストン本『交隣須知』の書誌的概要
○小田本『交隣須知』
　小田本『交隣須知』は、東京大学の旧南葵文庫蔵本であり、国学史料編纂所に勤務していた田中健夫によって発見されたものであるが（濱田敦、1968）、済州本、中村本と同じく京都大学文学部国語学国文学研究室編（1968）『異本隣語大方・交隣須知補』に収められている。
　本書は巻末に次のような識語を持つ。

寛政七乙卯年仲夏修之　小田幾五郎
　　　　　冊主
　　　　　　　　久米市次郎

　これを見ると、対馬の通詞であった小田幾五郎の修したものを久米市次郎が所持していたものと思われる。久米市次郎という人物については明らかにされていないが、寛政７年は1795年に当り、これが書写年代であるかどうかはともかくとしても、江戸時代に対馬に伝えられたもの（福島邦道、1990、p.8）であることに間違いはないだろう。また、幣原担（1904、p.44）には次のようにあり、小田本『交隣須知』が増補本系『交隣須知』の祖であるとしている。

　　明治維新の前、小田幾五郎といへる人、朝鮮の事情に通じて頗る其国語に
　　熟達したりしかば其著象胥紀聞あり当時の交隣須知に訂正を加へ、且大に
　　増補を試み、近藤真琴氏に和訳の誤字の修正を乞へりといふ。而して其増
　　補の部は本文と甄別し易からしめんが為に各節の終末に付加して一段低く

書するまでに注意せり、然れども節目の変改は毫もなかりしなり。

　以上であるが、幣原担（1904）のこの文章を基にして福島邦道（1990、p.8）でも、「小田幾五郎修正増補本の出現によって、幣原氏の言が立証せられたのである。」としている。しかし、文章中の「近藤真琴氏に和訳の修正を乞へり」という部分については、次のように記して否定している（p.9）。

　　幣原氏は、増補本を作るにあたって、近藤真琴氏に和訳の誤字の修正を乞うたと言われているが、時代が合わない。近藤には、国語辞典『ことばのその』（明治13年、1880）などの著述があり、明治19年56歳で没しているからである。

　また、前間恭作も小倉進平（1936、p.14）で「近藤真琴氏に和訳の誤字の修正を乞へり」を否定している。

　　唯通事小田幾五郎が近藤真琴氏に修正云々は錯誤です。近藤氏に和訳を見て貰ったのは確か浦瀬氏で、其の事は同氏の交隣須知の開板序文中に言ってゐたと思ひます。云々。

　以上であるが、明治14年本『交隣須知』の緒言を見ると浦瀬裕が和訳の部分の修正を依頼したのは近藤芳樹・加部厳夫の両氏であったことがわかる。しかし、福島邦道（1990）のように近藤真琴が生存した時期を鑑みると、1795年に「近藤真琴氏に修正云々」は事実と異なるようである。尚、本書は巻四のみであるが、保存状態は良好であり、これもいわゆる増補本系『交隣須知』に属するものである。本書が増補本系『交隣須知』の祖であり得るのか否かについては後で述べることにする。

○アストン本『交隣須知』巻四
　*Manual of Korean*全四冊のうち『交隣須知』が収められているのは一冊めと二冊めであり、一冊めには巻一が、二冊めには巻四がある。そして、残りの三冊めと四冊めには『隣語大方』が収められている。

アストン本巻四は、李康民（1998、p.115）によると、「日本語の対訳においてはアストン本だけが相違する語句を持つ用例も目立ち、3本間（アストン本、ソウル大学本、小田本）の関係を十分に説明することは簡単ではない。しかし、相対的に固定していると思われる韓国語本文について見ると、アストン本とソウル大学本の密接な関係は否定することができないであろう。上に提示した「逐」項目の1例を除けばアストン本とソウル大学本の韓国語本文が一致している率が圧倒的に高いと思われるからである。」（引用者日本語訳）としており、アストン本巻四とソウル大学本の巻四とがいかに類似しているかという点について論証している。

2．ソウル大学本・小田本・アストン本の相互関係
1．見出し語の異同
　ここでは、ソウル大学本と小田本の見出し語漢字の異同について見ていくことにする。見出し語漢字の異なりについては次のとおりである。

ソウル大学本と小田本の見出し語の異同

	ソウル大学本	小田本	京都大学本
	（心動）		
1	「冤痛」	「冤」	「冤」
2	増補に「情熱」	増補に「熱情」	
	（言語）		
3			「誠」の後に「誘」
	（語辞）		
4	「尤」の後は「是」「必」は「惟」の後	「尤」の後に「必」	「尤」の後に「必」
5	増補「非久」の後は「不己」	「非久」の後に「不久」「不己」	
6	「語辞」の最後は「匡正」	「語辞」の最後は「匡正」	「匡正」は無い（ただし正斉の後にある）
7	増補の最後は「幸甚」	「幸甚」の後に「幸望」	
	（心使）		
8	増補の最後は「不見呈」	「不見呈」の後に「不見得」	

III 増補本系『交隣須知』

	ソウル大学本	小田本	京都大学本
	（四端）		
9	「礼」「孝」の順	「孝」「礼」の順	「孝」「礼」の順
10	「誠」「慎」「信」「精」の順	「誠」「信」「慎」の順	「信」「慎」「誠」の順
	（太多）		
11	「模稜」の後に「又」	「又」は無い	「又」は無い
12	増補「高低」「巨」の順	「高低」「北台」「巨」の順	
13	「僭濫」	「僭」	
	（範囲）		
14	増補の最後は「念」	「念」の後に「杏」	
	（雑語）		
15	「困備」の後に「困」	「困憊」の後に「困」	「困」は「閑」の後
16	「離別」の後「待」「勢」「次」「等」「眼勢」「相」「裂」「権」「斜」「綻」「靡」「接」「作」「貫」「合」「煩」「修」「類」「会」「諸」「要」「煩劇」「散」「通」「変通」「稟」「奏」「執」「報」「告」「呈」「諫」「預」「用」「賛」「引」「催」「良久」「容」「処置」「并」「殊」	「離別」の後には「待」〜「処置」が無く「并」「殊」と続く	「離別」の後は小田本に同じ
17	「載」の後に「因」	「因」では無く「因縁」	
18	「次第」の後に「負」	「次第」「相」「負」の順	「次第」「負」「次」の順 「相」は「眼勢」の後
19	「裂」「権」「斜」の順	「裂」「権」「斜」の順	「裂」「待」「権」「斜」の順
20	「預」「用」の順	「用」「預」の順	

73

	ソウル大学本	小田本	京都大学本
21	「吉」「違」の順	「吉」「凶」「違」の順	「吉」「凶」「違」の順
22	増補の最後は「贖」「凶」	増補の最後は「贖」	
23	（逍揺） 「瀝々」の後 「陰々」「峨々」 「巍々」「蒼々」 「青々」「鑿々」 「軽々」「皓々」 「藹々」「層々」	「瀝々」の後 「密々」「紛々」 「片々」「脉々」 「陳々」「凄々」 「漫々」「飛々」 「整々」「冷々」 「陰々」「峨々」 「巍々」「蒼々」 「青々」「鑿々」 「軽々」「皓々」 「藹々」「層々」 「重々」	小田本と同じ
24	「層々」の後 「密々」「紛々」 「片々」「脉々」 「陳々」「凄々」 「漫々」「飛々」 「整々」「冷々」 「重々」		
25	「瞳々」「嫋々」の順	「瞳々」「嫋々」の順	「瞳々」「冷々」「嫋々」の順

　以上であるが、見出し語漢字の異同を見た限りでは、小田本の見出し語はソウル大学本の見出し語より多い。例えば「語辞」の部門の「幸望」、「心使」の部門の「不見得」、「範囲」部門での「杏」のように、最後に一語付け加えている例がしばしば見られる。大きな差があるのは、「雑語」と「逍遙」の部門であるが、小田本と京都大学本とでは、さほど大きな違いは見られない。ソウル大学本だけが大きく異なっているのである。例えば、雑語の部門では、ソウル大学本は「離別」の後に「待〜処置」が置かれ、その後に「并、殊」と続く。ところが、小田本と京都大学本とでは、「待〜処置」は「并〜負」の後に続い

Ⅲ　増補本系『交隣須知』

ている。ただし、「相」は小田本では、「次第」の後にあるが、京都大学本では、「眼勢」の後ろに来る。そして、「待」は、小田本では「負」の次にあり、京都大学本では「裂」の後に小さく書き加えられたようになっている。また、小田本、京都大学本は「次」「勢」の順になっているが、ソウル大学本では「勢」「次」の順になっている。ソウル大学本の「幷～負」は、小田本、京都大学本の「処置」と「曖昧」の間にすっぽり入っている。「凶」は、小田本では「吉」の後にあるが、ソウル大学本では増補の最後にあり、京都大学本には「凶」は見られない。「逍遥」の部門でも、小田本と京都大学本の見出し語の配列はほとんど等しく、ソウル大学本だけ、大きくずれている。ソウル大学本では小田本と京都大学本の「瀝々」と「密々」の間に「陰々」～「層々」までの10語がそのまま入り、「層々」と「重々」との間に、「密々」～「冷々」までの10語が入っているのである。

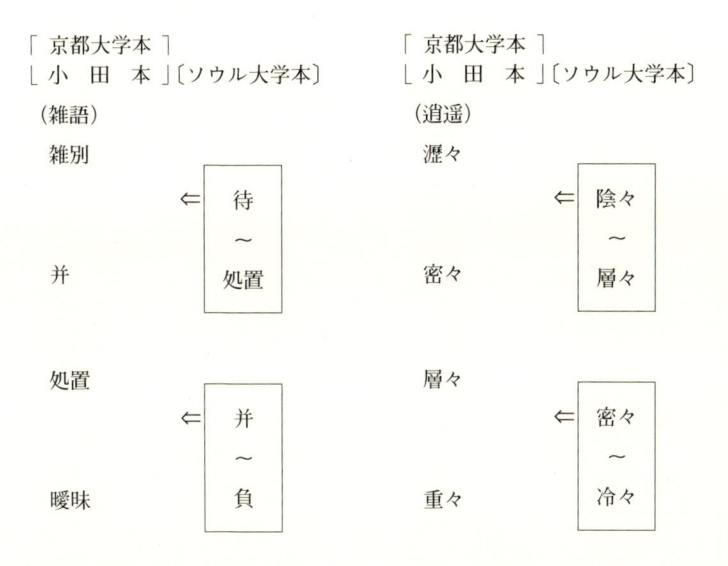

```
［京都大学本］                    ［京都大学本］
［小 田 本］〔ソウル大学本〕      ［小 田 本］〔ソウル大学本〕
（雑語）                          （逍遥）

雑別                              瀝々
          ┌──┐                          ┌──┐
       ← │待  │                       ← │陰々│
          │～  │                          │～  │
幷        │処置│              密々        │層々│
          └──┘                          └──┘

処置                              層々
          ┌──┐                          ┌──┐
       ← │幷  │                       ← │密々│
          │～  │                          │～  │
曖昧      │負  │              重々        │冷々│
          └──┘                          └──┘
```

　この見出し語の配列を見ただけでは、小田本が増補本の祖であるという決定を下すのは困難であるように思われる。同じく増補本であるソウル大学本との見出し語配列があまりにも違いすぎるからである。もちろん巻二・三においても各々の写本により多少の配列の異なりは見られたが、巻四のようにまとまった形で別の所に配列されている写本は他には見られない。あるいは、これはソウル大学本の書写のあり方に問題があると言えるのかもしれない。部門立てに

関しては、ソウル大学本と小田本とは全く同じであるが、見出し語の配列を見ると、小田本と京都大学本が非常に似通っており、ソウル大学本だけが異なっている点は無視できない事実である。
　さて、次に見出し語の下に書かれた韓国語が異なっているところをあげておく。

2．韓国語本文の異同

　見出し語の下に書かれた韓国語の異なりは、韓国語の例文に対訳語の形で付された日本語の異なりに比べて少ないのが通常である。
　巻四においては、次のような異なりが見られた。

○小看　쇼간ᄒᆞ다가 도로혀 못이긔오니
　　　　ナニガシロニシテ却テカチエラルマイ（ソウル大学本・言語）

　小看　쇼간ᄒᆞ다가 못이긔오니
　　　　ナイガシロニシテカチエラルマイ（小田本・言語）

○称讃　칭찬ᄒᆞ기를 마지 아니ᄒᆞ니
　　　　ホメルコトヲカギリノウシマスル（ソウル大学本・言語）

　称讃　칭찬ᄒᆞ기를 마지와 ᄒᆞ서니리
　　　　ホメルコトヲカギリナウササレル（小田本・言語）

○繞　둘러 담을 놉피싸고 그 우희 가식 언져라
　　　クルリト石垣ヲ高ウツイデ其上ニイバラヲアゲイ
　　　　　　　　　　　　　　　　　　（ソウル大学本・雑語）

　繞　둘러 담을 놉피 싸면 엇게 너모 드려오리오
　　　クルリト石垣ヲ高ウソゲバドウシテコヘテ入テコウカ
　　　　　　　　　　　　　　　　　　　（小田本・雑語）

3．対訳日本語以外の日本語の異同

　対訳日本語の外に次のような日本語が見られる場合がある。

76

細々　〇小蛮ガ腰繊繊楊柳トアリ小蛮ハ白楽天愛妓也（ソウル大学本・逍遥）

　この用例の〇印が付された日本語は小田本にも、京都大学本にも見られない。次の例も同様である。

区々　〇マチマチヲドルトキハカギルト云イ一字ノトキハマチマチ也

4．敬譲表現について

　さて次に、ソウル大学本と小田本の敬譲表現について見てみよう。ソウル大学本と小田本を比較すると、いくつかの例外を除いて小田本の方が、一段丁寧な表現になっている場合が多い。具体的にいくつか例をあげると次のようである。

	ソウル大学本	小田本
（静止）	立 오ᄅ옵쇼셔 ヲアガリナサレイ	ヲアガリナサレマセイ
（手運）	払무졍ᄒ의無情ニゴサル	情ガコサリマセヌ
（心動）	怨말게ᄒ옵소セヌヤウニナサレイ	セヌヤウニナサレマセイ
（太多）	奮ᄒ오니アル	ゴザル

　『交隣須知』の増補本のうち、ソウル大学本と小田本の巻四を校合し、その結果を分析すると、部門配列については、ソウル大学本と小田本は全く同じであると言える。京都大学本においても「静止」が巻三の最後にあるが、これ以外はソウル大学本、小田本に等しい。見出し語については、見出し語数はソウル大学本より、小田本の方が多い。見出し語の配列については、小田本と京都大学本はよく似ているが、ソウル大学本は「雑語」と「逍遥」の部分で大きな違

いが見られる。韓国語の異なりについてはわずかではあるが見られた。また、メモのように書かれた日本語のいくつかがソウル大学本にのみ見られる場合もあった。対訳日本語の敬譲表現についてみると、韓国語は等しいが、小田本の方が一段丁寧な言いまわしになっている場合が多い。しかし、その逆の場合もわずかではあるが見られる。

さて、次にアストン本の見出し語配列について見ていくことにする。

5．アストン本の見出し語の異同

アストン本の見出し語異同を先にあげた表（「ソウル大学本と小田本の見出し語の異同」）に照らし合わせて考えてみると、次のようになる。

アストン本とソウル大学本が等しい…4、5、6、7、8、9、10、11、12、
14、15、16、17、18、19、20、21、22、
25
アストン本とソウル大学本が異なっている…1、2、13、23、24

これを見ると、かなりの部分がアストン本とソウル大学本とで等しいことがわかる。しかし、ソウル大学本と、小田本、京都大学本とで、見出し語配列が大きく異なっている23、24の部分で、アストン本と小田本、京都大学本が等しいのは注目に値するであろう。

以上のように同じく増補本系に属すると思われる、ソウル大学本、小田本、アストン本の見出し語配列が各々異なっていることにより、小田本を「増補本の祖」と見ることは困難であろうという結論を得た。

尚、アストン本の例文については、すでに李康民（1998、p.115）の指摘もあるが、ソウル大学本に近いと言えそうである。

奉足　봉죡의 사룸의 입시시겨라
　　　テヤリノ人ニクイモヲ云ツケイ（小田本・巻四・足使）
奉足　봉죡ᄒᆞᄂᆞᆫ 놈이 만ᄉᆞ외
　　　テヤリスルモノガ多ゴサル（ソウル大学本・巻四・足使）

Ⅲ　増補本系『交隣須知』

奉足　봉족ᄒᆞᄂᆞᆫ 놈이 만ᄉᆞ외
　　　テヤリスルモノガ多ゴザル（アストン本・巻四・足使）

拱　　풀쟝앗고 단졍히 안쟛ᄂᆡ
　　　ウデヲクンデ正ウスハラレナシタ（小田本・巻四・水運）

拱　　풀쟝앗고 단졍히 안쟛ᄂᆡ
　　　ウデヲクンテ正ウスワラレタ（ソウル大学本・巻四・水運）

拱　　풀쟝앗고 단졍히 안쟛ᄂᆡ
　　　ウデヲクンデ正ウスワラレタ（アストン本・巻四・水運）

79

Ⅳ 『交隣須知』の刊本

1．明治14年本『交隣須知』

　明治期に刊行された『交隣須知』には明治14年本『交隣須知』、明治16年本『交隣須知』(明治16年本、宝迫本)、明治37年本『交隣須知』の四種があるが、第Ⅳ章では、まず明治14年本『交隣須知』が藍本としたのはどの写本であったかという点について考えていくことにする。続いて、明治16年本『交隣須知』と、宝迫本『交隣須知』の違いについて言及し、最後に明治37年本『交隣須知』の新しさについて述べていきたい。
　初めに、明治14年本『交隣須知』の書誌的概要について見ていくことにする。

1．明治14年本『交隣須知』の書誌的概要
　明治14年本『交隣須知』については福島邦道・岡上登喜男（1990）に詳しいが、これによると、四巻四冊から成り、書型は縦26cm×横18.5cm、袋綴である。それまで写本で伝えられていた『交隣須知』を外務省雇朝鮮語学校教授浦瀬裕が修正、増補を加え外務省版として出版したものである。出版経過については浦瀬裕の明治13年5月の「緒言」によく記されているのでその一部を次にあげておくことにする。

　　明治九年新条約始メテ成リ両国人民寛優貿易ノ道開ケシ以来各自交通ノ便ヲ得タリ時ニ予象胥ノ官ニ承乏シ命ヲ外務省ニ奉シ此書ニ因テ更ニ増補校正ヲ加ヘ世ニ公行セントシテ輔助其人ヲ得サルニ困ルシム爰ニ山口県人宝迫繁勝ナル者笈ヲ負テ釜山ニ来リ専朝鮮語学ヲ修ム其志篤ク学大ニ進ム明治十二年繁勝東京ニ赴ントス予之ニ語テ日今本省朝鮮語学書印刷ノ挙アラントス予夙ニ其業ニ熱セリ望ムラクハ本省ニ抵リ朝鮮諺文ノ活字製造ヲ申請スヘシ繁勝之ヲ本省ニ具申ス本省之ヲ允可シ日韓活字及其機械ヲ付与シ且繁勝ニ印刷ノ事ヲ命シ更ニ予ノ校正ヲ賛助セシム（中略）明治十三年五

月ニ至リ終ニ大成スルヲ得此書復昔日ノ面目ニアラス抑往昔芳洲ノ此ノ著有ル唯一藩司命ノ用ニ供スルニ在ルノミ今官刊ヲ得テ広ク世ニ行フニ至ル

　ここで言う「明治9年新条約」というのは、明治9年（1876）の「日朝修好条約」のことであり、調印した場所の名をとって「江華条約」と言うこともある。この条約が結ばれた後、1878年に釜山、1879年に元山、1880年に仁川が開港し、韓国と日本の貿易はしだいに大規模なものになっていったのである。そこで韓国語学習書が要望され、明治14年1月に釜山において『交隣須知』を出版する運びとなるわけであるが、明治14年本の成立については宝迫繁勝が浦瀬裕に大いに協力したものと思われる。緒言にもあるように、宝迫繁勝は山口県の出身で、釜山に渡り韓国語を修得した人物であり、明治16年には宝迫版『交隣須知』を出版することになる、まさにその人であった。明治14年本『交隣須知』は、浦瀬裕・宝迫繁勝両氏の協力により刊行されることになったのである。

　また、緒言の別の部分には次のようにあり、従来写本のままで伝えられた『交隣須知』は方言訛音多くして使用に堪えなかったとしていることがわかる。そこで、宝迫繁勝に協力を求めたのは前述のとおりであるが、他にも近藤芳樹・加部厳夫に日本文を、金守喜及び京城三四の学士に韓国文の修正を依頼したという。

然レトモ惜ムヘキハ其朝鮮原語ト称スルモノ多クハ東陬ノ郷音相交リ訛言亦鮮カラス以テ今日学士縉紳応酬款晤ノ用ニ供スルニ足ラサルヲ知ル（中略）宮内省出仕近藤芳樹加部厳夫ノ両氏ニ就テ痛ク和訳ノ質正ヲ加ヘ帰テ之ヲ予ニ報ス因テ我釜山語学所雇朝鮮国江原道ノ士金守喜ト謀リ更ニ校正ニ従事ス

　次に交隣須知諸本の部門配列について見ていくことにする。

2．『交隣須知』諸本の部門配列

巻一（京都大学本）　　　　　　　　巻一（増補本…アストン本・白水本）
天文・時節・昼夜・方位・地理・江湖　天文・時節・昼夜・方位・地理・江湖

水貌・舟楫・人品・人性・官爵・天倫　水貌・舟楫・人品・官爵・天倫・頭部
頭部・身部　　　　　　　　　　　　身部・形貌・羽族

　これを見ると、増補本の「人品」が京都大学本では「人品」と「人性」の２つに分けられていることがわかる。また、京都大学本の「身部」は、増補本では「身部」「形貌」の２つに分けられている。京都大学本の巻一は「身部」で終わっているが、増補本の巻一の終りは「羽族」である。そして、「羽族」の語彙は、京都大学本では、巻二の初めにある「飛禽」に納められている。

巻二（京都大学本）　　　　　　　　巻二（増補本…ソウル大学本・済州本）
飛禽・走獣・水族・昆虫・禾黍・蔬菜　走獣・水族・昆虫・禾黍・蔬菜・農圃
農圃・果実・樹木・花品・草卉・都邑　果実・樹木・花品・草卉・都邑・宮宅
城路・宮宅・金宝・布帛・彩色　　　　味臭・喫貌・熟設・買売・疾病・行動

　これを見ると、増補本の「走獣～宮宅」までは京都大学本と重なっているが、京都大学本の「城路」にある見出し語は、ソウル大学本・済州本の「宮宅」の中に含まれており、増補本には「城路」の部門は見られない。また、増補本の「味臭～行動」までは、京都大学本の巻三にあり、京都大学本の「金宝・布帛・彩色」は、増補本の巻三にある。

巻三（京都大学本）　　　　　　　　巻三（増補本…ソウル大学本・済州本
　　　　　　　　　　　　　　　　　　　　・中村本）
衣冠・女飾・鋪陳・盛器・織器・鉄器　墓寺・金宝・鋪陳・布帛・彩色・衣冠
雑器・風物・視聴・車轎・鞍具・戯物　女飾・盛器・織器・鉄器・雑器・風物
政刊・文式・武備・征戦・飲食・墓寺　視聴・車輪・鞍具・戯物・政刊・文式
味臭・喫貌・熟設・買売・疾病・行動　武備・征戦・飲食
静止

　巻三においては、増補本の「衣冠～飲食」までと「墓寺」「鋪陳」は京都大学本と重なっているが、京都大学本の「静止」は、増補本では巻四にあり、増補本の「金宝」、「布帛」、「彩色」は、京都大学本では巻二に含まれている。ま

た、京都大学本の「車轎」は、増補本では「車輪」となっている。

巻四（京都大学本）　　　　　　巻四（増補本…ソウル大学本・小田本
　　　　　　　　　　　　　　　　　　・アストン本）

手運・足使・心動・言語・語辞・心使　静止・手運・足使・心動・言語・語辞
四端・太多・範囲・雑語・逍遥・天干　心使・四端・太多・範囲・雑語・逍遥
地支・時刻　　　　　　　　　　　　　天干・地支・時刻

　巻四では、増補本における「静止」は巻四にあり、京都大学本では巻三の最後にあることを除けば、すべて重なっている。
　以上であるが、これを見ると、京都大学本と増補本との部門配列は巻四以外はかなり異なっていることがわかる。ところが、増補本と明治14年本については、増補本における「都邑」「宮宅」の順が明治14年本で反対になっているだけで、それ以外は全て一致しているのである。このことは、明治14年本『交隣須知』が増補本類の写本をもとにして編纂された可能性が高いことを示すものである。

3．明治14年本『交隣須知』の見出し語
　前の項で、明治14年本『交隣須知』は増補本類の写本をもとにして編纂された可能性が高いと述べたが、それではいったいどの増補本を藍本としたのであろうか。ここでは、見出し語の異同を見ていくことによって明治14年本がもとにした資料を明らかにしていく。(尚、巻一については、前章でふれたので、ここでは巻二、巻三、巻四について述べていくことにする。)

○巻二の見出し語の異同
　増補本の巻二には、ソウル大学本と済州本がある。
　前章2．(p.55)でソウル大学本と済州本における見出し語漢字の有無、異同について一覧表をあげたが、表に示した1〜14のうち、見出し語漢字自体が異なるのは1、2、6、8、12、13、14である。
　このうち明治14年本がソウル大学本と等しい見出し語漢字を持つのは1、2、6、8であり、済州本と等しい見出し語漢字を持つのは12、13、14である。このことは、明治14年本『交隣須知』の見出し語がある特定の『交隣須

知』1本だけに依っていないことを示していると思われる。また、ソウル大学本にのみある「山斗稲」は明治14年本においては見られない。

○巻三の見出し語漢字の異同

　巻三においても、まず済州本と、ソウル大学本における見出し語の異同について一覧表で示したが（p.62）、済州本とソウル大学本の見出し語異同表のうち1、2、6、7は明治14年本と済州本が等しく、8は明治14年本とソウル大学本が等しいことがわかった。尚、中村本は1〜9まで全て済州本と等しい。

　次に、済州本と中村本における見出し語の異同と明治14年本の見出し語を比べてみると、明治14年本の見出し語には、中村本にのみ見られる見出し語漢字は一語も見られないようである。済州本と明治14年本が等しい例は表の5、8、9、10、11、12であり、中村本と明治14年版が等しいのは6と7である。

○巻四の見出し語漢字の異同

　次に、巻四における増補本の見出し語の異同に関する一覧表（p.72-74）と明治14年本の見出し語を比較してみる。

　明治14年本の巻四の見出し語を見ると、前掲の一覧表における5、8、9、10、12はソウル大学本と等しく、1、2、4、11、13、16、17、19、20、22、23、25は、小田本と等しく、1、3、4、11、16、17、23、24は京都大学本に等しいことがわかった。しかも、「雑語」と「逍遥」の部分で大きくくい違っている三ヶ所については、明治14年本と等しいのは、ソウル大学本ではなく、小田本や京都大学本なのである。

　以上見てきたように、明治14年本『交隣須知』の部門立てが増補本系の『交隣須知』とかなり近い構造を持つことにより、その見出し語についても増補本の影響が強いと思われるが、具体的に見出し語の異同とその配列について見ると、巻二、巻三、巻四ともに増補本の影響が強いが、巻四についてはソウル大学本やアストン本ではなく、増補本系の小田本や京都大学本にかなり近いことがわかった。

○増補本の増補の部分にある見出し語について

　さて、次に増補本の増補の部分にある見出し語が明治14年本にどのように見

られるかを部門ごとに調査してみた。その結果、次のような結果が得られた。(尚、巻一については完成した増補欄を持つ資料が無いので、ここでは、巻二、巻三、巻四について述べることにした。)

巻二……増補の部分にある見出し語漢字が一語も見られない部門
　　　　「草卉」
　　　　増補の部分にある見出し語漢字がすべて見られる部門
　　　　「昆虫」「農圃」「果実」「花品」「熱設」「行動」
　　　　上にあげた部門以外では増補本の増補にある見出し語漢字が、明治14年本においては部分的に見られる。
巻三……増補の部分にある見出し語漢字が一語も見られない部門
　　　　「鋪陳」
　　　　増補の部分にある見出し語漢字がすべて見られる部門
　　　　「視聴」「政刑」「文式」「武備」「正戦」「飲食」
　　　　上にあげた部門以外では、増補本の増補にある見出し語漢字が、明治14年本においては部分的に見られる。
巻四……増補の部分にある見出し語漢字は明治14年本でも殆ど見られる。

　明治14年本『交隣須知』の見出し語について調査した結果、次の結果が得られた。

　明治14年本『交隣須知』は、部門配列を見ると、増補本系の『交隣須知』とほぼ同じである。(「都邑」「宮宅」の順だけが逆になっている。)また、巻二の見出し語の多くは、その配列を見ると増補本系の資料によっていると思われるが、もとにした資料をどれか一本に限定することはできない。また、増補本の増補部分がどのくらい明治14年本の見出し語に見られるかという調査を行なった結果部門によって一例も見られない場合もあり、一部分、または全ての見出し語漢字が明治14年本にある場合もあることがわかった。巻三については、巻二と殆ど同じような結果を得た。巻四については、見出し語の配列はソウル大学本、アストン本より、小田本、京都大学本に近いと言える。また、増補本の増補の部分に見られる見出し語漢字は、ほとんど明治14年本にも見られる。

そして、明治14年本ではどれかある一本の増補本にのみ見られる見出し語漢字は、見出し語として採用していないと思われる。

4．明治14年本『交隣須知』の例文

さて、次に明治14年本『交隣須知』の例文についてであるが、明治14年本には、それまで流布していた写本類には見られない本文がある。次にあげる例文は、写本類のそれとは異なったものである。

奢侈　강호다히ᄂᆞᆫ 심히 샤치ᄒᆞ가 시브외　（京都大学本・巻一・人性）
　　　江戸ノアタリハ甚ヲコリガマシイソフニコサル
奢侈　강호다히ᄂᆞᆫ ᄆᆞ장 샤치ᄒᆞ가 시브외　（アストン本・巻一・人品）
　　　江戸アタリハイカウヲコルソフウコサル
奢侈　강호다히ᄂᆞᆫ ᄆᆞ장 샤치ᄒᆞ가 시브외　（白水本・巻一・人品）
　　　江戸アタリハイカウヲゴルソウニコサル
繁華　동경셩은 ᄆᆞ장 번화헌가 시푸외　（明治14年本・巻一・人品）
　　　東京ヘンハモットモ繁華ナソウニゴザル

長者　댱자를 보면 소인들은 슬회여 ᄒᆞ옵ᄂᆞ니　（京都大学本・巻一・官爵）
　　　　　　　　　　小人　　キライマスル
長者　쟝쟈를 디졉 ᄒᆞ여 일읍의 어진 사ᄅᆞᆷ이 만ᄉᆞ외　（アストン本・巻一・官爵）
　　　長者ヲモテナシテ府中ニヨイ人ガ多ウコサル
長者　쟝쟈를 보면 사ᄅᆞᆷ들이 디졉 ᄒᆞ옵ᄂᆞ니　（白水本・巻一・官爵）
　　　長者ヲミレバ人タチガウヤマイマスル
長者　어른을 보면 사ᄅᆞᆷ마다 디졉허옵ᄂᆞ니　（明治14年本・巻一・官爵）
　　　長者ヲミレバ人ゴトニモテナシマス

上にあげた例文を見ても、「江戸→東京」「댱(쟝)자(쟈)→어른」というように刊本を刊行する際に、見出し語に関してばかりでなく、韓国語本文、対訳日本語においても少なからぬ変更があったと思われる。

5．明治14年本から明治16年本へ

続いて明治14年本『交隣須知』と明治16年本『交隣須知』の見出し語、及び対訳日本語の異同について見ていくことにする。

具体的に変更したところをあげてみると、次の表のようになる。

ソウル大学本と済州本の見出し語の異なり

明治14年版	明治16年版	明治14年版	明治16年版
巻一		㉕大柑子、小柑子の順、蜜柑はなし	大柑子、蜜柑
①鞦韆	ブランコ		
②再昨	再昨日	㉖なし	「檗」の上に 檗字正音벽
③初八	初八日		
④初九	初九日	㉗「棕櫚」の上に「櫚字正音려」	なし
⑤初十	初十日		
⑥初二十	初二十日	㉘「藤」の上に「手字正音슈」	なし
⑦何	何日		
⑧其	其日	㉙「柴」の上に「柴字正音싀」	なし
⑨晦	晦日		
⑩表の次に右	左の次に右	㉚芍花	芍薬
⑪なし	「冶匠」の上に 匠字正音쟝	㉛地移	地税
		㉜畢俸	異俸
⑫巧	功	巻三	
⑬なし	「劣」の上に 劣字本音렬	㉝なし	「斉」の上に「礼字本音려」
⑭なし	쓰슈ㅅ라도칭허ᄂᆞ라 又　使トモ称ス	㉞なし	「錫」の上に「鑰字正音튜」
⑮「諸王」の次に「水使」	なし	㉟なし	「宝貝」の上に「貝八正音패」
⑯親父	父親	㊱なし	「白銅」の上に「銅八正音동」
⑰兄	兄主		
⑱なし	雇	㊲なし	「綿」の上に「種字正音죵」
⑲なし	○妹之子亦為愣		
⑳処女	処	㊳紬	繪
㉑鬚	髭	㊴「饗」の上に「孩字正音히」	なし
㉒髯	鬚		
巻二		㊵「盒」の上に「함合字」	なし
㉓水瀬のあとに狼	豺のあとに狼		
㉔犢、騾の順、鱸は猫の次	犢、鱸、騾の順	㊶「指南針」の次に「鉗」	「指南針」の次に「馬鐵」

明治14年版	明治16年版
㊷墨がユイ	墨がユユイ
㊸水がチツタ	墨がチツタ
㊹なし	「丸」の上に「丸字正音한」
㊺層	層々
巻四	
㊻	搔
㊼「足刺」の次に「奉足」	「奉足」はなし
㊽なし	「詰」の上に「乱字正音란」
㊾必	必竟
㊿幸	倖
(51)果然	果然
(52)「雅淡」の次に「姑」	「姑」はなし

明治14年版	明治16年版
(53)為	為先
(54)「斗護」の次に「生踈」	「斗護」はなし
(55)縹	縹
(56)「恠」の上になし	「恠」の上に「恠字正音괴」
(57)「洽」の次に「辞」	「辞」はなし
(58)「待」の次に「次」	「次」はなし
(59)亜	なし
(60)相視	相
(61)「幽々」の上に「輩字本音ᄇᆡ」	なし

これを見ると、欄外説明の有無に関する用例が17例、見出し語漢字の違いが25例、見出し語漢字の有無に関する用例が11例、語順の違いが3例、対訳日本語の異なりが5例あることがわかる。

2．明治16年本『交隣須知』と宝迫本『交隣須知』

　ここでは、明治16年に刊行された二つの『交隣須知』である明治16年本と宝迫本の違いについて見ていくことにする。
　まず、二資料の書誌的概要について述べる。

1．明治16年本『交隣須知』と宝迫本『交隣須知』の書誌的概要
○明治16年本『交隣須知』

　明治14年本『交隣須知』は注目すべき文献であったが、問題点が全くなかった訳ではなかった。例えば、「凡例」のあと第一丁が始まる前が白となっており、天文・時節・昼夜等の目次が見られない。また、巻一、巻二、巻三、巻四の全巻にわたって印刷ミスと思われる部分があり、活字でなく後から筆で書き加えている箇所が少なくないのである。そして、当然のことではあるが、後から筆書きした部分の筆蹟は福島版『明治14年版交隣須知』と釜山市立市民図書館所蔵『交隣須知』とでは異なっているのである。このように多くの補筆を必要とした明治14年本『交隣須知』は、「いささか欠陥のある書」（福島邦道、1990、p.21）と言えるのかもしれない。これだけが理由であったかどうかは明確に知る由もないが、2年後の明治16年には、明治16年本『交隣須知』（浦瀬裕校正増補、中谷徳兵衛印刷）が刊行されることになる。明治16年本については、小倉進平（1936）に詳しいが、これによると、本書各巻表紙の題箋には「再刊交隣須知」とあり、表紙裏には中央に「再刊交隣須知」、右側に「外務省蔵板明治十六年二月十六日出版権届」、左側に「明治十六年三月印行」、上部に「大日本帝国紀元二千五百四十三年」とある。また、各巻第一枚の初頭には「対馬厳原藩士雨森芳洲編輯、対馬浦瀬裕校正増補、周防中谷徳兵衛印刷」とある。巻一の巻頭には浦瀬裕の「緒言」「凡例」等があり、巻四の終りに韓国語の発音に関する注意（1枚）がある。また、凡例の後に簡単な目次（天文・時節・昼夜等）がつけられていたり、明治14年本『交隣須知』で補筆を必要とした箇所にも活字が組まれている等、明治14年本の欠陥部分を補っている。
　明治14年本『交隣須知』と明治16年本『交隣須知』の異同点について小倉進平（1936）は次の3点をあげている。（（イ）～（ハ）は小倉進平（1936）の内容をまとめたものである。）

Ⅳ 『交隣須知』の刊本

(イ) 14年本『交隣須知』の「緒言」が16年本『交隣須知』では誤っている箇所がある。
(ロ) 印刷人が宝迫繁勝から中谷徳兵衛に変った。
(ハ) 朝鮮文および日本文に修正部分が見られるが、其の内容に於ては著しい変更は加えられなかった。

以上であるが、ここにあげた（イ）〜（ハ）について福島邦道（1990、pp. 25-27）は次のように記している。

(イ) 明治16年本の「緒言」の部分に誤っている部分はなく、（イ）については小倉氏の誤解であろう。
(ロ) 印刷人が宝迫繁勝から中谷徳兵衛に変った原因は小倉氏の指摘した「浦瀬裕と宝迫繁勝との意見の扞格」（小倉進平、1936、p.27）と言うより、むしろ「印刷上の問題（印刷ミス）が原因で宝迫繁勝が責任をとらされた」と考えるべきである。
(ハ) 明治16年本『交隣須知』で新しく本文を作ったものもあり、訳語の相違が文法上の問題になる場合もある。

これを見ると、印刷の面からも語句の面においても明治14年本には少し問題があり、わずか2年後の明治16年に新しい刊本である明治16年本『交隣須知』が刊行されることになったと思われる。

○宝迫本『交隣須知』
　宝迫本『交隣須知』は外務省蔵版の明治14年本、並びに16年本のあと、同じく明治16年に出版される。これは白石直道による版本であり、浦瀬裕の名前はどこにも見えない。本書表紙の題箋には「故雨森東原著宝迫繁勝刪正交隣須知」とあるが、表紙裏には文字が無い。また、各巻第一枚の初頭書名の下には「雨森東原著」、「宝迫繁勝刪正」とあり、巻四の奥付には「明治十六年三月五日出版御届、同年九月廿九日刻成御届」、「原著者旧対馬藩士雨森東」、「刪正者外務御用掛宝迫繁勝」、「出版者福岡県士族白石直道」などとある。
　宝迫本の「自序」を見ると、本書の成立事情を知ることができるので、ここ

91

にあげておくことにする。

　　自序
　　雨森芳洲翁受其主対馬侯之命駐在干朝鮮釜山浦公
　　事之余学朝鮮語久而有所得因纂著一書自天文地理
　　時令人事至草木禽虫之微剖部彙品名之日交隣須知
　　是朝鮮語学之濫觴也其後象胥輩出雖有所補正如当
　　時彼我交誼未全親密言語亦随不能精是以或混俚言
　　或雑訛音未得以為善本自
　　明治九年重修旧好以来
　　両国貿易之道大開人民互相往来於是始知此書多誤
　　謬而不足供日常談話応酬之用官深惜之使象胥浦瀬
　　裕更校訂因五換裘葛校訂漸畢然猶未免
　　国音之差語格之誤蓋校訂之難於交誼親密之日亦尚
　　如此況於百数十年前芳洲翁之著此書其難可想矣余
　　常憾此書之不成因乞諸官正文法刪複雑校写一再漸
　　為善本頃友人白石直道視而喜之将以上木於是遂挙
　　原稿以与之顧交際愈密而言語愈精他日有復訂修此
　　書之誤謬者則可以知交際之益密矣
　　明治十六年孟夏周防後学鷺松宝迫繁勝誌

　以上であるが、これを見ると、明治14年本『交隣須知』の「文法ヲ正シ、複雑ヲ刪シ、校写スルコト一再、漸ク善本ト為ル」というのである。明治14年本『交隣須知』には「国音の差、語格の誤」があったという批判も見られるが、これ等は浦瀬裕のやり方を決定的に非難しているとも受け取られず、二人の間に「扞格」があったのかどうかはこれだけではわからない。明治16年本と宝迫本との日本語の相違については大曲美太郎（1935）に詳しいが、それには次のようにある (p.204)。

　　此浦瀬裕の校正増補した交隣須知が再刊された同年同月に、又宝迫繁勝が刪正した交隣須知が出版された。それで此両書はどんな相違があるかとザ

ット対照してみると浦瀬の方にあつて宝迫の方にはない話が二百ばかりあり、又浦瀬の方になくて宝迫の方にある話が二十ばかりある。
　ツマリ宝迫のものは浦瀬のものを二百ばかり削除し又二十ばかり増補してゐる如く思はれる。浦瀬の方の話の総数は三千余あるが、宝迫のものは三千に足らないのである。又浦瀬の方の長い話は、宝迫の方では簡単に且つ明亮になつて居り、又語尾も往々改められたものがある。概して浦瀬の方は保守的であるが、宝迫の方は進歩（改新）的であり、現代的であるのである

　これを見ると、明治16年本と宝迫本とは内容や辞句にかなり相違があるようであるが、他にも大きな差異として「見出し語の有無」をあげることができる。浦瀬本には見出し語漢字が有るが、宝迫本においては見出し語漢字が無いのである。この後、明治37年に最後の刊本である明治37年本が出版されることになるのであるが、これには見出し語漢字が有り、さまざまな新味を加え、工夫をこらした宝迫本が明治37年本『交隣須知』に受け継がれていったということは無かったようである。

２．明治16年本『交隣須知』と宝迫本『交隣須知』の相互関係
　ここでは二つの明治16年に刊行された『交隣須知』について、次の７項目にわたって述べていくことにする。
　（１）見出し語漢字の有無について、（２）例文について、（３）漢字の使用について、（４）助詞「ヲ」について、（５）対訳日本語の長短について、（６）対訳日本語を書く際の姿勢について、（７）「ニヨリ」と「カラ」について

　１．見出し語漢字の有無について
　明治16年本と宝迫本とを対照してみると、まず、大きな違いとして、見出し語漢字の有無をあげることができる。明治16年本には従来通り見出し語漢字があるが、宝迫本には見出し語漢字は見られない。
　宝迫本の「自序」によると、明治16年本には良くないところがあり、「文法ヲ正シ、複雑ヲ刪シ」写本ができたので白石氏に渡し、この刪正本ができたというのであるが、これだけでは見出し語漢字を省いた理由が何であるのかは、は

っきりとはわからない。

2．例文について

　二資料の例文を調査してみると、明治16年本にあって、宝迫本にない用例が、巻一に4例、巻二に3例、巻三に37例、そして巻四に155例あり、巻三と巻四の用例を集中的に削除していることがわかる。
　次に具体的に例文をあげていくことにする。

［明治16年本にのみ見られる用例］
　（巻一）
　「天文」

1）老人星	ーハ南方ニ出テ見ル人ハ長寿スルト云ヒマス
2）三台星	ーハ人間ノ三公ニ応ズル星ト云ヒマス
3）朗	ソノ家ハゲニモ明朗ニヨク作リマシタ

　「羽族」

4）啄	イツソ鶏ノ口ニナルトモ牛ノシリヘニナルナ

　（巻二）
　「買売」

5）質	此人ハ人質ニトツテ置クニヨリ負債ヲ払テツレテユケ

　「疾病」

6）痣	ホヤケハ見カケガアシイ
7）向	コレニ向フテキタニヨリ極テ何事カアラウト存シマス

以下、用例数が多いので、見出し語漢字のみをあげることにする。

IV 『交隣須知』の刊本

巻三	35) 羹	68) 誣	「四端」	140) 各
「彩色」	36) 餅	69) 訴	105) 孝	141) 事
8) 玄	37) 正果	70) 訟	106) 譲	142) 慰
9) 黄	38) 肉	71) 分揀	107) 信	143) 禁
10) 紅	39) 膾	72) 決	108) 験	144) 何
「織器」	40) 肴	73) 譏	109) 効他	145) 苦
11) 桶	41) 鼓汁	74) 是	「大多」	146) 労
12) 掛箱	42) 滓	75) 呉	110) 夭	147) 漸
「雑器」	43) 江正	76) 欺	111) 高	148) 交
13) 炬	44) 飯饌	77) 巧言	112) 長	149) 恠
14) 搗錬	巻四	78) 称讃	113) 短	150) 毎
「風物」	「静止」	「語辞」	114) 尊	151) 特
15) 舞	45) 伏	79) 必	115) 遠	152) 侍
16) 歌	46) 顛	80) 是	116) 近	153) 別
「視聴」	「手運」	81) 又	117) 塊	154) 険
17) 眄	47) 掻	82) 得	118) 秘	155) 凶
「車輪」	48) 抽	83) 復	119) 独	156) 違
18) 載	49) 拾	84) 正	120) 小	157) 免
19) 拿	50) 掛	85) 精	121) 大	158) 敬
「政刑」	51) 択	86) 便	122) 尖	「雑語」
20) 公事	52) 挟	87) 就中	123) 篠	159) 砕
「文式」	53) 担	88) 合当	「範囲」	160) 結
21) 硯	54) 捕	89) 故	124) 得	161) 裏
22) 画	「足使」	90) 最	125) 有	162) 皆
「武備」	55) 歩	91) 長	126) 難	163) 解
23) 小刀	56) 疲	92) 或	127) 承	164) 先
24) 甲	「心動」	93) 即	128) 断	165) 満
25) 大鐘	57) 悲	94) 若	129) 盛	166) 同
「征戦」	58) 怒	95) 甚	130) 棄	167) 同
26) 怯	59) 憂	96) 自然	131) 害	168) 離別
27) 殺	60) 哀	「心使」	132) 廃	169) 殊
28) 亡	61) 憫	97) 疑	133) 取	170) 期
29) 抜	62) 畏	98) 忘	134) 補	171) 当
30) 対敵	63) 感	99) 慇懃	135) 夥	172) 摘姦
31) 戦	64) 笑	100) 惜	136) 行	173) 元
32) 猟	65) 哭	101) 念	137) 吝	174) 次
33) 敗	66) 心火	102) 輔	138) 否	175) 負
34) 守	「言語」	103) 操心	139) 念慮	176) 待
「飲食」	67) 弁	104) 覓呈	「雑語」	177) 綻

95

178) 作	183) 呈	188) 着実	193) 知委	197) 灼々
179) 貫	184) 用	189) 悉	194) 崇向	198) 揺々
180) 要	185) 費	190) 串	195) 一当百	199) 纔
181) 煩拠	186) 処置	191) 奔走	196) 入侍	
182) 執	187) 謀害	192) 碍	「逍遥」	

　また、明治16年本になくて、宝迫本にある例文を見ていくと、巻一に5例、巻二に4例、巻三に12例、巻四に6例あることがわかる。
　次に具体的に例文をあげておく。(宝迫本には見出し語漢字がないので、対訳日本語をあげることにする。)

[宝迫本にのみ見られる例文]
(巻一)
　　「天文」　①曇リテ雨ガ降リサウニゴザル
　　「時節」　②世上ハ大槩太陽暦ヲ用井マス
　　　　　　③太陽暦を用井ル国ハ稀ニゴザリマス
　　「人品」　④貌ノ美イ人デゴザル
　　「官爵」　⑤水使ヲ水軍節度使ト云フ
(巻二)
　　「行動」　⑥オ辞義ナサレヨ
　　　　　　⑦徘徊スルガ何ゾ用ガアルカ
　　　　　　⑧上ヘヲ見ラレマセ
　　　　　　⑨下タヲ見ヨ
(巻三)
　　「織器」　⑩紙捻ヲヨレ
　　「鉄器」　⑪轡ハ馬ニカケテヒキマハス
　　「雑器」　⑫風雨針ヲ求メテ下サレマセ
　　「政刑」　⑬捕ヘテ牢ニ入レテ憫然ニゴザル
　　　　　　⑭此人ハ人質ニ取ルカラ左様ニ思ヘ
　　　　　　⑮訴ヘテアヤツガ罪ヲ蒙ッタ
　　　　　　⑯善悪ヲ酌ミ分ケテ処分ヲナサレマセ
　　　　　　⑰処決ヲ公平ニナサレテ尤デゴザル

　　　　　　　　　　⑱訴訟ハ両方ノ言ヲ皆聞テ処断ナサレヨ
　　　　　　　　　　⑲廃シテ庶人トナツタ
　　　　「武備」　　⑳甲鉄艦ハ皆鎕デ作リタ軍艦デゴザル
　　　　　　　　　　㉑オコシ米ハ膳ニオキマス
（巻四）
　　　　「手運」　　㉒ギリヽ巻ケ
　　　　「必使」　　㉓秘密ニナサレマセ
　　　　　　　　　　㉔人ノフヲ邪魔スルナ
　　　　　　　　　　㉕ゴ介保シテ下サレマセ
　　　　「雑語」　　㉖久シブリニアヒマシタ
　　　　　　　　　　㉗悪魔ガ来ルト云フハ子供ヲ欺クフジャ

　以上であるが、これを見ると、明治16年本にあって、宝迫本にはない用例は、巻三、四に集中しており、逆に、明治16年本になくて、宝迫本にのみ見られる用例は、用例数も少なく巻一、二、三、四に分散していることがわかる。

3．漢字の使用について

　宝迫本は明治16年本に比べて対訳日本語の部分に漢字を多く用いている。例をあげると、次のようである。

〇「天文」
　月ガ明カニシテサビシイホドニ咄ナリトモイタシマセウ（明治16年本）
　　　　　　　　　　　　　↓
　月ガ明カニシテ寂イ程ニ咄ナリトモイタシマセウ（宝迫本）

〇「時節」
　コトシハヨノコトハセズシテ詞ケイコヲシテシヤハセマシタ（明治16年本）
　　　　　　　　　　　　　↓
　今年ハ余ノ事ハセズシテ詞稽古斗リシタ（宝迫本）

4．助詞「ヲ」について

　宝迫本では、対訳日本語の部分に助詞「ヲ」をつけて加えている場合が多く見られ、文体が少し異なっているようである。

例えば次のようである。

○「風物」
　琴ヒケ小歌ウタハウ（明治16年本）
　　　　↓
　琴㋾ヒケ小歌ウタハウ（宝迫本）
○「水族」
　銀口魚　アユツリニ往カウ（明治16年本）
　　　　　　　↓
　　　アユ㋾ツリニ往カウ（宝迫本）
○「宮宅」
　梯　ハシゴカケテアガラウ（明治16年本）
　　　　　　↓
　　　ハシゴ㋾カケテアガラウ（宝迫本）

5．対訳日本語の長短について

宝迫本では対訳日本語を短くしている場合が多い。
例えば次のような例がある。

（巻一）
　「天文」
　○照　月ガマドニウツリテ心カサヘテ子ムケガアリマセヌ（明治16年本）
　　　　　　↓
　　　月ガマドニウツリマシタ（宝迫本）
　○旱　日デリデ穀物ガ皆カレントシタニ一日ノ雨デ生キ出テマコトニスグレマシタ（明治16年本）
　　　　　　↓
　　　日デリデ穀物ガ皆枯レマス（宝迫本）
　○二十八宿　二十八宿デ各々分野ヲシリマス（明治16年本）
　　　　　　↓
　　　二十八宿（宝迫本）

○南斗星　　南斗星ハ寿限ヲ定メナサルト云ヒマス（明治16年本）
　　　　　　　　　　↓
　　　　　　南斗星（宝迫本）
以下、見出し語漢字のみをあげておく。

「時節」
　翌年、十月、十二月、百終、元日、明々後日、望、御使、爪

6．対訳日本語を書く際の姿勢について
　宝迫本では対訳日本語を書く際に、身分の低い者の立場を配慮して書いていると思われる場合がある。
　次に例文をあげておく。

（巻一）
「人品」
両班　レキレキト云フワケヲ知ズシテミダリニ云テフラチニゴザル
　　　　　　　↓
　　　真ノ歴々ハ自慢スルコトハゴザリマセヌ
市人　町人ノ子孫ハ何ノツトメモナリマセヌ
　　　　　　　↓
　　　町人ノ子孫デモ才ノアル人ヲ撰ンデ職ヲ授ケテコソ尤デゴザル
民　　百姓ドモガ地方官ヲウヤマヒマス
　　　　　　　↓
　　　地方官ハ百姓ヲ撫育メコソ尤ジャ
役　　下人共ガチカゴロ公役ガ多クテタヘエマセヌ
　　　　　　　↓
　　　近比公役ガ多クテタヘラレマセヌ
雇　　ヤトヒモノハ根本ヲ知テツコウテコソヨロシイ
　　　　　　　↓
　　　ヤトヒモノデモ蔑視サレマスナ

7.「ニヨリ」と「カラ」について

宝迫本では、明治16年本で多く用いている原因、理由を表わす接続助詞「ニヨリ」を「カラ」に書き換えている場合が多い。

巻ごとに見ると次のようである。

(巻一)
「ニヨリ」→「カラ」　39例
「ニツキ」→「故」　　10例
「ニツキ」→「故」　　10例
「ニツキ」→「カラ」　 4例
「ニツキ」→「ニヨリ」 1例
「ヨリ」→「カラ」　　 1例
「ニヨリ」→「テ」　　 1例
「ニヨリ」→「ノハ」　 1例

(巻二)
「ニヨリ」→「カラ」58例
「ヨリ」→「カラ」　 2例
「ユヱ」→「カラ」　 1例
「ニ」→「カラ」　　 2例
「ニツキ」→「カラ」 1例

(巻三)
「ニヨリ」→「カラ」　38例
「ニツキ」→「カラ」　 4例
「ニヨリ」→「テ」　　 6例
「ニヨリ」→「ガ」　　 2例
「ニ」→「カラ」　　　 1例
「ヨリ」→「カラ」　　 2例
「ニヨリ」→「故」　　 1例

(巻四)
「ニヨリ」→「カラ」30例
「ニツキ」→「カラ」 1例
「ニヨリ」→「テ」　 1例
「ヨリ」→「カラ」　 1例
「ニ」→「カラ」　　 1例
「ニヨリ」→「ガ」　 1例
「ニヨリ」→「デ」　 1例
「ユヱ」→「カラ」　 1例

また、明治16年本で「カラ」が見られるところは巻一に1例、巻二に2例ある。

逆に、宝迫本で「ニヨリ」を用いている用例数は次のようである。

巻一→32例

巻二→2例

巻三→3例

巻四→0

Ⅳ 『交隣須知』の刊本

以上であるが、具体的に用例をあげると次のようになる。

　　（明治16年本）　　（宝迫本）
　　「ニヨリ」　→　「カラ」
「天文」
○東風　コチガ吹ク<u>ニヨリ</u>キハメテ船ガマ井ラウ（明治16年本）
　　　　　　　　↓
　　　　コチガ吹ク<u>カラ</u>キハメテ船ガマ井ラウ（宝迫本）
○順風　順風カツヅイテ吹<u>ニヨリ</u>船ガマ井ラウトオモヒマス（明治16年本）
　　　　　　　　↓
　　　　オヒテガ続テ吹<u>カラ</u>船ガ参ウトオモヒマス（宝迫本）
○霖　　長雨ガツヅク<u>ニヨリ</u>モハヤ晴タラバヨカラウ（明治16年本）
　　　　　　　　↓
　　　　長雨ガツヅク<u>カラ</u>モハヤ晴タラバヨカラウ（宝迫本）
　以下、見出し語漢字のみをあげることにする。

「天文」　霜、著霜、雷
「時節」　歳
「昼夜」　陽、曝
「江湖」　江、清、淬独
「手貌」　溢
「人品」　客、翁、倹朴、烈、勤
「天倫」　姉、厥
「頭部」　顱
「身部」　臂、胸、乳、背、腰、脚、腎、汗、喧
「形貌」　健壮、弱、壮、小童、陋、醜
「羽族」　風、雀、雀噪、鵲
「走獣」　狗、豾
「水族」　竜、蜥蜴、青螺、鮪魚
「蜫虫」　蚯、蛆
「禾黍」　禾、真荏、禄、耳牟

101

「農圃」	畎畝、儲、撮、還上米
「果実」	林檎
「花品」	花枯、杜若
「草卉」	葦
「宮宅」	家、窓、開、基、茅屋、礎
「都邑」	程、駅
「味臭」	糞臭、尿臭、燻臭、焦臭、羶
「喫貌」	酔、厭、使酒
「熟設」	醸、火
「買売」	本、落本、倍直、推移
「疾病」	嚔、痂、脚麻、啞
「行動」	去、帰、餞、来、櫌、送、及、避、逃、随、向
「墓寺」	瓦、修葺、神主
「布帛」	布、明紬、苧布、繭、糸
「彩色」	漆、銅緑、殕花、鉎
「衣冠」	笠、縫、襪、油衫、鞋、木屐、屐、裘
「女飾」	塗
「織器」	函、桶帯
「鉄器」	鎚、灯
「風物」	絃
「鞍具」	鐙
「政刑」	承服、贖
「文式」	註、刻、冊衣
「武備」	筈
「征戦」	侵、和親、発、凱陣
「飲食」	飯、焼
「静止」	眠
「手運」	圧
「語辞」	応、必意、奄
「心使」	仰託
「四端」	襯着

Ⅳ 『交隣須知』の刊本

「大多」　密、盈、虚
「範囲」　安、稀
「雑語」　維、並、景、靡、煩、槖、報、諫、引鋸、催、仮、唐突、誤入
「逍遥」　飄々、密々、忽々、瞳々、嫋々

　以上である。尚「ニヨリ」と「カラ」の問題については、「語彙」の章で述べるので、ここでは詳細な記述は省くことにする。

　本章では、二つの明治16年に刊行された『交隣須知』を校合することによって、二資料の違いを明らかにしようとしたのであるが、その結果、次のことが明らかになった。

　明治16年本には見出し語漢字があるが、宝迫本には見出し語漢字はない。そして、明治16年本にあって、宝迫本にない話が200ばかりあるが、巻ごとに見ていくと、巻四に150例以上あり、巻三と四に集中していると言える。また、明治16年本になくて、宝迫本にある話は27例あるが、巻一、二、三、四に各々分散していると言える。宝迫本は明治16年本に比べて、対訳日本語の部分に漢字を多く用いている。また、宝迫本では助詞「ヲ」を付け加えていたり、対訳日本語を短くしている場合が多い。そして、宝迫本では対訳日本語を書き換える場合、例文の中に身分の低いものを配慮して書いていると思われる箇所がある。また、宝迫本では、明治16年本で多く用いている原因、理由を表わす接続助詞「ニヨリ」を「カラ」に書き換えている場合が多い。

3．明治37年本『交隣須知』

　明治37年本『交隣須知』は、明治時代に刊行された最後の『交隣須知』である。ここでは、まず明治37年本『交隣須知』の書誌学的概要を述べた後、明治37年本『交隣須知』の新しさについて述べていくことにする。

1．明治37年本『交隣須知』の書誌的概要

　明治37年本『交隣須知』は、最後の『交隣須知』である。写本で伝えられた『交隣須知』は明治になり刊本となったが、明治37年には洋装の共訂本となった。また、明治14年本、16年本、宝迫本、明治37年本を比較してみると、明治37年本が大きく異なっている部分があることがわかる。それは、日本語が現代語式になっている、つまり、明治の標準のことばに近づいてきているということである。

　本書は、書型は四六倍判であり、京都大学文学部国語学国文学研究室(1968)『異本隣語大方・交隣須知』に収められている。

　著者は前間恭作であるが、「緒言」に次のようにあり、本書を刊行した目的、内容を変更した事柄等について知ることができる。

> いふまでもなく原本の最も非難を受くる所は、措辞の意義をなさゞるもの、方言、又は謬りたる字句の多さが為め課本たるに堪へさる点にありしか故に、予輩校正の第一義は此等を改竄し修正するにありしかども此外に又本書は二百年間幾回となく増補添入を経ながら題目の分類に至りて一度の整理をもなされしことなく雑然秩序なき状態に陥り居るを以て根底より之を整頓し又書中和訳は直訳に係り意義判明ならざる上、当国人の日本語を学ふものゝ為め応用せられざる不利もあるが故に、之は全然改作して意訳の法をとりたり。此二事はたしかに本書の外観に大変化を与へたるものとす

　上のようにあり、「原本」には措辞の不適切な部分、方言や誤謬が多くあるので37年本を刊行する必要があったとしていることがわかる。

　尚、明治37年本『交隣須知』を見ると、日本語ばかりでなく韓国語本文も新

しくなっていることがわかる。また、「緒言」では原著者について何らふれていない。元来、前間恭作は雨森芳洲を著者とすることに対して反対していた（福島邦道、1990、p.5）ので納得できないことではないが。

ともあれ、明治に入って出版された『交隣須知』は、明治37年本をもって韓国語本文も日本語の対訳も時代に沿った新しいものとなったのである。

次に、明治37年本『交隣須知』の新しさについて、具体的に述べていくことにする。

2．明治37年本『交隣須知』の新しさ

明治37年本『交隣須知』の日本語の新しさについては、Ⅵ章で述べるので、ここでは、いくつかの例文をあげて、若干の説明を加えるに止める。尚、明治37年本に至って、初めて韓国語の分かち書き表記がなされていたり、対訳日本語も今までのものとは異なり、漢字ひらがな混じり文で書かれている点も注目に値する。

竜　늉이 오르니 비 오겟다　（明治16年本・巻二・水族）
　　竜ガアガツタ<u>ニヨリ</u>雨ガ降ラウ
竜　늉이 오르니 비가 오겟다　（明治37年本・魚介）
　　竜が登る<u>から</u>雨が降る<u>だろう</u>。
（「ニヨリ」→「カラ」といった新しい語彙が用いられている。）
（推量の助動詞「だろう」は、明治37年本に至って初めて用いられた。）

蛤　죠개가 입을 다무럿다　（明治16年本・巻二・水族）
　　蛤ガ口ヲ塞イダ
蛤　죠긔가 입을 다물엇다　（明治37年本・魚介）
　　蛤が口を<u>すつかり</u>ふさいだ。
（副詞「すっかり」は、明治37年本に至って初めて見られる。）

採　키여싸가 무르게 슬머라　（明治16年本・巻四・手運）
　　ホツテキテヤハラカニ<u>ユデヨ</u>
採　키여다가 물으게 솖아라　（明治37年本・手運）
　　掘って来てやわらかにうでろ。

(命令形「〜ろ」の形は、明治37年本に至って初めて用いられた。)

　尚、明治37年本『交隣須知』の長所、短所については、幣原担(1904)に詳しいが、これについては「『交隣須知』に関する先行研究」のところでふれたので、ここではくり返さないことにする。

Ⅴ 『交隣須知』の系譜

『交隣須知』の系譜について述べるにあたって、まず『交隣須知』の著者について述べておくことにする。

1．『交隣須知』の著者

1．雨森芳洲著者説

『交隣須知』の著者に関しては、すでに福島邦道(1990)の中で詳しく述べられている。

この中で、福島邦道は、

>「しかしながら、小倉進平氏は、前間恭作氏の説として、芳洲著者説を否定している。(後述)……(中略)……筆者は、芳洲著者説をとるもので、その証拠を示しておきたい。」(p.5)

とし、福島邦道は芳洲著者説をとり、小倉進平は芳洲著者説を否定していることがわかる。そこで、小倉進平が『交隣須知』の著者について書いたものを次にあげておくことにする。

ⓐ芳洲先生の朝鮮語に関する著書として最も有名なのは、彼の『交隣須知』であるが、こは先生が自ら釜山に赴き、同地に京城生れの朝鮮人を聘し、京城語を勉強して出来上ったものだと言はれて居る。其の後世を益したことは今更喋々と述べ立てる必要を認めぬ。

(小倉進平、1920、p.136)

ⓑ『交隣須知』の著者に関しては世間では彼の対馬の藩儒雨森芳洲であると一般に信ぜられて居るけれども、前間恭作氏の如きは、私に与へた書簡中に、数回に亘り、該書が芳洲の自著ではなく、対馬の通事が編纂したものに芳洲が力を添へたものであると述べておられる。雨森家と姻戚に当り、朝鮮書誌

学に精通せられる同氏の話であるから信憑せずにはおかれない事実と言へよう。

(小倉進平、1936、p.727)

次に、前間恭作が、小倉進平に1931年11月6日に宛てた書簡を見ると、次のようにある。尚、この書簡は、幣原担(1904)に対する前間恭作の意見であるので、これも掲げておくことにする。

○幣原担の批評文
　　絢爛たる「草梁館記」の名文に当時の朝鮮人を驚かしめし雨森芳洲は(中略)宝永正徳年間半島に往復して国情を究め意を語学の研究に注ぎ対馬朝鮮間の交通上最必要にして而も従来闕けたりし日韓対話書を創作せり交隣須知是也彼が朝鮮語に興味を有せしことは其著「橘窓茶話」中の語以て其一班を推知するに足る18世紀の発端『交隣須知』の編著あるに至りては長に功績を没すべからざるにも係らず其原本の体裁内容今や人の知る者なく雨森家亦深く秘して人に示さずといへば余輩は茲に評論するの便を得る能はざる也 (p.43)

○前間恭作の書簡
　　雨森家秘して示さず云々は真実でなく、私は雨森家と少し縁つゞきで芳洲の遺墨なども私方にありますが、交隣須知の原稿が同家にあるといふことは受けとれません。

(小倉進平、1936、p.740)

ⓒ (三) 交隣須知 (四巻)
　本書は徳川時代より明治初年にかけて、日本に於ける朝鮮語学習書として最も広く行はれたものである。著者は従来雨森芳洲であるといはれて居るが、実は芳洲の自著ではなく、当時対馬の通事等が編纂したものに、芳洲が力を添へて出来上ったものであるとするのが正しい見方のやうである。

(小倉進平、1964、p.60)

V 『交隣須知』の系譜

　以上であるが、ⓐⓑⓒを見ると、ⓐが書かれた1920年には、『交隣須知』の著者は雨森芳洲であるとしているが、ⓑⓒでは対馬の通事が編纂したものに芳洲が力を添えて作成されたものであるとしている。

　これに対して、福島邦道、上垣外憲一等は、芳洲著者説をとっている。また、滋賀県教育委員会編集『雨森芳洲関係資料調査報告書』の中でも、雨森芳洲が『交隣須知』をまとめたとしている。

　そこで、次に芳洲著者説の根拠となっている資料をあげておくことにする。

　　雨森東五郎より言葉稽古之者共へ申渡候書付之覚
　　覚
　　朝鮮言葉稽古之仕様、某より令指図候様ニと被仰付候。某義三十五歳之時、参判使都船主ニ而朝鮮へ初而罷渡、彼地之様子令見聞候処、重而信使有之候節朝鮮詞不存候而者、御用可難弁候と心付候付、罷帰候已後早速朝鮮言葉功者之衆中ニ下稽古いたし、翌三十六歳之時、朝鮮江罷渡丸ニ年令逗留、交隣須知一冊・酉年工夫一冊・乙酉雑録六冊・勧懲故事諺解三冊仕立、其外淑香伝ニ、李白瓊伝一冊自分ニ写之。
　　（大韓民国国史編纂委員会蔵『詞稽古之者仕立記録』元文元年1736）

　これによると、芳洲は35歳の時、初めて朝鮮に渡り、36歳の時は、二年間逗留してことばを稽古し、『交隣須知』などを仕立てたというのである。この資料は、雨森芳洲自身によって書かれたものであるが、福島邦道が芳洲著者説の証拠としたばかりでなく、上垣外憲一や『雨森芳洲関係資料調査報告書』の根拠ともなっている。

　○芳洲が通訳を志す者に与えた言葉の中で釜山に３年間いた時に『交隣須知』を自分で「仕立てた」といっている。
　　　　　　　　　　　　　　　　　　　　　　　（上垣外憲一、1989、p.94）

　○1703、芳洲、学文稽古のため朝鮮へ渡り朝鮮学を学ぶ。（翌年11月帰国）
　　この頃芳洲『交隣須知』をまとめる。
　　　　　（滋賀県教育委員会編集（1994）『雨森芳洲関係資料調査報告書』）

以上の他にも安田章（1980）は「芳洲著述」（芳洲書院蔵写本『宗家事件並朝鮮向尋反答書』）の中に交隣須知の名が出てくることを指摘している（p.6）。しかし、次のように続く。「この場合、成程『著述』と記されてはいるものの『交隣須知』がそうであるように、実は、芳洲の自著でなく、当時対馬の通事が編纂したものに芳洲が力を添へて完成したものを含んでいるかも知れない。」と。また、同じく安田章（1963b）は、「隣語大方解題」の中でも「芳洲著述」についてふれているが、ここでは「『交隣須知』がそうであるように」の部分は書かれていない（p.11）。
　また、金澤庄三郎の『国語の研究』の中には次のようにある（p.171）。

　　太閤の征韓の役後は、朝鮮の側でも日本語研究の必要を感じたものと見えて、「捷解新語」や「倭語類解」の如き語学書が出来て居る。しかし、我が国では彼の国語を研究したものが至って少く、著述とては僅に雨森芳洲の『交隣須知』の一書があるのみである。

　福島邦道（1990）によると、『日韓英三国対話』[14]には、次のようにあり、『交隣須知』は、雨森芳洲が編輯したとしている。

　　参考書トシテハ種々ノ本共ヲ用ヒシカドモ夫ガ中ニテ雨森芳洲先生ガ編輯サレニケル交隣須知コソハ最モ貴トキ助援成ケレバ先生ト該書ノ校正増補者浦瀬先生ト印刷者中谷ノ主トニ向ヒテハ長ク記臆サレテ忘ラレ間敷感謝ヲ述ル言斯ノ如シ。

　そして、韓国人の趙義淵と、日本人、井田勤衛の『韓日・日韓言語集』のはじめには、次のようにあり、雨森芳洲が『交隣須知』を編次したと言っている。

　　一朝鮮語学ハ、今ヲ距ル百数十年前、対馬ノ藩士雨森芳洲、釜山浦ニ駐在シ、公事ノ余仮、一書ヲ編次シ、名ケテ交隣須知ト云ヘリ、

　さて、次に『交隣須知』の明治の刊本を見ると、次のようにある。

○明治14年版『交隣須知』
　　雨森芳洲編輯　交隣須知

○再刊交隣須知巻之一、二、三、四
　　対馬厳原藩士　雨森芳洲編輯

○宝迫版　交隣須知
　　雨森東原著

　これまでいくつかの資料をあげてきたが、『交隣須知』の著者については二つの考え方があるようである。一つは、「『交隣須知』の著者は、雨森芳洲である。」という説であり、もう一つは「『交隣須知』は、対馬の通詞が編纂したものに芳洲が力を添えてできたものである。」という説である。『交隣須知』は芳洲の自著であると考えているのは福島邦道、上垣外憲一、金澤庄三郎等であり、一方芳洲が対馬の通詞に手を添えたと考えているのは、前間恭作等である。また、小倉進平のように初めは芳洲自著説をとり、後で考えを変更した場合もあるようである。明治14年本、16年本、宝迫本『交隣須知』には、「雨森芳洲編輯」「雨森東原著」等とある。

２．雨森芳洲著者説の問題点
　以上のように『交隣須知』の著者については、いくつかの考え方があるが、これまであげた資料、特に現在は大韓民国国史編纂委員会にある『詞稽古之者仕立記録』を見ると、雨森芳洲本人が『交隣須知』を仕立てたと言っているから、これを根拠として、ここでは『交隣須知』という書物が、雨森芳洲（1668～1755）によって作成されたことは間違いないと思いたい。しかし、この時作成された『交隣須知』と、現在見ることができる『交隣須知』との関係ははっきりしない。つまり、この時芳洲が作成した『交隣須知』は一冊であったという記述も見られるから、あるいは芳洲自身の韓国語学習のための覚え書きのようなものであった可能性もある。どの位の量であったのか、どのような形態であったのかは、原交隣須知を見ることができない以上、何とも言えないのであ

る。また、この時すでに対馬の通詞が協力しているかもしれない。しかし、どのような形であったにせよ、『交隣須知』が、雨森芳洲によって仕立てられたのは確かであると考えたい。そして、現存する『交隣須知』との関係を考える時、現在我々が目にすることのできる『交隣須知』が四巻から成っていること等を考え合わせると、あるいは、前間恭作の書簡にあったように、対馬の通詞達が編纂したものに芳洲が力を添えたものであるとも思われる。なぜならば、三千余の見出し語を一人で考え、韓国語の例文と日本語の対訳文を付けていく作業は簡単なことではなく、何人かの通詞に命じて作業をさせ、最終的に芳洲がまとめたとしても不思議ではないからである。

　初めは一冊の覚え書き程度の物であったのかもしれないが、それに何人かの人が加わって手を入れ、より立派なものに仕上げ、雨森芳洲の名前で出すことは十分に考えられ得ることではないだろうか。従って、ここでは、「原交隣須知は雨森芳洲が釜山に渡った1703年頃に作成され、その後対馬の通詞等の力も加わり、改良を重ねて200年もの間写本で伝えられ、明治時代には刊本を発行するに至った」と考えていくことにする。そう考えると、刊本に見られる雨森芳洲編輯、雨森東原著のことばが、すんなり受け入れられるように思われる。また、赤峯瀬一郎や趙義淵・井田勤衛の言にもうなずけるのである。

2．『交隣須知』の系譜

1．見出し語配列による『交隣須知』の二系列

　ここに掲げた表は、現存する『交隣須知』を見出し語配列から増補本系と古写本系の二系列に分類してみたものである。

見出し語配列による『交隣須知』の二系列

〈増補本系〉　　　　　　　　　　　　　　　　〈古写本系〉

```
アストン本(巻1)(1846)                京都大学本      沈寿官本
(Manual of Korean, Vol.1)            (巻1、2、3、4)   (文政本)
                                                    (巻3)
                     白水本(巻1)      アストン本      (1813)
                     (1854)※         (巻1)

                                     沈寿官本(巻3)
                                     (天保本)(1842)

 (増)    (増)     (増)      アストン本   ((増)小田本)
中村本   済州本   ソウル大学本  (巻4)       (巻4)
(巻3)   (巻2、巻3) (巻2、巻3、巻4) (1842)     (1795)
        (1880)   (1868〜1873)

           (刊)明治14年本
         [(刊)釜山本明治14年本]
              (1881)

巻一 巻二 巻三                          巻四
         (刊)明治16年本
         [(刊)宝迫本]
           (1883)

         (刊)明治37年本(1904)
```

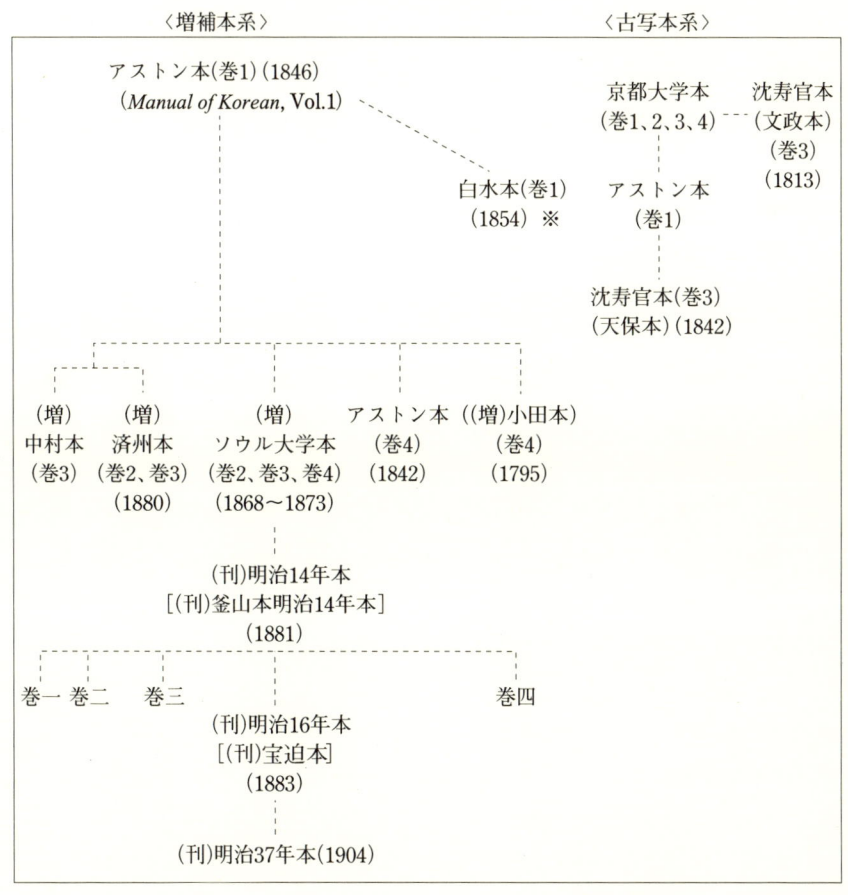

　　　　　　　　　　　　　　　　　　　　　　(増)…増補本　　(刊)…刊本

※白水本の(1854)は白水本『交隣須知』に記載されている「白水福治」の生存年代を指すが、これは
　対馬歴史民俗資料館の未整理の資料の中に見られるものであり、現在は公表されていないもの
　である。

前頁の表は、必ずしも書写年代順に並べたものではないことをお断りしておく。例えば1795年の小田本が1846年のアストン本よりも下方にあるが、これはアストン本に増補欄がなく、小田本に「増補」欄があるので、便宜上、増補欄を持つ他の資料と同列に並べたのである。また、白水本についても書写年代が明記されていないので、アストン本（巻一）（*Manual of Korean*、Vol. 1）との前後関係を明確にすることはできないが、多少なりとも増補の部分があるという理由で、アストン本（巻一）の下に置くことにした。但し、前述の如く、関西大学の泉澄一によると対馬歴史民俗資料館にある、漂流民送りの口上覚の中に安政元年（1854）と安政2年（1855）の二度にわたって、漂流民送還の仕事を担当した通詞10人のうちの一人として「白水福治」という名前が記載されているという。白水本『交隣須知』の中に『白水福治』の名前が書かれているところから、この頃に使用していた資料であろうことが類推できる。また、アストン本の巻四については、「増補」欄があるので、ソウル大学本の隣に置いた。古写本系の京都大学本、アストン本（巻一）の書写年代が明らかでないので位置づけが困難であると思われるが、沈寿官本（文政本）は他の資料と性格を異にしていると思われるので右にずらして置いた。

2．古写本系の系譜

　従来は、『交隣須知』を二つの系列に分ける場合、増補の部分を持つ、いわゆる増補本系かそうでないかという観点に立って分類するのが一般的であったように思われる（福島邦道、1968、p. 5）。あるいは、京都大学本とそれ以外の写本、そして明治の刊本の三つの系列に分ける場合もあるが（李康民、1993、p.156）、岸田文隆によって、ロシア東方学研究所にあった『交隣須知』の巻一、巻四等が発見されたことにより従来の増補本系の見出し語配列に近い資料であるのにもかかわらず、増補の部分が無い資料の存在が確認されることになった。また、白水本『交隣須知』の巻一を見ると、やはり、古写本系の巻一とは異なった明治の刊本に近い見出し語配列を持ち、しかも部分的に「増補」欄が見られることがわかる。このような資料から、増補本系の資料の「増補」欄の無い資料に、増補の部分が書き加えられていった過程を見ることができる。そこで、ここではあえて、増補の部分の有無にかかわらず、増補本系と古写本系の二系列に分類してみることにした。つまり、資料を見出し語配列、

V 『交隣須知』の系譜

韓国語の例文、対訳日本語によって、あるいは残存している地域、資料が作られた目的、社会的背景等によって分類する方法を取ったのである。

さて、ここに掲げた系譜を見ると、京都大学本『交隣須知』と沈寿官本『交隣須知』の天保本は非常によく似た資料であると言える。

すでに前にも述べたが、部門配列においては京都大学本と天保本とはほとんど同じであると思われる（但し、天保本には「政刑」門が無い。）。しかし、対訳日本語の位置は、京都大学本は韓国語本文の左側に、天保本は右側に付されている。また、天保本においては同じ見出し語が重複して現われたり、見出し語と韓国語本文がずれているといったような場合があったりもする。しかし、京都大学本には無かった対訳日本語が書かれていたり、底本を書写した後で意識的に訂正したと思われる部分もいくつかあると思われる。例えば京都大学本に「コエ」とあるのを、天保本で「オト・音」と訂正したと思われる部分もこのような例の一つであるだろう。京都大学本の書写年代がはっきりしないので、断定することはできないが、以上の理由により、天保本を京都大学本より下方に置くことにした。しかし、前述の如く、アストン本（巻一）にも書写年代が無いために、アストン本と天保本との相互関係を明確にするのは困難だと思われる。

一方、沈寿官本『交隣須知』の文政本は、見出し語配列も、例文に関しても前述した二種の『交隣須知』とは異なっているものが多い。

また、この種の資料の「きまり文句」とまで言われる「ニヨリ」が一例も見られないところからも、他の二資料とは性格を異にしていると考えられる。

すでに前にもあげたが、京都大学本と天保本が等しく、文政本のみが異なる例文としては次のものがある。

袈裟　ケサヲカケ僧巾ヲカブツテ念仏申スヤウスワマコトニ釈迦如来シヤ
　　　　　　　　　　　　　　　　　　　　　　　（文政本・衣冠）

袈裟　ケサカケテソキンヲカブツテジユズカケテシヤカニヨライノマエニテネンブツスルハ長老テゴサル（京都大学本、天保本・衣冠）

日傘　日ガサワヒヲサイギルモノテミヤコ外ノ役目ヲスル人ドモガタテテアルク
　　　　　　　　　　　　　　　　　　　　　　　（文政本・鋪陳）

日傘　ヒカサハヤクメヲツトムルヒトタチノタテテアルク
　　　　　　　　　　　　　　　　　　（京都大学本、天保本・鋪陳）

宿　　子テアスコサレ（文政本・静止）
宿　　トマツテアスミメイテユカシヤレイ（京都大学本、天保本・静止）

静　　シツカデサヒシイ（文政本・静止）
静　　シツカニシテミツノヲトバカリキコエマスル
　　　　　　　　　　　　　　　　　　（京都大学本、天保本・静止）

　また、文政本の例文のうち、「により」を省略している例、「により」のかわりに「ほどに」としている例、「により」を「によって」としている例、接続助詞「ば」を用いている例をあげると次のようになる。（※本書p.30-31においても文政本の用例をあげているが、ここでは前にあげた用例とは異なるものを掲載した。但し、接続詞「ば」を用いている例については1例のみであるので、同じ用例をあげておくことにする。）

○「により」を省略している例
梳頭　カミユヲウト思ヘドモクシガワルイドウセウカ（文政本・女飾）
梳頭　カミユヲヲトヲモエドモクシガワルイニヨリドウセウカ
　　　　　　　　　　　　　　　　　　（京都大学本、天保本・女飾）

○「により」のかわりに「ほどに」としている例
漱木　ヤウジガエソノスミニサシテアルホドニヌイデコイ（文政本・女飾）
漱木　ヨウジガエンノスミニサシテアルニヨリドウセウカ
　　　　　　　　　　　　　　　　　　（京都大学本、天保本・女飾）

○「により」を「によって」としている例
真　　スキクシガアライニヨツテアカガトレヌ（文政本・女飾）
真　　スキクシガアライニヨリアカガデマセヌ（京都大学本、天保本・女飾）

V 『交隣須知』の系譜

○接続助詞「ば」を用いている例
吐手　テヌキヲシタレバウデクヒカアタタカニコサル（文政本・衣冠）
吐手　テヌキカケタニヨリウテクヒカアタタカニコサル
　　　　　　　　　　　　　　　　（京都大学本、天保本・衣冠）

　以上であるが、ここにあげた例文を見ても、文政本の異質性を窺い知ることができよう。

3．増補本系と刊本の系譜

　増補の部分を持つ、いわゆる、増補本系といわれる『交隣須知』に対する従来の認識は、「どれも皆よく似ている」といったものであったが、例えば巻二におけるソウル大学本と済州本との間には、対訳日本語においてはかなりの違いが見られる。巻三においても済州本と中村本の対訳日本語はかなり似ているが、見出し語数については、中村本の方が多いと言える。また、巻四においては、小田本とソウル大学本とを校合すると小田本は、見出し語配列を見た限りでは、ソウル大学本より京都大学本に近い。そして、巻四に関しては古写本系の資料と増補本系の資料とは他の巻に比べて類似点が多い。また、アストン本の巻四については見出し語配列を見た限りでは、ソウル大学本とも小田本とも異なっている部分もあるようである。

　明治の刊本には、14年本、16年本、宝迫本、37年本があるが、明治14年本『交隣須知』の部門配列は、増補本系のそれとほぼ同じである（但し、「都邑」「宮宅」の順序だけは逆になっている。）。また、巻一の見出し語は、増補本系アストン本のような資料の流れを汲んでいるように思われる。巻二についても藍本を一本に限定することは難しいようである。また、巻三については巻二と同様であるが、巻四については、見出し語の配列は、ソウル大学本、アストン本より、小田本、京都大学本に近いと言える。そして、「増補」欄にある見出し語の明治14年本における使用については、部門によって大きな差があり、一例も使用していない場合もあり、全て用いている場合もあることが明らかになったが、どれかある一本の増補本にのみ見られる見出し語は、ほとんど採用されていないと思われる。

　次に、明治14年本『交隣須知』と明治16年本『交隣須知』について見ると、

見出し語漢字の有無に関する用例が11例、見出し語漢字の違いが25例、語順の違いが3例あることが明らかになった。

また、明治16年に刊行された明治16年本と宝迫本の違いについて調査してみると、まず、大きな違いとして明治16年本には見出し語漢字があり、宝迫本にはそれが無い点をあげることができる。そして、明治16年本にはあって宝迫本には無い本文約200のうち、150例以上が巻四にあり、巻三と巻四に集中していることがわかった。一方、宝迫本のみにあり、明治16年本には見られない用例は27例であるが、こちらは各々の巻に分散していることがわかった。

最後に刊行された明治37年本『交隣須知』は一冊にまとめられており、「題目の分類」を整理したばかりでなく、そこに使われている韓国語本文も、対訳日本語も他の資料に比べて新しいと言える。

また、対馬で作られ受け継がれた増補本系の『交隣須知』と苗代川付近に残されている、古写本系の『交隣須知』とでは、単に見出し語の配列が異なっているというばかりでなく、用いられている言語にも違いが見られるようである。これは各々の『交隣須知』が作られた時の目的の違いにもよると思われる。つまり、対馬藩で行なわれた韓国語学習は、韓国との「交隣」を前提にして行なわれ、主に韓国との外交・貿易のために必要であり、公的な場における韓国人の「訳官」や「官史」との会話に重点を置いており、苗代川、薩摩藩での韓国語学習は韓国人漂流民の帰国援助を目的としていた（鶴園裕他、1997、p.187）為両者に用いられた言語の内容もそれに沿うものであったと思われる。

福島邦道は、『明治14年版交隣須知本文及び総索引』の解題で次のように述べている。

> 思うに、原写本は、芳洲が韓国語学習として、韓国語はさておき、これほどの「訛り」のないもっと日本語の正しいものを作ったのではあるまいか。（中略）原写本は、苗代川本とはちがって、増補本の増補されないところのような本文に近いものではなかったかと考えられるのである。（p.7）

以上であるが、先にあげた増補本系と、古写本系の二系列を考える時、増補本系の『交隣須知』の日本語には、古写本系の日本語ほど訛りが目立たないこ

とや、雨森芳洲が対馬に居たこと等を考え合わせると、やはり雨森芳洲が最初に作成した原交隣須知は、増補本系の資料に近いもので、増補の部分を持たないアストン本巻一のようなものであった可能性が高いと言えるのかもしれない。あるいは、原交隣須知はもっと簡単なものであり、これをもとにして、対馬と苗代川とで、各々成長したものが、現存する『交隣須知』であるとも考えられよう。

Ⅵ 『交隣須知』の日本語

1．音韻・表記

1.『交隣須知』における音韻と表記
　本章では『交隣須知』における音韻と表記について具体的に見ていくことにする。
『交隣須知』が江戸時代から明治時代にかけて広く用いられた言語資料であることを鑑みれば、日本語の音韻の問題としては次のような事項が考えられる。

○四つ仮名の混同
○オ段長音の開合の別の混同
○ハ行音のFからhへの変化
○エ段長音の発生
○「クヮ」、「グヮ」と「カ」、「ガ」の混同
○鼻濁音「ng」の出現
○「ye」「wo」から「e」「o」への変化
○「she」「je」から「se」「ze」への変化
○どのような母音も自由に語中・語尾において用いられるようになった。

　以上であるが、ここにあげた九項目は、あくまでも日本語の音韻の変遷を歴史的に考えた場合に起こり得る問題点であり、『交隣須知』がいわゆる朝鮮資料の一つであって、韓国語と日本語が併記されている言語資料であることを考慮しない場合の、一般的に生じ得る問題点のみを列挙したものである。
　そこで、ここでは『交隣須知』が朝鮮資料であることによって新たに起り得る問題点についてもふれていこうと思う。

2．『交隣須知』の濁音表記
　濱田敦（1970）は、京都大学本『交隣須知』の日本語の音韻現象の特徴の一

つとして、韓国語の干渉による清濁の問題があることを指摘している。

　一般的に言って、江戸時代以前の日本語の仮名表記における濁点表記は、個々人の自由な選択に任せられた場合が多かったようである。すでに李康民（1990、p.12）の指摘にもあるように、濁点が使用されてはいるが、その付け方は頗る便宜的であり、濁点を表わすべき仮名に対して常に濁点が付されているとは限らず、濁点が付されていないからと言って、それが必ずしも清音を表わしているとは限らないのである。しかし、逆に、濁点のついているものは、やはり濁音と認めるとすれば、清音の期待される音節に濁点を付している場合には何らかの問題がある可能性があるとも考えられよう。

　奈良時代の万葉仮名文献には清濁に関する一応の書き分けがあった。しかし、平安朝の平・片仮名にはそれがない。しかも、平仮名、片仮名が韓国語におけるハングルのように、平安時代に「制定」されたものではなく、長い時間をかけて自然に成立したものであり、奈良時代の万葉仮名と「連続」しているものであると考えれば、清濁表記の別は当時の人々の意識においては、ある時期の促音と撥音の場合のように、清音と濁音との区別があいまいで、音声的には区別があっても、音韻としては分化確立していなかったことを示すに過ぎない（濱田敦、1983、p.139）とも思われるのである。

　いずれにせよ、古代日本語における万葉仮名においては、文字による清濁の書き分けが認められたのであるが、平仮名、片仮名が成立した後には、清濁の別を字形の相違で示し分けることはなかった。つまり、仮名は元来濁音専用の字形を持たなかったのである（安田章、1996、p.143）。

　そこで個人の選択に任せられることになるのであるが、濱田敦(1970)は京都大学本『交隣須知』を対象として、李康民(1990)は、京都大学本、沈寿官本『漂民対話』を対象として、次のような例をあげ、各々の問題点を指摘している。

・京都大学本『交隣須知』に見られる濁音

①タイジコサラヌ（大事御座らぬ）巻一58
②ゴクモツ（穀物）巻二19・44
③バハ（葉は）巻二34ウ
④カミヲスグ（紙を漉く）巻二35

⑤テヾ（出て）巻二40
⑥ノウジョ（能書）巻三35ウ
⑦ダテ（盾）巻三39
⑧カイデ（買手）巻三58
⑨シジ（四肢）巻三61
⑩イワスシデモ（云はずしても）巻四12ウ

　濱田敦（1970）は以上のような例をあげ、「ここにあげた例のすべてが、必ずしも朝鮮語の干渉によるものとは云えないかも知れないけれども、少なくともその中の或るものは、やはり、母音につづく破裂、破擦音が有声の形で実現されると云う朝鮮語的素地の干渉によるものと見るべきではないか」（p.112）（傍線部は筆者による）としている。
　一方、李康民（1990）は次のような用例をあげ、「ゼン（煎）ズル」の場合は朝鮮字音の干渉として解される可能性はありそうであるが、その他は、どちらかと言えば書写段階に生じた単なる誤字に依るものが多いと述べている（p.13）。

①タズ（出す）京・上10ウ
②ゼンズル（煎ずる）京・上15ウ
③コヅハ（木端）京・上19オ
④スヅハリト（すっぱりと）京・上41ウ
⑤心サジ（志）京・上42オ
⑥ネガベバ（願えば）沈・上24オ

　以上であるが、ここではまず、濱田敦（1970）があげた京都大学本『交隣須知』の用例が他の写本類の『交隣須知』、及び刊本類の『交隣須知』において、どのようになっているのかを見ていくことにする。

①剛　ツヨフテタイジコサラヌ（京都大学本・巻一・身部）
　剛　ツヨイ人テコサル（アストン本・巻一・形貌）
　剛　ヨツイ人テゴサル（白水本・巻一・形貌）
　剛　ツヨイ人デゴザル（明治14年本・巻一・形貌）

②蚱　イナゴハゴクモツニガイヲナシマスル（京都大学本・巻一・昆虫）
　蚱　イナゴハ穀物ニ害ヲナス（ソウル大学本・巻二・昆虫）
　蚱　イナゴハコクモツノカイニナル（済州本・巻二・昆虫）
　蝱　イナゴハ穀物ニ害シマス（明治14年本・巻二・昆虫）

③桑　クワノキハ弓ヲコシラヱテバハカイゴニクワセマスル
　　　　　　　　　　　　　　　　　（京都大学本・巻二・樹木）
　桑　クワノ木ハ弓ヲ拵ヱテ葉ハ蚕ニ食セマスル（ソウル大学本・巻二・樹木）
　桑　クワノ木ハ弓ヲコシラヘテ葉ハ蚕ニクワシマスル（済州本・巻二・樹木）
　桑　桑ノ木ハ弓ヲコシラヘテ葉ハ蠶ニクハセマス（明治14年本・巻二・樹木）

④楮　カヂハカミヲスグ（京都大学本・巻二・樹木）
　楮　カジハ紙ヲスク（ソウル大学本・巻二・樹木）
　楮　カジハ数ヲスク（済州本・巻二・樹木）
　楮　カジハ紙ヲスク（明治14年本・巻二・樹木）

⑤査　キリカブヨリホカノキカテデフシキニコサル
　　　　　　　　　　　　　　　　　（京都大学本・巻二・花品）
　査　キリカブヨリヨノ木ガ出テフシギニゴサル
　　　　　　　　　　　　　　　　　（ソウル大学本・巻二・花品）
　査　キリカブヨリヨノ木ガテヽフシギニゴサル（済州本・巻二・花品）
　査　キリカブヨリヨノ木ガ出テフシギデアル（明治14年本・巻二・花品）

⑥能　　ノウジョハフテヲエラバスト申マスル（京都大学本・巻三・文式）
　能筆　ヨウカク手跡ハ筆ヲエラバヌト云イマスル
　　　　　　　　　　　　　　　　　（ソウル大学本・巻三・文式）
　能筆　ヨウカク手跡ハ筆ヲエラハスト云マスル（済州本・巻三・文式）
　能筆　ヨウカク手跡ハ筆ヲエラバヌト云ウ（中村本・巻三・文式）
　能筆　ヨクカク手跡ハ筆ヲエラバヌト云ヒマス
　　　　　　　　　　　　　　　　　（明治14年本・巻三・文式）

VI 『交隣須知』の日本語

⑦干　<u>ダテ</u>ハミヲカクスモノテナクテカナイマセヌ

(京都大学本・巻三・武備)

　干　<u>タテ</u>ハ身ヲカクスモノナ□軍ノトキナクテハナラヌ

(ソウル大学本・巻三・武備)

　干　<u>タテ</u>ハ身ヲカクスモノナレバ軍ノトキナクテハナラヌ

(済州本・巻三・武備)

　干　<u>タテ</u>ハ身ヲカクスモノナレバ軍ノトキナクテハナラヌ

(中村本・巻三・武備)

　干　<u>楯</u>ハ身ヲ藏スモノデアルニヨリ戰ノトキナクテナラヌモノジャ

(明治14年本・巻三・武備)

⑧物貨　シナモノサエヨケレバ<u>カイデガヲ</u>丶コザル(京都大学本・巻三・買売)
　物貨　細物サエヨケレバ<u>買ウ人</u>が多ウゴサル　(ソウル大学本・巻二・買売)
　物貨　細物サエヨケレバ<u>買ウ人</u>ガ多ウゴザル　(済州本・巻二・買売)
　物貨　物貨サヘヨケレハ<u>買人</u>ガ多ウコザラウ　(明治14年本・巻二・買売)

⑨疲　クダビレテ<u>シジヲウゴカス</u>⌐ナリマセン　(京都大学本・巻三・疾病)
　疲　クタヒレテ<u>手足</u>ヲトリマトメエマセヌ　(ソウル大学本・巻二・疾病)
　疲　クタヒレテ<u>手足</u>ヲトリマドメエマセヌ　(済州本・巻三・疾病)
　疲　クタビレテ<u>手足</u>ヲトリマドメエマセヌ　(明治14年本・巻三・疾病)

⑩雖　タトエ<u>イワスシデ</u>モシソフナコデハナイカ　(京都大学本・巻四・語辞)
　雖　タトヘ<u>云ハズ</u>シテモシソウナ⌐デハナイカ　(小田本・巻四・語辞)
　雖　タトヒ<u>云ハズ</u>シテモシソウナ⌐デハナイカ

(ソウル大学本・巻四・語辞)

　雖　タトヒ<u>サヤウデ</u>モシサウナコトデハナイカ　(明治14年本・巻四・語辞)

　これらの例文を見ると、京都大学本以外の『交隣須知』においては濱田敦(1970)が指摘した濁点表記を持つ例文は見られないことがわかる。従って①〜⑩に見られる音韻現象は、京都大学本『交隣須知』固有のものであると言えよう。

125

また、李康民（1990）の指摘した用例を見てもわかるが、この時期には個人の「きまぐれ（濱田敦、1970、p.111）」によって濁点が付された場合が多かったようである。
　ところで、濱田敦（1970）は①～⑩の用例のうち、②③⑦について次のように述べている（pp.111-112）。

<u>ゴクモツ（穀物）、バハ（葉は）、ダテ（盾）の様に、本来清音表記の期待されるものに濁点のつけられている例は、一種の「誤った回帰」として解釈されるべきものではないかと思われる。</u>しかし、この場合二つの区別が必要であろう。コーゴ、ターダの様なものは、たしかに、実際の音声言語としても、そのような「回帰」が行われたことを表わしていると云ってよいであろうが、ハーバの場合は、日本語の音韻史的な背景に立ってこそ、両者の間の、一種の形態音韻論的な交替が認められるけれども、その様な歴史的背景を持たない朝鮮人的立場においては、それは、むしろ、音韻の問題を離れて、単なる表記上の現象と云うべきものかも知れない。勿論、<u>この様な表記の誤りが行われた背景には、やはり、自己の、朝鮮語的訛りを持った言語で、特に語頭における清濁を誤りやすいと云う、音韻観念、意識の支えが存在していたことは云うまでもない。</u>（―線部は引用者による）

　これによると、京都大学本『交隣須知』における「ゴクモツ・バハ・ダテ」のような対訳日本語は、朝鮮語的訛りを持った人（々）によって付けられ、したがって、その日本語には「朝鮮語からの誤った回帰」が見られるということになるであろう。
　確かに「ダテ(盾)」に関しては、用例も一例しか見られず、そのように説明し得る可能性もあると思われるが、「ゴクモツ（穀物）」「バハ（葉は）」については、同じく京都大学本『交隣須知』の中に、次のような例文が見られる。

「コクモツ（穀物）」
雹　ヒノアメガトリヲサメマヘニフレハ<u>コクモツ</u>ガヨフデキマセヌ
　　　　　　　　　　　　　　　　　　　（京都大学本・巻一・天文）

穀　コクモツハ百穀ミナタフトイモノテコザル（京都大学本・巻二・禾漆）
収　コクモツヲトリアツメニイマハイソガシフコサル
　　　　　　　　　　　　　　　　　　　（京都大学本・巻二・農圃）
倉　クラハクニノコクモツヲイレテヲクトコロナレドモ大ナノヲソウト云
　　　　　　　　　　　　　　　　　　　（京都大学本・巻二・都邑）
帒　フクロハコクモツ入デカタケテユクニカルフテベンリナ
　　　　　　　　　　　　　　　　　　　（京都大学本・巻三・織器）

「ハ（葉）」
糖　キヒノハハサトツケニイレマスル（京都大学本・巻二・禾漆）
茶　ヲケラノ子ハヤクシユニモシハハサイニモシテクフ
　　　　　　　　　　　　　　　　　　　（京都大学本・巻二・菜蔬）

　これらの例には、濱田敦（1970）の言う「朝鮮語からの誤った回帰」は見られない。つまり、同じ京都大学本『交隣須知』の中に「ゴクモツ」と「コクモツ」、「バハ」と「ハハ」が混在しており、しかも正しく表記されている場合の方が誤った表記よりも多いとすれば、「誤った回帰」であるという可能性を100パーセント否定することはできないとしても「ゴクモツ」「バハ」は、誤写であると考える方が自然であるだろう。
　また「能書」については「ノウシヨ、ノウジョ」の二つの読み方があり、これも必ずしも韓国語の干渉とは言い切れないとも思われる。「カイデ（買手）」については、濱田敦（1970、p.112）の指摘にもあるよう、「複合語の後項の語頭節の連濁の揺れ」として解釈できるとも考えられる。また、「テデ」についても京都大学本の中に「デテ」（巻四・語辞・就中）とある用例もある。[16]これら以外の用例、「タイジコサラヌ（大事御座らぬ）」「カミヲスグ（紙を漉く）」「シジ（四肢）」等についても用例数が一例だけなので、これ等が全て「朝鮮語的立場からの、清濁とり違え」と断定できるものかどうかは疑わしいが、韓国語には「母音の後に無気音がくると有声音化する」という性質があることを鑑みれば、その可能性も残されていると思われる。
　また、『交隣須知』の清濁の問題の中、注目に値することの一つとして、京都大学本の韓国語に濁音符が用いられていることをあげることができよう。こ

のような例としては、次のような例文がある。

葡萄　포도논잘닉은후에먹ᄂ니라
　　　ブドフハヨクジクシテカラクフ（京都大学本・巻二・果実）
桜桃　잉도논만히먹어도해롭지아니ᄒ의
　　　ユスラハタントクフテモガイニハナリマセヌ
　　　　　　　　　　　　　　　　　　（京都大学本・巻二・果実）
柚子　유ᄌ논 대감ᄌᄎᄼ의
　　　由スハク子ンホニニテヲリマスル（京都大学本・巻二・果実）

　このような例は他にも多く見られるのであるが、日本語の濁音と同じように発音すべきところに全て濁音符が付されているわけではない。
　書写者が間違った発音をしないために便宜的に付したものであると考えるのが自然であるだろう。
　いずれにしろ、『交隣須知』が作成された時代の濁音表記は個人に任されている部分が多く、京都大学本『交隣須知』以外の諸本においても濁音符の用い方は各々異なっていたようである。

①毎　미양와계시니그지업ᄉ외
　　　マイミヽヲイデナサレテガキリコサリマセン
　　　　　　　　　　　　　　　　　　（ソウル大学本・巻四・雑語）
　毎　미양와계시니구지업ᄉ외
　　　マイミヲイデナサレテカギリゴサリマセヌ（小田本・巻四・雑語）

②香気　향을피더니향내가방안의진동ᄒ다
　　　香ヲタイタニ香ノ匂ガ房内ニシンドウシタ
　　　　　　　　　　　　　　　　　　（ソウル大学本・巻二・味臭）
　香気　향을피더니향내가방안의진동ᄒ다
　　　香ヲタイタニ香ノ臭カ房内ニジントウシタ（済州本・巻二・味臭）

香気　향을픠엿더니향내가방안에진동허외
　　　　香ヲタイタニ香ノニホヒガ房内ニ振動シマス
　　　　　　　　　　　　　　　　（明治14年本・巻二・味臭）

　ここにあげたのは、主に写本類の例であるが、語の意味を考えれば、①は「カギリ」②は「シンドウ」が正しいと思われる。刊本においても次のような例文があり、濁音表記に関する誤りは決して少ないとは言えないようである。

塗漆　칠ᄒ여 두엇다가 주시오
　　　塗つで置いて下さい。（明治37年本・色彩）

質　이 사름을 볼보로 두엇스니 빗슬 갑고 ᄃ려 가거라
　　　此人を人質にとつて置くがら借金を返へしてつれてゆけ。
　　　　　　　　　　　　　　　　　　　（明治37年本・買売）

　これらの例は、明治37年本『交隣須知』の例文であるが、「塗つで」「置くがら」のような誤りが、単なる印刷ミスであるのか、それとも何か他の理由があるのかについて、ここで断定することは困難であると思われる。
　また、明治14年本刊本における濁音表記のあり方は、現代語にかなり近い。しかし、主格を表わす助詞「ガ」については、濁音符がある場合と無い場合があり、一定していない。

　さて、次に『交隣須知』に見られる半濁音表記について見ていくことにする。

3．『交隣須知』の半濁音表記

　江戸時代の言語資料においては半濁音「p」を表わすのに、㋑無表記、㋺「゛」表記、㋩「ᭆ」表記、㊁「゜」表記の四種の方法が用いられたが、京都大学本『交隣須知』では、李康民（1990、p.13）が指摘したように「゜」を付した箇所は見出せない。
　そのかわり次のような用例がある。

㋑無表記
①テツホフ（鉄砲）（京都大学本・巻三・武備「鳥銃」）
②ヒツハク（逼迫）（京都大学本・巻四・雑語「逼」）
③一ハイ（一杯）（京都大学本・巻三・盛器「樽」）

㋺〝 〟表記
④一バイ（一杯）（京都大学本・巻四・雑語「満」）
⑤一ビキ（一匹）（京都大学本・巻二・布帛「木綿」）
⑥ニツボン（日本）（京都大学本・巻二・走獣「獐」）
⑦モツバラ（専ら）（京都大学本・巻四・語辞「方」）

　次に、これ等の用例が他の『交隣須知』においてどのようになっているのかを見ていくことにする。

①「テツポウ」
鳥銃　テツホフニアタツテドフシテイキルヒトガアロフカ
　　　　　　　　　　　　　　　　　（京都大学本・巻三・武備）
鳥銃　鉄炮(17)ニアタツテドウシテイキル人ガアラウカ
　　　　　　　　　　　　　　　　　（ソウル大学本・巻三・武備）
鳥銃　鉄炮ニアタツテドウシテイキル人ガアラウカ（済州本・巻三・武備）
鳥銃　鉄砲ニアタツテドーシテイキル人ガアラウカ
　　　　　　　　　　　　　　　　　（明治14年本・巻三・武備）

②「ヒツパク」
逼　ヒツハクシテコタエラレマセン（京都大学本・巻四・雑語）
逼　ヒツバ〟クシテ唯今ハ其身ノチギヤウ所ニ住ウソウニゴサル
　　　　　　　　　　　　　　　　　（ソウル大学本・巻四・雑語）
逼　ヒツバ〟クシテ唯今ハ其身ノ知行所ニ住ウソウニコサル
　　　　　　　　　　　　　　　　　（小田本・巻四・雑語）
逼　逼迫シテコタヘラレマセヌ（明治14年本・巻四・雑語）

130

Ⅵ 『交隣須知』の日本語

③「イツパイ」
樽　タルニサケカーハイアルホトニヲレガヨアケルマテノモフ
　　　　　　　　　　　　　　　　　　（京都大学本・巻三・盛器）
樽　タルニ酒ガイツパイアルニヨリヨノアケルマデ呑マセウ
　　　　　　　　　　　　　　　　　　（ソウル大学本・巻三・盛器）
樽　タルニ酒ガイツバイアルニヨリヨアケルマテ呑マセウ
　　　　　　　　　　　　　　　　　　　　（済州本・巻三・盛器）
樽　タルニ酒ガイツバ゛イアルニヨリヨアケルマデ呑マセウ
　　　　　　　　　　　　　　　　　　　　（中村本・巻三・盛器）
樽　樽ニ酒ガイツパイアルニヨリ夜ノアケルマデノミマセウ
　　　　　　　　　　　　　　　　　　（明治14年本・巻三・盛器）

④「イツパイ」
満　一バイミチタニヨリマタイルレハアマル（京都大学本・巻四・雑語）
満　イツバ゛イ満タニヨリユリコボシテステルナ（ソウル大学本・巻四・雑語）
満　イツバ゛イ満タニヨリコボシテステルナ（小田本・巻四・雑語）
満　イツパイミチタニヨリマタイルレバアマル（明治14年本・巻四・雑語）

⑤「イツピキ」
木綿　モメン一ビキサン尺テゴサルカ（京都大学本・巻二・布帛）
木綿　モメン一匹何尺ゴサルカ（ソウル大学本・巻三・布帛）
木綿　モメン一匹何尺ゴザルカ（済州本・巻三・布帛）
木綿　モメン一疋何尺ゴサルカ（中村本・巻三・布帛）
木綿　木綿一匹ガ何尺デゴザルカ（明治14年本・巻三・布帛）

⑥「ニツポン」
獐　ノロト云チクシヨフハニツボンニモヲリマスルカ
　　　　　　　　　　　　　　　　　　（京都大学本・巻二・走獣）
獐　ノロト云ケダモノハ日本ニモコサリマスルカ
　　　　　　　　　　　　　　　　　　（ソウル大学本・巻二・走獣）

獐　ノロト云ケタモノハ<u>日本</u>ニモイマスルカ（済州本・巻二・走獣）
獐　クジカト云フケダモノハ<u>日本</u>ニモヰマスカ（明治14年本・巻二・走獣）

⑦「モツパラ」
方　モツバラチヨフドサイチウデゴサル（京都大学本・巻四・語辞）
方　モツバ゛ラ丁度最中テゴサル（ソウル大学本・巻四・語辞）
方　モツバ゛ラチヤウド最中テゴサル（小田本・巻四・語辞）
方　モツパラ始メウトイタシマシタ（明治14年本・巻四・語辞）

　以上であるが、これらの例文を見ると、京都大学本においては無表記と「ミ」の使用があり、増補本諸本においては無表記、「゛」、三濁点、半濁音符(18)(19)の混在が見られ、明治14年本の刊本に至って、半濁音符の使用へと統一されていった様子を窺うことができる。
　①の例文は、京都大学本のみが仮名で書かれており、他は漢字なので、表記法を比較することはできないが、②の例文では、無表記の例と三濁点の例を見出すことができる。また、③の「イツパイ」には、無表記、「゛」、三濁点、半濁音符の全ての表記法を見ることができる。特に、ソウル大学本の半濁音符は注目に値すると言えよう。④も③と同じく「イツパイ」の例文であるが、ここには無表記を除く「゛」、三濁点、半濁音符が用いられている。⑤、⑥の例文は①と同様、京都大学本以外は漢字表記なので各資料を比較することはできない。また、⑦の例文には「゛」、三濁点、半濁音符の使用を見ることができる。ここにあげた例文を見た限りでは、ソウル大学本と小田本の表記は等しいと言えるが、ソウル大学本と済州本に関しては、半濁音に対する表記法が異なっていると言えよう。

　次にオ段長音の開合について見ていくことにする。

4．オ段長音の開合表記
『交隣須知』の仮名遣において、オ段長音の開合の区別を期待するのは無理であろうと思われるが、漢字音の表記においては、開合表記が歴史的仮名遣と一致するものと、乱れが見られるものとがあるようである。

Ⅵ 『交隣須知』の日本語

　ここでは、『交隣須知』諸本に見られる漢字音の表記について見ていくことにする。

①開合表記が歴史的仮名遣と一致するもの

○（傷寒・しやうかん）
傷寒　シヤウカンハアセヲタントタセバヨウナル
　　　　　　　　　　　　　　　　　（ソウル大学本・巻二・疾病）
傷寒　シヤウカンハアセヲタントダセバヨウナル（済州本・巻二・疾病）

○（象牙・ざうげ）
象牙　ザウゲノ小刀ノ柄ハ何デモツヨウアタレバ折レヤスウゴサル
　　　　　　　　　　　　　　　　　（ソウル大学本・巻三・金宝）
象牙　ザウゲノ小刀ノ柄ハ何デモツヨウアテレバ折レヤスウゴサル
　　　　　　　　　　　　　　　　　（済州本・巻三・金宝）
象牙　ザウゲノ小刀ノ柄ハ何デモツヨウアタレバ折レヤスウゴサル
　　　　　　　　　　　　　　　　　（中村本・巻三・金宝）

○（相談・さうだん）
論　サウダンカ牛ノ目ヨリフトイト申マス（京都大学本・巻四・言語）
論　サウダンガ牛ノ目ヨリフトイト云ウ（小田本・巻四・言語）
論　サウダンカ牛ノ目ヨリフトイト申マスル（ソウル大学本・巻四・言語）

○（冬至・とうじ）
冬至　トフジハ十一月ニアルニヨリ小豆カユヲタイテクイマスル
　　　　　　　　　　　　　　　　　（京都大学本・巻一・時節）
冬至　トウジハ十一月ニアツテアツキガユヲタイテクイマスル
　　　　　　　　　　　　　　　　　（白水本・巻一・時節）

○（逗留・とうりう）
留　トウリウシテハナシナリトモシテユカシヤレイ

(京都大学本・巻二・静止)

㊂開合表記の乱れが見られるもの

○（奇妙・きめう）
繍　ヌイヌウタテツマガ<u>キミヨフ</u>テコサル（京都大学本・巻二・布帛）
繍　ヌイヌウタテツマガ<u>キミヤウ</u>ニコサル（ソウル大学本・巻三・布帛）
繍　ヌイヌウタテヅマガ<u>キミヤウ</u>ニゴザル（済州本・巻三・布帛）
繍　ヌイヌウタテヅマガ<u>キミヤウ</u>ニゴサル（中村本・巻三・布帛）

○（焼酎・せうちう）
焼酎　<u>シヤウチウ</u>ハドクナモノユヱスギテヲガリナサレマスナ
　　　　　　　　　　　　　　　　　　　　（ソウル大学本・巻三・飲食）
焼酎　<u>シヤウチウ</u>ハドクナモノユヱスキテヲアガリナサレマスナ
　　　　　　　　　　　　　　　　　　　　（済州本・巻三・飲食）
焼酎　<u>シヤウチウ</u>ハドクナモノユヱスギテヲアカリナサレマスルナ
　　　　　　　　　　　　　　　　　　　　（中村本・巻三・飲食）

○（屏風・びやうぶ）
屏　<u>ビヨウブ</u>ヲタツレハ風ガイリマセヌ（京都大学本・巻三・鋪陳）

○（放埓・はうらつ）
串　クシテツキサイテコロシテモ<u>ホウラツ</u>ナモノハアワケガナイ
　　　　　　　　　　　　　　　　　　　　（京都大学本・巻四・雑語）

○（了簡・れうけん）
怒　ハラタテルコトヲコラヱテコソ<u>リヨフケン</u>カアルト申サレマショフ
　　　　　　　　　　　　　　　　　　　　（京都大学本・巻四・心動）
怒　イカリヲコラヘテコソ<u>リヤウケン</u>ノアルト申サレマセウ
　　　　　　　　　　　　　　　　　　　　（小田本・巻四・心動）

VI 『交隣須知』の日本語

㈥『交隣須知』諸本により、開合表記が異なるもの

○ (面倒・めんだう)
ⓐ開合表記が歴史的仮名遣と一致するもの
痕　キヅノツク病ガナホ<u>メンダウ</u>ニゴザル（明治14年本・巻二・疾病）
ⓑ開合表記の乱れが見られるもの
痕　アトノツクワツライガキツフ<u>メントウ</u>ニコサル
　　　　　　　　　　　　　　　　　　　（京都大学本・巻三・疾病）
痕　キヅノツク病ガナヲ<u>メンドウ</u>ニゴサル（ソウル大学本・巻二・疾病）
痕　キヅノツク病ガナヲ<u>メンドウ</u>ニゴザル（済州本・巻二・疾病）

○ (錠・ぢやう)
ⓐ開合表記が歴史的仮名遣と一致するもの
鎖　<u>ジヤウ</u>ヲヲロシタト云テ心ヲユルサシヤルナ
　　　　　　　　　　　　　　　　　　　（ソウル大学本・巻三・鉄器）
鎖　<u>ジヤウ</u>ヲヲロシタト云テ心ヲユルサシヤルナ（済州本・巻三・鉄器）
鎖　<u>ジヤウ</u>ヲヲロシタト云テ心ヲユルサレマスルナ（中村本・巻三・鉄器）

ⓑ開合表記の乱れが見られるもの
鎖　<u>ジヨフ</u>テモンヲヲロシタラバダカアケテ入テコウカ
　　　　　　　　　　　　　　　　　　　（京都大学本・巻三・鉄器）

○ (峠・たうげ)
ⓐ開合表記が歴史的仮名遣と一致するもの
岧々　岧々タルアノ高イ<u>タフゲ</u>ヲドーシテコシテユカウカ
　　　　　　　　　　　　　　　　　　　（明治14年本・巻四・逍遥）
ⓑ開合表記の乱れが見られるもの
茸々　シヤウミ〻ミトシタアノ高イ<u>トウゲ</u>ヲ何トシテコヘテユコウカ
　　　　　　　　　　　　　　　　　　　（ソウル大学本・巻四・逍遥）
茸々　ジヤウミトシタアノタカイ<u>トウゲ</u>ヲドウシテコヘテユカウカ
　　　　　　　　　　　　　　　　　　　（済州本・巻四・逍遥）

135

ここにあげた例文を見ると、『交隣須知』の例文に見られる漢字音の表記には、開合表記が歴史的仮名遣と一致するものもあれば、乱れが見られるものもあることがわかる。また、『交隣須知』諸本により開合表記が異なっているものがあることも明らかになった。

　尚、ここでは漢字音の表記を問題としたため、多くの場合、漢字で表記してある明治14年本刊本については「メンダウ」「タフゲ」の2例しかあげなかったが、明治14年本においても歴史的仮名遣と一致する場合と、そうではない場合（丁度（チヤウド）→テウド、雹（ヒヨウ）→ヒヤウ、峠（タウゲ）→トウゲ、面倒（メンダウ）→ゴメンドフ、僧（バウズ）→バウヅ、褒美（ホウビ）→ハウビ）等が混在している。

5．その他の音韻・表記

　写本類諸本の『交隣須知』の日本語は、漢字、片仮名混じり文であり、片仮名の字体は子（ネ）、ヒ（トモ）、フ（コト）を除けば現行の字体と同じである。また、明治14年本においては、ヒ（トモ）、フ（コト）、の使用は見られないが、「朝寝（アサ子）、招ケ（マ子ケ）、寝ル（子ル）、懇ロ（子ンゴロ）」のような「子（ネ）」の使用は見られるようである。

　本章では、『交隣須知』の濁音表記、半濁音表記、オ段長音の開合の問題について述べてきたが、これらの問題以外にも四つ仮名の混同、「クヮ」「グヮ」と「カ」「ガ」の混同の問題等がある
『交隣須知』の時代の仮名遣は非常に複雑な様相を呈しており、仮名で書く場合、仮名遣という観念がさほど干渉しなかったものと思われる（李康民、1990、p.13）。したがって、同じ語であっても表記の仕方は様々であり、例えば「いこう（甚）」一語をとってみても「イコウ、イカウ、イコフ、イカフ」等と記されている。

　四つ仮名の混同についても次のような例が見られる。

○額　ヒタイニキスカコサル（京都大学本・巻一・頭部）
　額　ヒタイニキスカアツテ矢ガアタツタソウナ（アストン本・巻一・頭部）
　額　ヒタイニキズガゴサリマスル（白水本・巻一・頭部）
　額　額ニキヅガアリマス（明治14年本・巻一・頭部）

○読　ヨム¬ヲ止メヌニヨリ却テ病カ出ルカトキスカイマスル
　　　　　　　　　　　　　　　　　（ソウル大学本・巻三・文式）
　読　ヨム¬ヲ止メヌニヨリ却テ病カ出カトキズカイデゴザル
　　　　　　　　　　　　　　　　　（済州本・巻三・文式）
　読　ヨム¬ヲ止メヌニヨリ却テ病ガデルカトキヅカイマス
　　　　　　　　　　　　　　　　　（明治14年本・巻三・文式）

○襖　一切ワタイレガゴサライデドウシテ登テユカウカキズカイデゴサル
　　　　　　　　　　　　　　　　　（ソウル大学本・巻三・衣冠）
　襖　一切ワタイレガゴザライデトウシテ登テユカウカキツカイデゴサル
　　　　　　　　　　　　　　　　　（済州本・巻三・衣冠）
　襖　一切ワタイレガゴザライデトウシテ登テユカウカキヅカイデゴサリマスル
　　　　　　　　　　　　　　　　　（中村本・巻三・衣冠）
　襖　一切綿入ガゴザライデドウシテノボツテ往ウカキヅカヒマス
　　　　　　　　　　　　　　　　　（明治14年本・巻三・衣冠）

　これらの例を見ると四つ仮名の区別は消失していることがわかる。同じ済州本の中に「キズカイ」と「キヅカイ」が現われている。また、断定の助動詞「ぢゃ」については、京都大学本においては「ヂャ」と「ジャ」の混在が見られるが、ソウル大学本、済州本、中村本、小田本のような増補本系の諸写本においては「ジャ」を用いているようである。また、明治14年本の刊本においても「ジャ」に統一していると思われる。
　合拗音「クヮ」「グヮ」の直音化した「カ」「ガ」も見られるが、「クヮ」「グヮ」も多く用いられている。例えば次のような例がある。

槨（クワク）（ソウル大学本・巻三・墓寺）
横木（クワンヌキ）（ソウル大学本・巻三・墓寺）
棺（クワン）（ソウル大学本・巻三・墓寺）
冠（カンムリ）（ソウル大学本・巻三・衣冠）

　また、これ等の項目以外にも長音の短音表記の問題もあげられよう。濱田敦

（1970、p.112）は母音の長短の問題として、京都大学本『交隣須知』に見られる「ビヨブ（屏風）」「キヨタイ（兄弟）」の例をあげ、このような現象が生じたのは、韓国語の干渉によるものであるとしている。

しかし、同じく京都大学本『交隣須知』の中には次のような例文も見られる。

屏　ビヨウブヲタツレハ風ガイリマセヌ（京都大学本・巻三・鋪陳）

長音の短音表記については、日本の文献においても語によって長短音に対するユレが見られ（李康民、1990、p.14）、一概に韓国語からの干渉であると断定するのは難しいと思われる。

本章では、『交隣須知』の濁音表記、半濁音表記、オ段長音の開合表記を中心に述べ、その他、四つ仮名の混同、合拗音の直音化、長音の短音表記等の問題についても言及した。

濁音表記については、濁音符の使用が個人に任せられていた為、本来濁音として発音されるべき箇所に濁点が付けられていない場合も多いが、濁点が付されているものは、やはり濁音であると認識すべきであると考えると、本来、清音であるべき所に濁点が付けられているものに関しては、何らかの問題がある可能性もあると考え、そこにどのような問題があるのかについて述べてみた。

濱田敦（1970、p.112）は、この点について、韓国語からの干渉が原因であるという結論を出しているが（もちろん、そういった可能性も否定することはできないが）、ここでは単なる誤写の場合も多いのではないかという推定も付け加えられることが実証できたと思われる。また、京都大学本『交隣須知』の韓国語本文に濁音符が付されていることにも注目してみた。

半濁音表記については、京都大学本『交隣須知』においては、無表記であるか、「〃」を用いるかのどちらかであり、増補本系諸写本においては、無表記、「〃」「゛゛゛」「°」の四種の表記法が用いられ、明治の刊本に至って「°」へと統一されていく過程を明らかにすることができた。

オ段長音の開合については、漢字音の読み方を中心に述べたが、歴史的仮名遣に忠実に表記されている場合もあり、乱れている場合もあった。これは『交隣須知』が作成された時代を考えれば当然のことと言えよう。

VI 『交隣須知』の日本語

　四つ仮名については、「ヂ、ヅ」と「ジ・ズ」の混用が見られるが、断定の助動詞「ヂャ・ジャ」の使用については、資料による表記の類型化が見える。京都大学本『交隣須知』においては「ヂャ」と「ジャ」が混在し、増補本系写本類と明治の刊本においては「ジャ」のみが使用されているようである。

　また、合拗音の直音化については、「クヮ」「グヮ」のような合拗音が「カ」「ガ」のような直音表記に移行しつつある片鱗を窺うことはできたが、「クヮ」「グヮ」の使用も決して少ないとは言えないようである。

　母音の長短の問題としては、長音の短音表記の問題をあげることができるが、長短音に対するユレについては日本の文献においても見られ、一概に韓国語からの干渉が原因であると断定するのは困難であると思われる。

　以上のような結論を得ることができたが、写本類諸本の『交隣須知』の時代の日本語の音韻・表記のあり方は、まさに混沌とした様相を呈していたと言っても過言ではない。

　また、明治14年本においては、諸写本類に比べて、現代語の表記法により近いと言える。例えば、濁音表記は主格の助詞「ガ」に濁音符が付してある場合と無い場合とがあり、濁点の使用法に乱れが見られるが、それ以外は大体、現代仮名遣に近いと思われる。また、半濁音の表記については「゜」に統一されている。オ段長音の開合については、歴史的仮名遣と一致する場合もあり、そうで無い場合もある。また、長音の表記法としては「ヨート、ドーモ、ドーシタ」と「エヽ」「ドウシタ」が混在している。また、踊り字の使用には、「ドン〵、タカ〴」や「続イテ（ツヽイテ）、婆（バヽ）」等が見られる。以上のような表記法の乱れも見られはするが、全体的には写本類諸本に比して整理されていると言えよう。そして、明治37年本『交隣須知』に至ると、その表記法はますます現代語へと近づくことになる。

2．文　　法

　『交隣須知』の日本語はどのような言葉であるのか、という点について考える時、『交隣須知』の写本類諸本が書写された時期、あるいは刊本類が刊行された時期に、日本の社会で一般的に用いられていた言語がいかなるものであったのかということが問題になる。

　『交隣須知』が韓国語の学習書であるという事実に着目すれば、外国語の教科書に用いる対訳日本語は、時代に則したものであると考えるのが自然だからである。

　また、『交隣須知』を実際に使用した人、書写した人々がどういった人であったかということについても考える必要がある。なぜならば、それらの人々の位相によっても使用した言語が異なるという可能性が非常に強いからである。

　ジョアン・ロドリゲス編『日本大文典』[20]（*Arte da Lingoa de Japan*, 1604）の第二巻「修辞構成に就いて」には次のようにある（p.602）。

> 話し言語に於ける真実の日本語は都（Miyaco）で公家（Cungues）や貴族の用ゐるものであって、さういふ人々の間に純粋にして正確な言ひ方が保存されて居り、それから遠ざかったものはすべて粗野であり欠陥であると観得る。

　これを見ると、ポルトガル人の宣教師ジョアン・ロドリゲスが江戸時代の初めに日本の標準的な言語としているのは、京都の公家や貴族階級の言語であったことがわかる。

　しかし、『日本大文典』には次のような記述もあり（p.607）、中央語としての上方語に言語変化がおこりつつあったことを示唆している。

> 都（Miyaco）の言語遣が最もすぐれてゐて言葉も発音法もそれを真似るべきであるけれども、都（Miyaco）の人々も、ある種の音節を発音するのに少しの欠点を持ってゐることは免れない。[21]

　この後、江戸時代の中頃から各地で方言研究書が出始めたが、これらの多く

VI 『交隣須知』の日本語

は、地方のことばを江戸語に対比させて書いたものであり、日本の中央語が上方語から江戸語へと移行していった経緯を見てとることができる。(22)

さて、ここでは『交隣須知』諸本の成立年代と、当時の社会で共通語的に用いられていた言語との関係から『交隣須知』の日本語の文法の性格について考えてみることにする。

雨森芳洲が作成したと思われる『原交隣須知』(23)に日本語があったとすれば(現在その存在を確認するとができないので、日本語の有無についても明確にすることはできないが)、そこに書かれた日本語は、作成された時期から考えると、京・大阪で広く用いられた当時の標準語である「上方語」であった可能性が強い。

しかし、現存する写本類諸本のうち、書写年代の見られるものの一部は「江戸語」、また一部は「東京語」で書かれている可能性が高い。また、東京語の成立と発展を五期に分けて考えていくと、(24)明治14年本、16年本は形成期の「東京語」であり、明治37年本『交隣須知』は確立期の「東京語」であった可能性が強いと言えよう。

そして、そこに使用された「江戸語」「東京語」は、『交隣須知』を書写した人、刊行した人々の立場、作成した目的等を考えれば、江戸語訛りのない、保守性を保った、上方語的な面を多く残している「江戸語」であることが予想される。あるいは、共通語はすでに江戸語であったが、江戸が東京と改称され、都が東京に移されるまでは、首都である京都のことばが「標準語」と認められていたとすれば、1868年以前に書写された資料については、(25)「上方語」であると言えるのかもしれない。

かりに、「江戸語」であってもいわゆる江戸訛りのない「本江戸」(26)に相当するようなことばであったろうと思われる。

政治の中心が移り、それに伴い社会・文化の中心も移動し、ことばも変化していったのである。

『交隣須知』を書写年代、あるいは刊行された時期から見ると、次の仮説が立てられる。

I 『交隣須知』に見られる日本語が、上方語の特色を残した保守的な「江戸語」、または「上方語」である可能性が強い資料

小田本（巻四）・アストン本（巻一・四）

　　　沈寿官本（文政本・天保本）

　　　白水本（巻一）

II 『交隣須知』に見られる日本語が、形成期の「東京語」である可能性が強い
　資料

　　　ソウル大学本（巻二・三・四）・済州本（巻二・三）

　　　明治14年本（巻一・二・三・四）・明治16年本（巻一・二・三・四）

　　　宝迫本（巻一・二・三・四）

　　　アストン本（巻一部分・巻二部分）

III 『交隣須知』に見られる日本語が、確立期の「東京語」であると思われる資
　料　　　　　　　　　　　　　　　明治37年本（巻一・二・三・四）

　さて、次に「上方語」と「江戸語」の特色について、具体的に見ていくこと
にする。

1．「上方語」と「江戸語」の文法的特徴

　近世の文学作品である『浮世風呂』（1809〜1813刊）には、次のような会話
が見られ、上方語に対する江戸語の特色を知ることができる。

　　○ヘヽ関東べいが、さいろくをぜへろくと、けたいな詞つきじゃなア。お慮
　　　外も、おりよげへ、観音さまも、かんのんさま、なんのこつちやろな。
　　　さうだから斯だからト、あのまア、からとはなんじやエ。（二編巻之上）

　　○ソレソレ、最う百人一首じや。アレハ、首じやない百人一首じやはいな。
　　　まだまア、「しやくにんし」といはいで頼母しいナ。（二編巻之上）

　ここに書かれているのは、江戸語では、aiという連母音を「エー」とするこ
と（さいろく→ぜへろく、おりよぐわい→おりよげへ）、「クワ」「グワ」を
「カ」「ガ」とすること（くわんおん→かんのん）、漢字音で「ン」の後に「ア

142

・イ・ウ・エ・オ」の音が来たときには、「ナ・ニ・ヌ・ネ・」の音になること（くわんおん→かんのん）、「シュ」を「シ」とすること（ひやくにんいつしゅ→しやくにんいつし）、「ヒ」を「シ」とすること（ひやくにんいつしゆ→しやくにんいつし）、理由・原因をあらわす接続助詞に「から」を用いる（あのまア、からとはなんじやエ。）ということである。

　これらを江戸語の特色としてとりあげている資料はいくつか見られる（松村明、1955）が、ここにあげた特色のうち、原因・理由を表わす「から」以外については、「お屋敷ことば」等には見られなかったようである。ただ原因・理由を表わす「から」は、「お屋敷ことば」、「本江戸」等においても用いられたという。

2．『交隣須知』の文法

　次に『国語学研究事典』（佐藤喜代治編・明治書院、1977）『国語学大辞典』（国語学会編・東京堂出版、1980）『日本語百科大事典』（金田一春彦・林大・柴田武［編集責任］大修館書店、1988）等を参考にして、「上方語」と「江戸語」の違いについてまとめてみると次のようになる。

○後期の江戸語では、二段動詞の一段化、ナ行変格の四段化によって、動詞の活用は現代語とほぼ同じ状態になったが、上方語ではナ行変格が四段化するのはかなり時期が遅れる。

○ハ行四段の動詞の音便形は、前期上方語ではすべてウ音便であったが、江戸語では促音便をとるのが普通である。

○形容詞は、連用形は上方語が「う」の形（ウ音便）をとるのに対して、江戸語では「く」の形が普通であった。しかし、江戸語においても「ございます」「存じます」に続く時は「う」の形を用いるのが普通である。

○打消の助動詞については、江戸語では「ぬ・ず」系のほかに「ない」系が多く用いられるようになるが、過去の打消には上方語同様「なんだ」が普通で、「なかった」が多く用いられるのは、幕末・明治になってからである。「ない」は上方語では用いられなかったものである。

○指定の助動詞は、上方語の「ぢゃ（じゃ）」に対して江戸語では「だ」が用いられ、「です」は幕末になって一般に広まる。

○サ行変格の「する」は、上方語では未然形は「せ」だけであるが、江戸語では「せ」「し」両形が見られ、命令形では上方語が「せよ」「せい」であるのに、江戸語では「しろ」が行なわれた。
○命令形は、四段活用には差異はないが、上一段、下一段、サ行変格活用は江戸語では「ろ」を伴った形をとり（上方語では「よ」「い」をつける）、カ行変格活用は江戸語では「こい」で、ほかに「こう」の形も命令の意を表わした。
○形容動詞は、上方語では終止形・連体形とも「な」が用いられたが、江戸語では終止形は「である」から変化した「だ」が用いられた。連用形の「だっ」「で」および推量を示す「だろ」は江戸語特有のもので、上方語にはない。

　以上であるが、ここでは『交隣須知』に見られる日本語の文法をこれらの項目について一つ一つ見ていくことにする。
　（ただし、ここで対象とする資料は、基本的には明治37年本『交隣須知』を除外したものであり、必要のある場合にのみ明治37年本の例文をあげたことをお断りしておく。また、原因・理由を表わす「から」については「語彙」の章で詳しく述べるので、ここでは省略する。）

①二段動詞の一段化
　動詞の活用については、上方語では、それ以前にあった四段・上一段・上二段・下一段・下二段・カ変・サ変・ナ変・ラ変の9種類のうち、上二段活用・下二段活用の一段化が進み（坂梨隆三、1983、pp.469-470）、江戸語では、五段活用、上一段活用、下一段活用、サ行変格活用、カ行変格活用の五種類になり、ほぼ現在と同じようになる。
　尚、前期上方語で二段活用のものは、江戸語では一段活用となるのが一般であるが、なかには四段にも活用する動詞が見られる（合わす・任す）。
　前期上方語は、二段活用とその一段化を併用した時代であったが、後期になると、上方でも江戸でも二段活用は、日常会話に関するかぎりごくわずかになる。
　また、一段化の遅速は、音節数、性別、階層などにも関係があり、一般に少

音節数の方が一段化しやすく、話し手の属性からみると、女性や教養の低い者は一段化しやすく、武士は遅いと言われている。関東では、室町時代から一段化を起こしていたようであるが、前期江戸語の状態は不明である。武家言葉(武家の言葉の特徴的部分)では、その後も二段活用が多く用いられた(山口明穂編、1987、p.40)。

『交隣須知』における動詞の一段化現象に関する先学の研究としては、迫野虔徳(1989)(京都大学本・ソウル大学本に関するもの)、片茂鎮(1991)(京都大学本・済州本・小田本・明治16年本に関するもの)、李康民(1998)(アストン本に関するもの)等がある。迫野虔徳(1989)によると、「全体的に京大本交隣須知の一段化の傾向はきわやかであり、これは京大本だけでなく増補本系の諸本、ソウル大学本・小田本・済州本の諸本でも同様であるが、増補本の方が京大本に比べて一段化の傾向が強い」という (p.433)。また、片茂鎮(1991)の調査結果を見ると、一段化率から見ると、済州本、明治16年本、苗代川本、小田本の順になっている (p.377)。また、李康民(1998)の報告によると、アストン本『交隣須知』においては、三音節の場合は大部分一段化しているが、四、五、六音節は一段活用と二段活用が併存しているという (p.123)。

以上の結果を見ると、時期が新しい資料ほど一段化が進み(苗代川本・小田本より、済州本・明治16年本の方が一段化が進んでいる)、同じような時期であれば、規範性を重視した刊本より、写本類諸本において一段化が進んでいたと言えるようである。

また、単語の音節数を考えると、小数音節の単語ほど一段化した時期が早かったことがわかる。

尚、二段動詞の一段化については、「4．言語の地域性」の章で詳しく述べるので、ここでは用例の提示等については省略することにする。

②ハ行四段動詞の音便形
「言ふ」「思ふ」のようなハ行四段活用の連用形が、「て」「た」に連なるとき、ウ音便になるか、促音便になるかという問題についてであるが、『交隣須知』の場合は、そのほとんどが「ウ音便」になっている。

憐　カワユウヲモフテ兄弟如シマスル(京都大学本・巻四・心使)

憐　カワユウヲモウテ兄弟ノゴトクイタシマスル
　　　　　　　　　　　　　　　（ソウル大学本・巻四・心使）
憐　カワユクオモフテ兄弟ノ如クニデアイマス（明治14年本・巻四・心使）

株　ヒトカブフタカブト云テキヲカソエマスル（京都大学本・巻二・樹木）
株　一株二株ト云ウテ木ヲカゾエマル（ソウル大学本・巻二・樹木）
株　一ト株二タ株ト云フテ木ヲカゾヘル（明治14年本・巻二・樹木）

訊　セメテトウテミタラシレマセフ（京都大学本・巻三・政刑）
訊　セメテアラタメテトウテ見レバシリヤスイ（ソウル大学本・巻三・政刑）
訊　セメテカサ子テトフテ見レバシリヤスイ（明治14年本・巻三・政刑）

祖　カタヌイテウツムイテナク父ノモニヲヽタソウニゴサル
　　　　　　　　　　　　　　　（京都大学本・巻三・衣冠）
祖　カタヌイテウツムイテナクハ父ノ喪ニヲウタサウニゴサル
　　　　　　　　　　　　　　　（ソウル大学本・巻三・衣冠）
祖　カタヌイテウツムイテナクニヨリ父ノ喪ニアウタサウニゴザル
　　　　　　　　　　　　　　　（明治14年本・巻三・衣冠）

　小田切良知（1943、20巻第9号）は、ハ行四段活用の促音便形とウ音便形の対立を東国的要素と上方語的要素の対峙として捉え、促音便形は「江戸語」の特色であり、ウ音便形は「上方語」のそれであるとした（p.48、pp.52-53）。その判断に従えば『交隣須知』は、「上方語」になるわけであるが、小松寿雄（1987）の調査結果によると、促音便形とウ音便形の使用状況は、話し手の階層とかかわりあっており、上層部になるとウ音便形が多くなるとしている（p.581）。
　また、飛田良文（1964）もチエンバレンの『日本口語文典』'A Handbook of Colloquial Japanese'（1889）の二版に「東京でも教養ある人々は、しばしばウ音便形を用い、特に公衆の前で話す時に用いる。」とあること等を理由として、江戸末期から明治初年にかけての江戸語・東京語において、教養ある人々の間ではウ音便が用いられたと考えた（p.33）。

そこで、ここでは『交隣須知』のハ行四段動詞がウ音便形が中心であるという事実から、即「上方語」であるという結論を出すのではなく、逆に『交隣須知』は、幕末から明治にかけて教養層、あるいは武士の間にウ音便形が保存されていたことを実証し得る資料でもある、と考えていきたい。

③形容詞連用形の原形と音便形
　形容詞の連用形は一般的には上方語ではウ音便形をとり、江戸語では原形とウ音便形とを併用していたが、ウ音便形を用いたのは特殊な場合に限り、原形「ク」の形が普通であった。
　『交隣須知』の場合を見ると、写本類諸本では、原形とウ音便形の併用が見られ、（ウ音便形が中心で、原形の混在がしばしば見られる）明治14年、16年本では原形「ク」の形も多く見られるようになる。

幅　ハヾガセバウテモホンヲリモノヂヤ（京都大学本・巻三・衣冠）
幅　バヾガセバウテモナガサガイカウチガウゴサル
　　　　　　　　　　　　　　　　　　　（ソウル大学本・巻三・衣冠）
幅　幅ハセバクテモホンノオリモノデゴザル（明治14年本・巻三・衣冠）

超　トブ┐ハミヲタコフソヽツテコソトヲクトビマスル
　　　　　　　　　　　　　　　　　　　（京都大学本・巻三・戯物）
超　トブ┐ハ身ヲタカウソヽツテトウクトビマス
　　　　　　　　　　　　　　　　　　　（ソウル大学本・巻三・戯物）
超　トブ┐ハ身ヲタカクソヽリテコソ遠クトビマス
　　　　　　　　　　　　　　　　　　　（明治14年本・巻三・戯物）

刀本　シテカナコウテコソエニタシカニハマリマスル
　　　　　　　　　　　　　　　　　　　（京都大学本・巻三・武備）
刀木　スゲコミガナガウテエガタシカニハマル（済州本・巻三・武備）
刀本　ナカゴガナガクシテコソ柄ガタシカニハマリマス
　　　　　　　　　　　　　　　　　　　（明治14年本・巻三・武備）

弟子　-----セイトヨクシテ-----（京都大学本・巻一・人品）
弟子　デシヲヨクヲシヱテモノニナルヤウニスル（アストン本・巻一・人品）
學究　學究ハ弟子ヲヨク教ヘテモノニナルワウニスル人デゴザル
　　　　　　　　　　　　　　　　　　　　（明治14年本・巻一・人品）

④打消の助動詞

　小田切良知（1943、20巻第9号、pp.54-57）は、打消の「ナイ」と「ヌ」の対立を扱い、この対立を東国的要素と上方語的要素の対峙として捉えた。

　『交隣須知』の場合を見ると、中心は「ヌ」であるが、「ン」との併用が見られる。また、京都大学本、沈寿官本には、「ンヌ」の例文も見られる。過去の打消には「ナンダ」が用いられ、「ナイ」系の例文や「ナカツタ」は明治37年本に至って用いられたようである。

日　日ガトクヒルニナツタサウナレドモクモツテトクトシレマセヌ
　　　　　　　　　　　　　　　　　　　　（京都大学本・巻一・天文）
日　日ガトクヒルニモナリマシタレトモクモリテ委ウ知レマセヌ
　　　　　　　　　　　　　　　　　　　　（アストン本・巻一・天文）
日　日ガトク正午ニモナリタサウナレドモクモリテトクトシレマセヌ
　　　　　　　　　　　　　　　　　　　　（明治14年本・巻一・天文）

島　イマシマニカエラシヤルニヨリノコリヲヽサガカキリゴサリマセンヌ
　　　　　　　　　　　　　　　　　　　　（京都大学本・巻一・江湖）
島　今島ニカヘラレマスルニヨリノコリ多イ丆ガカキリコサリマセヌ
　　　　　　　　　　　　　　　　　　　　（白水本・巻一・江湖）
嶋　イマ島ニカヘリ往カレルニヨリノコリ多ホサガカギリゴザリマセヌ
　　　　　　　　　　　　　　　　　　　　（明治14年本・巻一・江湖）

大口魚　タラハマアタミヘマセン（京都大学本・巻二・水族）
大口魚　タラハマダミマセヌ（ソウル大学本・巻二・水族）
大口魚　タラハマダミマセヌ（明治14年本・巻二・水族）

内　ソンジハイタシマセ<u>ナンダ</u>カ（京都大学本・巻一・方位）
内　内ガ損シハイタシマセ<u>ヌ</u>カ（アストン本・巻一・方位）
内　内ハソンジハイタシマセ<u>ヌ</u>カ（明治14年本・巻一・方位）

足掌　足のうらに肉が多いとよくあるけ<u>ない</u>といひます。（明治37年本・手足）
明紬　紬がたしないから今年は蚕がよく出来<u>なかった</u>のらしい。

（明治37年本・布帛）

⑤指定の助動詞
「ヂャ（ジャ）」は上方語の特色、「ダ」は江戸語の特色であるとはよく言われることである。しかし、江戸語においても「ヂャ（ジャ）」は見られる。
　明治37年本以前の『交隣須知』における指定の助動詞は、「ヂャ（ジャ）・ゴザル・デアル」が中心であるが、「デアル」は刊本に至ってかなり多く見られる。また、刊本では「ダ」の終止形は見られないが他の活用形は見られる。「ダ」は体言や準体助詞「ノ」などについて指定（断定）の意味を表わすが、活用形は、未然形「ダロ」、連用形「ダッ、デ」、終止連体形「ダ」のほか、連体形「ナ」、仮定形「ナラ」、連用形「ナリ」を立てることもできる。前者はデ及びデアル系の語源をもち、終止連体形で言えば、デアル→デア→ダと変化した。後者は指定の助動詞ナリ系統の活用形である。
　明治37年本より前の『交隣須知』においては終止形「ダ」の形は見られない。「デス」も明治37年本になってから用いられたようである。

上典　天ノゴトキ<u>ヂヤ</u>（京都大学本・巻一・天倫）
上典　旦那ハ天ノ如キ<u>シヤ</u>（アストン本・巻一・天倫）
上典　ダンナハ父母ノ如キ<u>ジヤ</u>（明治14年本・巻一・天倫）

底　山ノ下テ杵ノヲトノタカイヨウナモノテ<u>ゴサル</u>

（京都大学本・巻一・方位）

底　山ノ下ニキ子ノヲトノタカイヤウニ<u>コサル</u>（アストン本・巻一・方位）
底　山ジタニ杵木ノ無イヤウデ<u>ゴザル</u>（明治14年本・巻一・方位）

於　言ノヘテユク於字（京都大学本・巻四・語辞）
於　言ヲノヘテユク於ノ字ジヤ（ソウル大学本・巻四・語辞）
於　コトバヲノベテユク於ノ字デアル（京都大学本・巻四・語辞）

牽牛　牽牛ハ織女ト両主デ天上ノ星デゴザナサル（明治14年本・巻一・天文）
　　　　　　　　　　　　　　　　　　　（断定の助動詞「ダ」の連用形）
秋　秋は涼しくて色々の初物が出ますから大へんにいゝ時候です。
　　　　　　　　　　　　　　　　　　　　　　　（明治37年本・時節）
老少木　「老少木」は常盤木だ。（明治37年本・時節）

⑥「する」の命令形
　サ行変格の「する」の命令形については、写本類諸本では「セイ」が中心であり、明治14年本においては、「セヨ」が多く用いられている。「しろ」の出現は明治37年本を待たなければならない。済州本と小田本においては、未然形に「し」が見られる。

簀　ノキノシタニソレヲイレテヲイテアメノアタラヌヨフニセイ
　　　　　　　　　　　　　　　　　　　（京都大学本・巻二・宮宅）
簀　ノキノ下ニソレヲ入レテヲイテ雨ニアタラヌヤウニセイ
　　　　　　　　　　　　　　　　　　　（ソウル大学本・巻二・宮宅）
簀　ノキノ下ニソノ品ヲ入レテオイテ雨ニアタラヌヤウニセヨ
　　　　　　　　　　　　　　　　　　　（明治14年本・巻二・宮宅）

韁　クチツナヲツヨイカハテセイ（京都大学本・巻三・鞍具）
韁　クチヅナヲツヨイ皮デセイ（ソウル大学本・巻三・鞍具）
韁　クチヅナヲツヨイ皮デセヨ（明治14年本・巻三・鞍具）

梳頭　カミユヲゝトヲモエトモクシガワルイニヨリドウセウカ
　　　　　　　　　　　　　　　　　　　（京都大学本・巻三・女飾）
梳頭　カミユヲウトスレトモクシルイガヨウナウテトウショウカ
　　　　　　　　　　　　　　　　　　　（済州本・巻三・女飾）

VI 『交隣須知』の日本語

梳頭　髪ヲ結ハウト思ヘドモ梳ルイガヨロシカラヌニヨリ<u>ドーセウカ</u>
　　　　　　　　　　　　　　　　　　　（明治14年本・巻三・女飾）

食言　ウソヲ云テ何ニ<u>シヤウカ</u>（小田本・巻四・言語）
食言　ソラゴトヲ云フテ何ニ<u>セウカ</u>（明治14年本・巻四・言語）

密　疎いから細かく<u>しろ</u>。（明治37年本・形体）
鐙　あぶみのひもが長いからよって短かく<u>しろ</u>。（明治37年本・車馬）

⑦カ行変格動詞の命令形

　カ行変格動詞の命令形については、明治14年本では、「コヨ」の形がほとんどであるが、アストン本、ソウル大学本、沈寿官本等の写本類では「コイ」の形になっている。これは、刊本を編集する際に、意図的に統一されたものと思われる。

卜鞍　ニクラヲカケテユキテニヲヽセテ<u>コイ</u>（京都大学本・巻三・鞍具）
卜鞍　荷グラヲヲイテ荷ヲヽセテ<u>コイ</u>（ソウル大学本・巻三・鞍具）
卜鞍　荷グラヲオイテ荷ヲオフセテ<u>コヨ</u>（明治14年本・巻三・鞍具）

掛硯　カケスヾリモツテ<u>コイ</u>（沈寿官本、天保本・巻三・織器）
掛箱　スヾリノ入ツタカケスヽリヲモツテ<u>コイ</u>（ソウル大学本・巻三・織器）
掛箱　硯ノ入ツタ掛箱スズリモツテ<u>コヨ</u>（明治14年本・巻三・織器）

空石　アキタワラヲサケテユイテアレニアルシナヲイレテ<u>コイ</u>
　　　　　　　　　　　　　　　　　　　（京都大学本・巻二・農圃）
空石　アキ俵ヲサケテイテアレニアル物ヲ入テ<u>コイ</u>
　　　　　　　　　　　　　　　　　　　（ソウル大学本・巻二・農圃）
空石　アキ俵ヲサゲテ往テヌカガアルニヨリ入テ<u>コヨ</u>
　　　　　　　　　　　　　　　　　　　（明治14年本・巻二・農圃）

151

⑧形容動詞

　形容動詞においては、連体・終止形に「－ナ」の形が見られる。終止形に「ダ」、連用形に「ダッ、デ」、及び推量を示す「ダロ」の用法は明治37年本を待たなければならない。

婦　--ソノミノ--子息--<u>タイセツニコサル</u>（京都大学本・巻一・天倫）
婦　婦ハ我ガモツタ子ヨリモナヲ<u>ダイジナ</u>（アストン本・巻一・天倫）
婦　ヨメハワガモツタ子ヨリモ<u>大切ナ</u>（白水本・巻一・天倫）
婦　婦ハ吾ガモツタ子息ヨリモナホ<u>ダイジニゴザル</u>
　　　　　　　　　　　　　　　　　　　　（明治14年本・巻一・天倫）

旧　フルイモノト云テモムカシノモノガ<u>ジヤウフナ</u>
　　　　　　　　　　　　　　　　　　　　（京都大学本・巻四・太多）
旧　古ビマシタレモムカシモノデ<u>ジヤウブニアル</u>
　　　　　　　　　　　　　　　　　　　　（ソウル大学本・巻一・太多）
旧　旧ルキモノト云フテモ昔ノシナデ<u>ジヤウブナ</u>（明治14年本・巻四・大多）

風静　風が止みましたから<u>静か</u>でございます。（明治37年本・天文）

轎子　「轎子」に乗って御出になる宰相は威勢が<u>さかん</u>でございます。
　　　　　　　　　　　　　　　　　　　　（明治37年本・車馬）
轡　手綱をしつかりかけろ手綱をとってゐると馬があばれても<u>大丈夫だ</u>。
　　　　　　　　　　　　　　　　　　　　（明治37年本・車馬）
君子　君子は不見小過といふ<u>だろ</u>。（明治37年本・称呼）

　以上の結果からもわかるように『交隣須知』の日本語は、「上方語」か「江戸語」かといった単純な分類をすることはきわめて困難であると思われる。
　かりに、「江戸語の形成」ということが、「ダ」と「ヂャ」、形容詞連用形の原形とウ音便形、理由表現の「カラ」「ニヨッテ・ホドニ」、ハ行四段活用の促音便形とウ音便形、打消の「ナイ」と「ヌ」の対立を東国語的要素と上方語的要素の対峙として捉え、どちらかの要素が消え、一方の要素のみ見られた時

に、その時代のことばが成立するという意味であるとすれば、これは理論上は認められるとしても、実際の社会の中ではあり得ないことである。

　長い年月を経た後で、そのような結果になるということは確かにあるが、必ず過渡期というものがあり、同じ文献の中にもさまざまな要素が見られるのが自然である。

「上方語」と「江戸語」の場合も、江戸語形成の要素として単に東国的要素の優越だけを見るのではなく、東国的要素と上方語的要素がいかに融合して東国語でもなく上方語でもない、即ち「江戸語」を形成していったのか（小松寿雄、1983、p.576）、と考えるべきではないだろうか。前期にあった言語的特徴を捨てて、新しい言語体系が形成されるのではなく、前期の言語体系を組みこみつつ新しい言語大系が成立していったと考えたいのである。

　特に江戸時代という時代は、話し手の出身地というよりも、その人物の階層によって言語が決定された時代であった。

　そして、『交隣須知』に見られる日本語は上方語的要素を色濃く残してはいるが、「上方語」でも江戸なまりの横溢する「江戸語」でもない、二言語のうちのどちらか一方に決定することのできない、日本と韓国両交通の公式応接に用いるべく作成された当時の標準語（つまり余所行き詞）であった（小倉進平、1936、p.741）と思われる。

　しかし、明治37年本『交隣須知』には、それまでの写本類、刊本類の日本語とは異なった「明治期の新しい日本語」が用いられていることは注目に値すると言えるだろう。

3. 語　　彙

1．原因・理由を表わす接続助詞

　本章では、まず『交隣須知』諸本に見られる原因・理由を表わす接続助詞「により」「から」「ので」について見ていきたい。

　濱田敦（1970、pp.298-300）は、朝鮮資料に見られる「ほどに」「により」「ので」について、次のように述べている。

　　　この、両言語における形式名詞を中核とする慣用句的表現は、朝鮮資料についてだけ見ても、それぞれの言語に数種類ずつも併用されているのであるが、その間の区別、意味の差異は、必ずしも明確に説明することは出来ない。もっとも、資料によって、或る偏りが認められると云った程度のことは、ないではない。例えば、原刊『捷解新語』について云えば、「ほどに」が「により」に改められ、その使用頻度が著しく上昇していること、また、「ゆゑに」は、原刊本には極めて稀であるのに対し、改修本では著しく増加していることなどは、明らかに認められる事実である。（中略）なお、この様に「ほどに」が減少し、「により」が増加すると云う傾向は、他の朝鮮資料、『隣語大方』『交隣須知』などの諸本についても大体同様であり、「により」は朝鮮語の対訳「니」とかたく結びついて、この種の資料における一種の、きまり文句となり、明治15年前後に出版された、『隣語大方』『交隣須知』にまでひきつがれるのである。それは一種の文語的表現と云うべきものであるが、同時に、『改修捷解新語』などによって代表される「さやうしかれば」的文体に属するものとも云えるであろう。

　同じく形式体言を中核とする表現に、より新しく、現代的にも一般に行われている「ので」（逆接は「のに」）と云う、所謂準体助詞「の」を用いたのがあるが、これは、少くとも朝鮮資料には余り見当らないと云ってよい。つまり、原刊『捷解新語』から、明治15年前後の版の、『隣語大方』『交隣須知』に至るまでは、上述の「により」か、或は「ほどに」が一般に用いられていたわけで、「ので」「んで」が現れるのは、朝鮮資料として、云わば、最後の、前間恭作氏等編の明治37年版『交隣須知』だけであ

ると云ってよい。(中略)即ち、これらの諸本はすべて「ので」ではなく、「により」か、或はそれとほぼ同じ構造の「につき」になっているのである。もっとも、準体助詞「の」の発生は、他の資料によるならば、朝鮮資料の最も古いものである原刊『捷解新語』の時期よりも、更に溯るものと云われているもので、従って「ので」が朝鮮資料に用いられていないのは、やはり、この様な比較的新しく発生した俗語的要素を、朝鮮資料の、「さやうしかれば」的文体が受けつけなかったことによるものと云わなければならない。ところで、この日本語の準体助詞は、一般に、それと同じ音相を持つ格助詞「の」から発展したものと考えられているのではないかと思われるが、一方、日本語と多くの点で文法的構造を共通にし、日本語の格助詞「の」に当るものも持っている朝鮮語では、そこから、日本語の準体助詞的用法は発展していないのである。そして、もし、そこで、日本語の準体助詞「の」を中核とする「ので」に当るものを求めるとするならば、それは上にも引用した、「거시니」に他ならない。(－線部は筆者による)

引用が長すぎたが、非常に重要な論文であると思われるので、ここにあげておくことにする。

ここでは、濱田敦(1968)に従って、『交隣須知』に見られる原因・理由を表わす接続助詞の資料による偏り、資料が作成された時期によって見られる使用語彙の変化、「から」「ので」の出現と用法、「から」「ので」に当る韓国語の語彙等について述べていく。

このような論及をすることによって、「により」→「から」→「ので」とほぼ順序よく現われる接続助詞の変化を把握することができると共に、いわゆる朝鮮資料の一種である『交隣須知』の言語資料としての特徴の一端を窺い知ることができると考えたからである。

1. 問題の所在

永野賢(1952)以前の「から」と「ので」の研究には、松下大三郎(1930)、三尾砂(1942)、金田一春彦(1943)、松村明(1944)、岩井良雄(1948)、等があるが、現在、定説となっているのは、やはり永野賢(1952)の論であると思

われる。これによると、「から」と「ので」の違いは次のようになる。

「から」
原因・理由をあらわす。表現者が、前件を後件の原因・理由として主観的に措定して結びつける言い方。すなわち、「ので」に比べて、条件としての独立性が概して強い。

「ので」
原因・理由・根拠・きっかけなどをあらわす。前件と後件とが、原因・結果、または理由・帰結の関係にあることが、言わば表現者の措定によらなくても明らかな事実であるような事態。従って、その条件としての独立性は、「から」よりも弱い。

以上であるが、「から」と「ので」の用法を具体的に示すと、次の7項目になる。

○あとにくる文が、次のような意味を含む時には「から」を使い、「ので」は使わない。
　（イ）推量（想像・推測）、（ロ）見解（意見・主張）、（ハ）意志（意向・決心）、（ニ）命令（禁止）、（ホ）依頼（懇願・勧誘）
○結果や帰結を先に述べて、原因・根拠・理由などをあとから説明的に述べる言い方は「から」にだけある。
○「から」には「ので」の持っていない終助詞的な用法がある。
○「から」には、「は」「こそ」「とて」などの係助詞や、「といって」などをつけて、特に提示する用法がある。
○「ので」は客観的叙述であり、主観を越えた現象や事がらを叙述したものであり、しかも、事象をありのままに客観的に描写したものばかりである。
○「ので」は、推量や未来の意味のことばにつくことができない。
○「ので」の用法の拡張として、丁寧形の依頼表現や意向表現があとにくる場合、「から」とあるべきところに「ので」を用いる場合がある。

VI 『交隣須知』の日本語

この後、趙順文（1988）は、永野賢（1952）を批判し、次のような説を主張した。

「から」
相手もよく知っている明らかな、また、明らかと思われる原因・理由を表わすのに使われる。

「ので」
相手の対象に対する原因・理由の認識が低いと話し手が判断するときに用いられる形だと考える。

これに対して、永野賢（1988）は、趙順文（1988）の批判は妥当性を欠くと述べ、同時に、「ので」にも終助詞的用法があること、会話文には「から」が多く用いられト書きの部分には「ので」が多く見られること等を付け加えた。
この他に、「から」と「ので」の通時的研究として、吉井量人（1977）があるが、「から」と「ので」の違いについては、「から」は原因・理由の方にウエイトがかかり、「ので」は主文に重みがかかるとしている。
また、拙論（2000a）においてもふれたことがあるが、吉井（1977）では、「から」と「ので」の出現について次のように論述している（pp.143-144）。

1760年頃を境にして、古代からの条件表現形式「その他」（さかい、ほどに、によって、ゆゑ（に）、ば、で）が急激に減少し、「から」が中心となる。そこに「ので」が出現し、1850年頃一応の確立を見、1890年頃には定着し、「から」との並立時代に入る。

（　）内は筆者による。

また、京極興一（1986）は、小学校の国語の教科書に掲載されている「浦島太郎」と「白兎」に見られる「から」と「ので」について、明治期（1903・4）から昭和期（1947・8）にわたって調査し、「から」の衰退と「ので」の台頭の現象について述べている。そして、「ので」は「地の文」において多く見られることを指摘している（p.61）。

「ので」は、明治33年刊行のE（『尋常小学読本』、金港堂）・F（『国語読本』坪内雄蔵）に初めて用いられる。一般的には、明治10年代から20年代にかけて多く使用され、定着したのであるから、教科書には、かなり遅れて登場したことになる。「ゆゑ」が明治33年の検定教科書まで使用されていた現象とともに、言語資料としての教科書の性格を示すものといってよかろう。

（　）内は筆者による。

これ以外にも原口裕（1971）があり、次のように記述している（p.39）。

格助詞デが準体助詞ノに接続する用法が早く元禄期に見えて、接続助詞発生の萌芽となり、明和、安永の頃には江戸川柳におけるように、接続助詞の前駆的用法が確立されていた。しかし、ノデの熟合が顕著になるのは安政期以降明治にかけてで、明治10年代に及んで十分なる定着を見るに至ったということになる。明治におけるその急速な定着の様相は、近代語成立の上での一つの特徴に数えられよう。

以上であるが、これらの先行研究によると、時期的には写本類の『交隣須知』においては「から」が中心となり、明治の刊本に至っては「ので」が多く用いられていてもいいと思われる。
　そこで、次に『交隣須知』に見られる例文を実際にあげていくことにする。

2．『交隣須知』の「により」「から」「ので」

明治14年本、明治16年本『交隣須知』（『明治14年版交隣須知本文及び総索引（索引篇）』福島邦道・岡上登喜男編、笠間書院）には、原因・理由を表わす「から」が、2例見られる。

路程記　노졍긔 가져쓰니 니수는 아느니라
　　　　路程記持テ井ルカラ里数ハシレル　　　（明治14年本・巻一・地理）

VI 『交隣須知』の日本語

鼾　코를 미우 고니 득새시려 겻테셔 좀잘슈 업써
　　鼾ヲキツウカク<u>カラ</u>キヽトモナクテ側デ子イルコトガデキヌ
　　　　　　　　　　　　　　　　　（明治14年本・巻一・頭部）

　これらの例文は、2例とも巻一にあり、「から」にあたる韓国語は「니」である。明治14年本以外の『交隣須知』で、巻一があるのは、京都大学本、アストン本、白水本の三種であるが、これらの『交隣須知』には次のようにある。

路程記　京都大学本『交隣須知』には、見出し語が無い。
鼾　코룰 미이 코오니 듯기 슬희여 겻듸 좀자지 못ᄒᆞ을식
　　イビキヲキツウカイ<u>テ</u>キヽタムノフテソハニ子ラレマセヌ
　　　　　　　　　　　　　　　　　（京都大学本・巻一・頭部）

路程記　アストン本『交隣須知』には、見出し語が無い。
鼾　코룰 미이 코오니 듯기 슬희여 겻듸셔 좀자지 못ᄒᆞ을식
　　イビキヲキツウカク<u>カラ</u>キヽトモナウテソバテ子イリエマセヌ
　　　　　　　　　　　　　　　　　（アストン本・巻一・頭部）

路程記　白水本『交隣須知』には、見出し語が無い。
鼾　코룰 미이 코오니 듯기 슬희여 겻듸셔 자지 못ᄒᆞ을쇠
　　イビキヲキツウカク<u>ニヨリ</u>キヽトモナウテソバニテ子イリエマセヌ
　　　　　　　　　　　　　　　　　（白水本・巻一・頭部）

　これらの例文を見ると、「路程記」は、京都大学本、アストン本、白水本ともに見出し語漢字が無いことがわかる。また、「鼾」について見ると、京都大学本では「テ、니」、アストン本では「カラ、니」、白水本では「ニヨリ、니」となっており、『交隣須知』諸本により各々異なっていることがわかる。以上のように明治14年本に見られる「から」は2例のみであったが、他の資料においては少数ではあるが、次のような例文が見られる。

159

月　둘이 볼그니 심ᆞ훈듸 말이나 ᄒᆞᆷ새
　　月ガアキラカニサビシイカラ咄ナリトモイタシマセウ
　　　　　　　　　　　　　　　　　（白水本・巻一・天文）

月　둘이 붉으니 심ᆞ훈듸 말이나 ᄒᆞ옵새
　　月ガアキラカナニヨリサビシイホドニ咄ナリトモ致シマセウ
　　　　　　　　　　　　　　　　　（アストン本・巻一・天文）

月　둘이 볼 그니 심심헌듸 말솜이나 허옵시다
　　月ガ明カニシテサビシイホドニ咄ナリトモイタシマセウ
　　　　　　　　　　　　　　　　　（明治14年本・巻一・天文）

哭　울기를 슬피ᄒᆞ니 듯ᄂᆞᆫ 사ᄅᆞᆷ도 눈믈을 흘리ᄂᆞ니
　　ナクコヲカナシウスルカラキク人モ涙ヲナガス
　　　　　　　　　　　　　　　　　（ソウル大学本・巻四・心動）

哭　울기를 슬피ᄒᆞ니 듯ᄂᆞᆫ 사ᄅᆞᆷ도 눈믈 흘리ᄂᆞ니
　　ナクコヲカナシウスルニヨリキク人モ涙ヲナガス（小田本・巻四・心動）

哭　울기를 슬 피우니 듯는 사ᄅᆞᆷ두 눈물이 나옵네
　　ナクコヲ悲シウスルニヨリキク人モ涙ガ出マス
　　　　　　　　　　　　　　　　　（明治14年本・巻四・心動）

嘗　일즉 완졍이 되오매 이녁도 추리게 ᄒᆞ오리
　　ハヤクキワマリマシタカラ此方モトリソロエルヤウニイタシマセウ
　　　　　　　　　　　　　　　　　（小田本・巻四・語辞）

嘗　일즉 완졍이 되오매 이녁도 추리게 ᄒᆞ오리
　　早クキハマリマシタユヘ此方モトリソロエルヤウニイタシマセウ
　　　　　　　　　　　　　　　　　（ソウル大学本・巻四・語辞）

嘗　일쯕 허락허여 계시옵데　（明治14年本・巻四・語辞）
　　カツテ許諾ナサレテゴザリマス

来　오라ᄒᆞ옵시매 하마가게 ᄒᆞ오리
　　マイレトヲ丶セラル丶カラヤガテマイルヤウニイタシマセウ
　　　　　　　　　　　　　　　　　（済州本・巻二・行動）

来　오라ᄒ옵시매 하마가게 ᄒ오리
　　マイレトヲ、セラル<u>ニヨリ</u>ヤガテマイルヤウニイタシマセウ
　　　　　　　　　　　　　　　　（ソウル大学本・巻二・行動）

来　오라고 허시니 속기 가게 허오리다
　　マ井レトオホセラル、<u>ニヨリ</u>ヤガテマ井ルヤウニイタシマセウ
　　　　　　　　　　　　　　　　（明治14年本・巻二・行動）

　以上のように『交隣須知』諸本のうち、アストン本、白水本、ソウル大学本、済州本、明治14年本、明治16年本に、各々わずかではあるが「から」が見られることがわかる。

　しかし、用例数を見ると、決して多いとは言えず、やはり、古写本系『交隣須知』、増補本系『交隣須知』、明治14年本、明治16年本までは、濱田敦（1968）の論述の如く、「ニヨリ」が中心であったと言えよう。但し、古写本系『交隣須知』の一種である、沈寿官本『交隣須知』（文政本）のように、用例数はわずかではあるが、「ニヨリ」が一例も見られない資料もある。

　文政本のような資料もあることはあるが、現存する『交隣須知』諸本のうち、京都大学本から明治16年本までの『交隣須知』においては、原因・理由を表わす接続助詞は、ほとんど「ニヨリ」によって占められている。

　では、『交隣須知』において、多くの「から」が用いられるようになるのは、いつ頃からであろうか。

　この点についてはすでに指摘したことがあるが（齊藤明美、1998b）、『交隣須知』諸本のうち「から」の多用が目立つようになるのは、明治16年に刊行された宝迫本からであると思われる。

　宝迫本では、明治16年本で「ニヨリ」としているところを「カラ」としている用例が非常に多いのである。用例数を一覧表にして示すと、次のようになる。

　次に、例文をいくつかあげておくことにする。

明治16年本で「ニヨリ」とあるのを宝迫本で「カラ」としている用例数

巻一	39
巻二	58
巻三	38
巻四	30

（巻一・天文）
東風　동풍이 부러쓰니 응당 비가 오개쎠
　　コチガ吹ク<u>ニヨリ</u>キハメテ船ガマ井ラウ

　　　　　　　　　　　　　　　　　　　　　　（明治16年本）
東風　동풍이 부러쓰니 응당 비가 오개쎠
　　　コチガ吹クカラ極メテ船ガマ井ラウ（宝迫本）

順風　슌풍이 년허여 부니 비나올쌔 시푸외다
　　　順風カツヅイテ吹ニヨリ船カマ井ラウトオモヒマス（明治16年本）

順風　슌풍이 년허여 부니 비나올쌔 시푸외다
　　　オヒテガ続テ吹カラ船ガ参ウト思マス（宝迫本）

霖　　쟝마가 디리허니 그만 개이면 됴흘엿 허외다
　　　長雨ガツヅクニヨリモハヤ晴タラバヨウアリマセウ（明治16年本）

霖　　쟝마가 디리허니 그만 개이면 됴흘엿 ᄒ다
　　　長雨ガ続カラ最早晴タラバヨカラウ（宝迫本）

　これらの例を見ると、韓国語は同じ「-니」であるが、対訳日本語だけを「ニヨリ」から「カラ」に変更したと思われる。
　明治16年刊行の宝迫本の初めには、漢文で記された宝迫繁勝による「自序」があり、宝迫本の成立事情を知る手がかりにもなると思われるが、これには「（明治14年本の）文法ヲ正シ、複雑ヲ刪シ、校写スルコト一再、漸ク善本ト為ル」とだけあり、使用語彙の変化等については具体的に記述されていない。しかし、「文法を正シ」という言葉の中に、「時代に即した新しい語彙を取り入れる」という意味が含まれているとも考えられる。
　さて、このようにして、写本類の『交隣須知』諸本においては、ごくわずかしか見られなかった原因・理由を表わす「から」が、明治16年に刊行された宝迫本に至って、初めて多く用いられ、定着することになったわけであるが、宝迫本においても、まだ「ので」は使用されていない。
　『交隣須知』において「ので」が現われるのは、濱田敦（1968）の指摘どおり、明治37年本になってからであった。
　明治37年本には次のような例文が見られる。

162

Ⅵ 『交隣須知』の日本語

雨　비 오다가 개이니 초목이 무셩ᄒ겟소
　　雨が降って上がったので草や木が榮ゑましょう（天文）
烘熱　날이 너모 무더워 춤아 견듸지 못ᄒ겟ᄂ
　　ひどく蒸暑いので実にたまらない（時節）
明日　ᄂ일은 국긔가 샹치ᄒ야 못ᄒ겟숩ᄂ다
　　明日は先王の御命日が差合ひますので出來兼ねます（時節）
亡魚　망어ᄂ 둥히 고긴듸 셔히로 도망ᄒ엿다고 ᄒ여셔 망어라 니르ᄂ 거시니라
　　さはらは元來東の海のうをで西の海ににげて往ったというので「亡魚」といふ名がついたのだ（魚介）
麵　국슈를 주린김에 만히 먹엇더니 아모것도 실수외다
　　蕎麦をすき腹に澤山食ったので何も食ひたくございませぬ（飲食）
勤　자ᄂᄂ 미ᄉ 부즈런ᄒ니 신둥ᄒ데
　　君は何事でも熱心にやるので感心だよ（作事）

　ここでは明治37年本『交隣須知』にある「ので」の例文すべてをあげることはしないが、明治37年本『交隣須知』に見られる「ので」には、次のような用法があると思われる。

明治37年本『交隣須知』の「ので」の用法

「ので」の後に命令の意味を含む文はこない。
「ので」の後に推量を表わす文はくる。 　雨　　비 오다가 개이니 초목이 무셩ᄒ겟소 　　　雨が降って上がったので草や木が榮ゑましょう。
「ので」の後に意志（意向・決心）を表わす文はくる。 　麵　　국슈를 주린김에 만히 먹엇더니 아모것도 실수외다 　　　蕎麦をすき腹に澤山食ったので何も食ひたくございませぬ。
「ので」の後に依頼（懇願・勧誘）の意味を含む文はこない。
「ので」に終助詞的な用法は見られない。
「ので」の用例の多くは、丁寧なことばで結んでいるが、そうでない場合もある。 　書簡　편지가 이마적 ᄭ은여셔 ᄆ음에 굼굼ᄒ오 　　　手紙が近頃とぎれてゐるので心さみしうございます。 　辛　미우 닛가 혀ᄭ치 알알ᄒ다 　　　辛らいので舌のさきがひりつく。

163

以上であるが、「ので」の後に推量を表わす文がきたり、意志を表わす文がくるという点については、永野賢（1952）とは異なっていると言えよう。永野賢（1952）以後に書かれた趙順文（1988）でも多くの用例をあげ、「ので」の用法には永野賢（1952）の指摘した用法以外に多くのものがあることを述べているが、明治37年（1904）の資料にも、すでに「ので」の後に推量や意志（意向・決心）を表わす文がきているのを見ると、これは「ので」の用法が「広がりを見せた」わけではなく、「ので」の用法には「もともと、このような用法があった」と考えるのが自然であるとも思われる。
　さて、最後に日本語の「から」と「ので」に当る韓国語の語彙について考えてみたい。

3．「から」と「ので」にあてられた韓国語
　まず、明治37年本『交隣須知』に見られる「から」にあてられた韓国語を見ると次のようになっている。

明治37年本『交隣須知』の「から」に当る韓国語

-니	-닛가	-져	-에(-기에)	-로	-고	-여	-것	-케다	-가쟈
81.4%	5.3%	3.7%	2%	1.6%	1%	1%	0.6%	0.6%	0.6%

　尚、ここに掲げた語の他にも、「-시・-어・-나・-들・-든・-나・-어」等が一例（0.3%）ずつ見られる。
　この表を見ると、「-니」と「-닛가」「-셔」で90%以上を占めることがわかる。特に「-니」があてられている用例が81.4%あるのは、注目すべきであろう。
　次に、「ので」にあてられた韓国語を見ると、次のようである。

明治37年本『交隣須知』の「ので」にあてられた韓国語

-셔	-니	-여	-닛가
46.5%	25.5%	11.6%	4.6%

ここにあげた語の他にも「-워・-야・-기에・-라고・-로」が一例（2.3%）ずつ見られるが、「-셔」の使用率が高い点は、やはり注目に値するであろう。
　以上見てきたように、明治37年本『交隣須知』においては、「から」には「-니」「ので」には「-셔」があてられている場合が多いようである。

Ⅵ 『交隣須知』の日本語

　『交隣須知』の写本類においては、「ニヨリ」が「きまり文句」のように用いられてきたが、明治16年に出された宝迫本『交隣須知』において、「から」が急増し、明治37年本『交隣須知』に至って、初めて「ので」が登場することになる。これは、「から」と「ので」の歴史的変遷を考えると、他の資料に比べて、かなり遅い登場ということになるが、その理由として、①言語資料としての『交隣須知』が持っている保守的な性格と、②『交隣須知』が会話体で構成されていること等が考えられる。

　そして、その用法を見ると、「から」の後には「命令」「依頼」等の意味を含む文がくるが、「ので」の後には見られない。しかし、「推量」や「意志」を表わす文は、「から」と「ので」両者の後に見られるようである。

　また、「ので」の用例は丁寧体で結んでいる場合が多いが、そうでない場合もある。

　そして、「から」と「ので」に対応している韓国語を見ると、『交隣須知』に限って言えば、「から」には「-니」が、「ので」には「-거시니」ではなく、「-셔」が多く用いられている。

　最後に参考の為に「-어서」と「-니까」に関するいくつかの研究の概要をあげておくことにする。(筆者日本語訳)

○ -어서は「前提的(非指定的)理由を表わす連結語尾」であり、-니까は「結果的原因及び理由を表わす連結語尾である」と見ている。
　⇒김승곤 (1978、p.49)

○ -어서はある結果について普遍的に誰でも同意するような前提がある「原因」を表わし、-니까は話している個人の推理作用の為、聞き手が必ず同意するということは前提としていない。
　⇒남기심 (1978、p.17、19)

○ -어서は「概念的動機誘発」、つまり概念的理由・原因を表わす接続詞、-니까は「必然的動機誘発」、つまり必然的理由・原因を表す接続詞である。
　⇒성낙수 (1979、p.181)

○ -어서は後行節の行為や状態が生じる状態を表わし、-니까は話者の推定に対する理由（原因）と当然の結果を表わす。
⇨이상복（1981、p.100）

○ -어서は普遍的推論の結果を表わす原因を提示し、-니까のように聞き手との関係を前提としないで話者自身の意志を陳述している。
⇨최재희（1989、p.100）

　尚、今後「から」「ので」と、それに該当する韓国語との詳細な比較検討が必要であると思われる。ここでは参考までにあげておくにとどめるが、「から」と「-니까」、「ので」と「-어서」との間には密接な関係があるということは指摘できそうである。

2．副詞「いか（こ）う」と「もっとも」

　本章では、濱田敦が京都大学本『交隣須知』を対象として行なった副詞語彙「最」「いか（こ）う」に関する調査をもとにして、京都大学本と同じ古写本系『交隣須知』に属すると思われる沈寿官本『交隣須知』（天保本）、増補本系『交隣須知』諸本、及び明治刊本に見られる「最」「いか（こ）う」に関する調査を行ない、その結果を京都大学本『交隣須知』の調査結果と比較しつつ、「最」の意味変化が、『交隣須知』諸本にどのような形で反映されているのかという点について述べていこうと思う。
　また、当時「最」の意味として用いられた「いか（こ）う」にあてられた韓国語が資料ごとに、恐らくは作者の意図によって、偏りが見られることについてもふれていきたいと思う。
　このような調査をすることによって、京都大学本『交隣須知』における副詞語彙「最」「いか（こ）う」の意味用法と、その後作成された『交隣須知』諸本における「最」「いか（こ）う」の意味用法との間に生じた変化の足跡を辿り得ると考えたからである。また、長い間写本で伝えられた言語資料としての『交隣須知』の性格の一端を窺い知ることができるとも思われるからである。

Ⅵ 『交隣須知』の日本語

1．問題の所在

『交隣須知』の語彙については、さまざまな問題があると思われるが、ここでは「最」、「いか（こ）う」という副詞について考えていこうと思う。

濱田敦（1970、p.216）には次のようにある。

　朝鮮資料では、上述の様に「もっとも」と云う語が、すべて、『倭語類解』の漢字で云えば、「宜」の意味で用いられて居り、一例も「最」の意味のものが見出されないと云ってよいのである。

ここで言う「宜」の意味というのは、「当然だ。適当だ。合理的だ。」、あるいは、「すべからく。当然(28)」を言い、「最」の意味は、英語など印欧語に見られる文法範疇としての「比較」(comparison)における、三段階の「最上」を指すのであるが、確かに『倭語類解』を見ると次のようにある。

○国立図書館所蔵『倭語類解』

　『倭語類解』上（語辞）

　　最　　マ장최　　　○이고우
　　　　　사이

　　宜　　맏당의　　　○몯도모
　　　　　에

　『倭語類解』下（雑語）

　　的　　뎡　　　当　　당　　○몯도모
　　　　　데기　　　　　도우

また、『和語類解』、『邦訳日葡辞書』(29)には次のようにある。

○京都大学所蔵『和語類解』　　○『邦訳日葡辞書』

　『和語類解』上（語辞）

　　最　최　マ장　　　　　mottomo　　モットモ（尤も）
　　　　　이고우　　　　　副詞　至極当然に

　　宜　의　맛당　　　　　すこぶる道理にかなって
　　　　　몯도모

167

『和語類解』下（雑語）

的当　덕당
　　　몯도모

ところが、明治45年に「『倭語類解』を藍本とし、多少その材料に取捨を加え、訳語の誤れるを改め」[30]て作成された『日語類解』では次のようになっている。

『日語類解』上（語辞）

最　ᄀ장＝최　못도모
　　사이　　　もっとも

宜　맛당＝외　못도모
　　새　　　　もっとも

以上のように『倭語類解』、『和語類解』には「最-이고우」とあったものが、『日語類解』になって「最-못도모」と改められたことがわかる。また、「最」という漢字にあてられた韓国語は、どれも「ᄀ장」である。一方、「몯도모（못도모）」という訳語を持つ「宜」と「的当」にあてられた韓国語は、各々「宜-맏당(맛당)」「的当-덕당」である。

元来、「いか（こ）う」の意味は、「とても、非常に」といった程度が甚しい様を指し示すものであると思われるから、ここでの「最」という語は印欧語的な意味での「最上級」ではなく、「単に程度の甚だしさを、他との漠然とした比較の上に立って、表すに過ぎない語」[31]であったということになる。

濱田敦（1970、p.222）には、また次のようにある。

『交隣須知』の場合は、（「いかう」の）対訳が「가장」でなければ、殆んどと云ってよいくらい「미이((오))」であるが、『隣語大方』ではそれよりも、むしろ「대단이、과연」などの方がよりしばしば用いられている。
　　　　　　　　　　　　　　　　　　( ) 内は筆者による。

現在、「最」という漢字を見て、「いか（こ）う」という単語が頭に浮かぶ人はごく少数であろう。ほとんどの人は、「いちばん」といった、三段階の「最

上級」を思い浮かべると思われるが、果して『交隣須知』においては、このような例は一例も見当らないのであろうか。また、『交隣須知』における「いか（こ）う」の対訳韓国語は、ほとんど「가장、미이(오)」であるのだろうか。この点を確認しつつ、ここでは『交隣須知』に見られる「最」「いか（こ）う」という語彙の性格について言及していこうと思う。

そうすることによって、「最」という語の意味が「程度が甚だしい様」から「いちばん」という最上級の意味を表わすようになった変化の過程が『交隣須知』という、いわゆる朝鮮資料にどのように表われているのかを確認することができると思われるからである。また同時に、先にも述べたが、その結果から『交隣須知』の言語資料としての性格の一面をも窺い知ることができると考えるからでもある。

濱田敦（1970）が調査対象とした『交隣須知』は、京都大学本であるが、そこには36例ほどの「いかう」が見え、その中、対訳語として「가장」があてられているのは、全体として17例であり、それ以外はほとんどと言ってよいくらい「미이(오)」であるという。しかも巻によって、「가장」と「미이(오)」が用いられている比率に差が見られ、巻一（8/0）（미이(오)…8、가장…0）、巻二（13/5）、巻三（7/6）、巻四（8/6）といった具合に巻三、巻四では「가장」が多く見られるという（p.222）。

これに対して、前述の如く、『隣語大方』では、「いかう」にあたる韓国語としては「대단이、과연」などの方が、より多く用いられているという。また、「巻三、四に「가장」が多いといった偏りが、他の資料との比較においても同様の結果が得られれば何か理由が求められる」であろうともしている（p.222）。

そこで、ここでは京都大学本以外の『交隣須知』を対象にして調査した結果を京都大学本の結果と比較していくことにする。

２．沈寿官本『交隣須知』（天保本）の「いか（こ）う（ふ）」について

まず初めに、京都大学本『交隣須知』と同じ古写本系『交隣須知』に属すると思われる沈寿官本『交隣須知』の天保本について見ていくことにする。

①盒　함이 든 음식이 ᄀ장 먹금즉 ᄒ외（天保本・巻三・盛器）

　　ヂウニイツタ飲食ガイカウヨサソウニコサル

②火鉄　부쇠는 블 업는 쎄에 치면 ᄀ장 용　□　（天保本・巻三・鉄器）
　　　ヒウチハヒノナイトキウテバイコフ・・・・
③喇叭　나발 소리 는 쳔아셩이 ᄀ장 멀니 들리옵니　（天保本・巻三・風物）
　　　大シウライヲトハ天鵝声デイカウトウクキコヘマスル
④正書　졍셔를 잘 쓰기는 ᄀ장 어렵수외　（天保本・巻三・文式）
　　　シンジヲヨウカクㄱハイカウムツカシウゴサル
⑤大鐘　큰 쇠복 소리는 ᄀ장 멀니 들리옵니　（天保本・巻三・武備）
　　　フトイツリガ子ノコエハイコウトヲフクキコエマスル

　これらの例文を見ると、「いか（こ）う（ふ）」の韓国語は「가장」であり、これは京都大学本『交隣須知』の場合（巻三においては、「가장」が多く用いられている。）と合致していると言えるだろう。
　さて、次にアストン本と白水本について見ていくことにする。

　3．アストン本『交隣須知』と白水本『交隣須知』に見られる「いかう」について
　増補本系『交隣須知』の一種であるアストン本『交隣須知』と、白水本『交隣須知』の巻一に見られる「いかう」の例文をあげると次のようになる。

①霧　안개가 쎄여시니 딕마쥬산이 뵈지 아니ᄒ외
　　　　　　　　　　　　　　　　　　（アストン本・巻一・天文）
　　　キリガ カケタユエ ツシマノヤマガ 見ヘマセヌ
　霧　안개가 민오 쎄여시니 딕마쥬산이 뵈지 안니ᄒ외
　　　　　　　　　　　　　　　　　　（白水本・巻一・天文）
　　　キリガ イカウ カケテ 対馬州ノ山ガ 見ヘマセヌ
②六月　뉴월은 뉴두라 ᄒ고 민오 더은 날을 니ᄅ옵니
　　　　　　　　　　　　　　　　　　（アストン本・巻一・時節）
　　　六月ハ 流頭ト云テイカウアツイ日ヲ申マスル
　六月　뉴월의 는 流頭라 ᄒ고민오 더은 날을 니ᄅ옵니
　　　　　　　　　　　　　　　　　　（白水本・巻一・時節）
　　　六月ニハ 流頭ト 云テ イカウ アツイ日ヲ 云マスル

170

VI 『交隣須知』の日本語

③裡　속이 민오 둔ヽㅎ다（アストン本・巻一・方位）
　　　ウチガ　コトノ外　堅イ
　裡　속이 민오 둔ヽㅎ다（白水本・巻一・方位）
　　　ウチガ　イカウ　カタイ
④窟　굴속이 감ヽㅎ외（アストン本・巻一・地理）
　　　洞ノ内ガ　ウスクロウコサル
　窟　굴속이 민이 너ㄹ오니（白水本・巻一・地理）
　　　穴ノ内ガ　イカウ　ヒロヒ
⑤灘　여흘은 물이 민이 엿숩닉（アストン本・巻一・江湖）
　　　瀬　ハ　潮ガ　イカウ　浅ウコサル
　灘　여흘은 물이 민이 엿숩닉（白水本・巻一・江湖）
　　　セ　ハ　潮ガ　イカウ　アサウゴサル
⑥勇　이 사롭은 만히 놀낸가 시브외（アストン本・巻一・人品）
　　　此ノ人ハ　キツウ　勇気ナソウニコサル
　勇　이 사롭은 만히 놀낸가 시브외（白水本・巻一・人品）
　　　此人ハ　イカウ　勇気ナソウニゴサル
⑦奢侈　강호다히눈 マ장 샤치호가 시브외（アストン本・巻一・人品）
　　　　江戸アタリハ　イカウヲコルソウニコサル
　奢侈　깅호디히눈 マ장 샤치호가 시프외（白水本・巻一・人品）
　　　　江戸アタリハ　イカウヲゴルソウニゴサル
⑧悖悪　져놈이 거롬 것눈 양을 보니 심히 패악호가 시브외
　　　　　　　　　　　　　　（アストン本・巻一・人品）
　　　　アイツカ　歩クヤウスヲミルニイカウヲヽチャクラシウコサリマスル
　悖悪　져놈은 거롬 것눈 양을 보니 심히 패악호가 시브외
　　　　　　　　　　　　　　（白水本・巻一・人品）
　　　　アノモノヽ　歩ムフリヲ見ニイカウヲウヘイラシウゴサル
⑨優　속이 민오 녁ヽㅎ다（アストン本・巻一・人品）
　　　内ガイカウヒロミシイ
　優　속이 민요 녁ヽㅎ다（白水本・巻一・人品）
　　　内ガ　イカウ　ヒロイ

171

⑩倨慢　요ᄉ이 관듕 하인들이 만히 거만ᄒ여 뵈ᄋᆞᆸ니
　　　　　　　　　　　　　　　（アストン本・巻一・人品）
　　　　近比 館中ノ下人共カ　ツヤウヲ、ヘイニミヘマスル
　　倨慢　요ᄉ이 관듕 하인들이 만히 거만ᄒ여 뵈ᄋᆞᆸ니（白水本・巻一・人品）
　　　　コノホトハ 館中ノ下ミガ　イカウヲ、ヘイニ見ヱマスル
⑪妻姉　쳐남이 믹부를 믹오 듸겹ᄒᄋᆞᆸ니（アストン本・巻一・天倫）
　　　　女房ノ兄弟ガ 姉智ヲ　イカウ　トリモチマスル
　　妻姉　쳐남이 믹부를 믹오 듸겹ᄒᄋᆞᆸ니（白水本・巻一・天倫）
　　　　女房ノ兄弟ガ 姉智ヲトリモチマスル
⑫響　　뫼아리 응ᄒᄂᆫ 소리 심히 ᄲᆞᄅᆞᄋᆞᆸ니（アストン本・巻一・身部）
　　　　コダマノ ヲウスル 音ハ　イカウ　早ウコザリマスル
　　響　　뫼아리 응ᄒᄂᆫ 소리 심히 ᄲᆞᄅᆞᄋᆞᆸ니（白水本・巻一・身部）
　　　　コダマノ 応ズル ヲトハ　甚ダ　ハヤウゴサル

　これらの例を見ると「いかう」にあてられた韓国語は、次のようになっている。

○アストン本『交隣須知』の場合　（（　）内は用例数を示す）
　　믹오(4)　　믹이(1)　　가장(1)　심히(2)

○白水本『交隣須知』の場合
　　믹오(4)　　믹이(2)　　가장(1)　　심히(2)　　만히(2)　　믹요(1)

　これを見ると、京都大学本『交隣須知』の場合と異なり、「가장、믹이(오)」の他に「심히、만히」等が用いられていることがわかる。また、白水本には、「믹요」が一例見られるが、ソウル大学本においても「믹요」を用いた例があるようである。
　また、③のアストン本のように「믹오」に「コトノ外」という日本語をあてている場合や、⑥のアストン本の例文のように「만히」に「キツウ」という日本語をあてている場合もある。「コトノ外」も「キツウ」も程度が甚だしい様を表わす言葉である。
　これ以外にも⑩のように「만히」に「ツヤウ」、⑫のように「심히」に「甚

だ」をあてている場合もあるが、これらもやはり他との漠然とした比較の上に立って程度の甚だしさを表わしている語であると思われる。また⑪の白水本の例文のように「미오」の対訳日本語が無い場合もある。

　以上の結果から、おなじ『交隣須知』であっても、資料によって用いられている語彙（韓国語・日本語）が異なっていることがわかる。濱田敦（1970）は、「同一時期に程度の甚だしさを表わす語に多くの同義、類義語が見られるのは、その語がしばしば用いられるに従って程度の甚だしさを表わす力が減少していく、云わば「程度逓減の法則」が存在するからである」と説明しているが、『交隣須知』においては、資料によって使用している語彙に偏りが見られるようである。

4．ソウル大学本『交隣須知』の「いかう」について

　次に、同じく増補本系の『交隣須知』の一種である、ソウル大学本『交隣須知』の例を見ていくことにする。

① 羆　비ᄂᆞᆫ 미오 크니 범도곤 무셥ᄉᆞ외　（ソウル大学本・巻二・走獣）
　　シグマハイカウフトウテトラヨリモヲソロシウゴザル

② 貂　돈피 털은 미오 덥ᄉᆞ외　（ソウル大学本・巻二・走獣）
　　トンビノ毛ハイカウアタヽカニゴザル

③ 粟　조밥은 먹기 ᄀᆞ장 둇ᄉᆞ외　（ソウル大学本・巻二・禾黍）
　　アハメシハクウニイカウヨウゴザル

④ 味　마시 ᄀᆞ장 맛나외　（ソウル大学本・巻二・味臭）
　　アジカイカウヨウゴザル

⑤ 飮　마시니 ᄀᆞ장 식훤ᄒᆞ다　（ソウル大学本・巻二・喫貌）
　　ノンダニイカウキミヨイ

⑥ 喉痺　목구멍 즌므로ᄂᆞᆫ 증이 ᄀᆞ장 듕ᄒᆞ오니
　　　　　　　　　　　　　　　（ソウル大学本・巻二・疾病）
　　ノドノスノミズブクレノスル症ガイカウ重アル

⑦ 繭　플 소음으로 옷슬 지어 닙으면 다른 옷시에셔 미요 덥ᄉᆞ외
　　　　　　　　　　　　　　　（ソウル大学本・巻三・布帛）
　　マワタデ着物ヲ拵テ着レハヨノキモノヨリイカウアタヽカニゴザル

⑧機　틀의 안즈눈 양이 ᄀ장 지어미 답ᄉ외 (ソウル大学本・巻三・布帛)
　　　ハタニ居テイルヤウスガイカウ女房ラシウゴサル
⑨梭　북 터지눈 양을 보니 ᄀ장 잘 ᄧᄂ 슈픔이옵도쇠
　　　　　　　　　　　　　　　　(ソウル大学本・巻三・布帛)
　　　ヒヲウツヤウスヲ見ルニイカウヨウヲルテジナテゴサル
⑩幅　너 븨좁ᄉ와도 기리가 미오 기외 (ソウル大学本・巻三・衣冠)
　　　ハミガセバウテモナガサガイカウチガウゴサル
⑪火鉄　부쇠눈 불 업눈 쎼예 치면 ᄀ장 요졀로 온 거시올쇠
　　　　　　　　　　　　　　　　(ソウル大学本・巻三・鉄器)
　　　火ウチハ火ノナイトキニウテバイカウチヤウホウナモノテゴサル
⑫左右七歩　솨우칠보눈 특눈 사롬이 미오 분주ᄒ더고
　　　　　　　　　　　　　　　　(ソウル大学本・巻三・鞍具)
　　　　　左右七歩ハノル人カイカウイソガシカリマス
⑬黜　내치며 드리기를 임의로 ᄒ니 권이 ᄀ장 듕ᄒ외
　　　　　　　　　　　　　　　　(ソウル大学本・巻三・政刑)
　　　ヲイダシタリ入レタリスルコヲ自由ニシテケンシキガイカウ重ゴサル
⑭搔　글그면 ᄀ장 싀헌ᄒ외 (ソウル大学本・巻四・手運)
　　　カケバイカウコヽチヤウゴサル
⑮跪　ᄭ러 안ᄌ매 무롭피가 미오 알숩늬 (ソウル大学本・巻四・足使)
　　　ヒサマヅイテヲルユエ膝ガイカウイタミマル
⑯是　이 ᄀ장 아롬다온 일이로다 (ソウル大学本・巻四・語辞)
　　　コレハイカウ目出タイ事ジヤ
⑰良久　ᄀ장 오래게여 븨오되 샹이 미오 돗수외
　　　　　　　　　　　　　　　　(ソウル大学本・巻四・雑語)
　　　　イカウヒサシブリニアイマシタレトモヲヤウスガイカウヤウゴサル
⑱巍々　외々ᄒ여 ᄀ장 놉고든 (ソウル大学本・巻四・逍遥)
　　　ギミトシテイカウタカイ
⑲最　ᄀ장 ᄉ랑ᄒ시기로 져도 닛지아닌가 시브외
　　　　　　　　　　　　　　　　(ソウル大学本・巻四・語辞)
　　　イカウカハイカラレマスユヘアレモワスレヌサウニゴサル

174

VI 『交隣須知』の日本語

　以上であるが、これを見ると、ソウル大学本『交隣須知』における「いかう」にあてられている韓国語のほとんどは「미오」と「ᄀ장」であることがわかる。これを巻ごとに整理してみると次のようになる。

ソウル大学本『交隣須知』に見られる「미오(요)」「ᄀ장」の用例数

	巻一	巻二	巻三	巻四
미오		2	2	2
미요		0	1	0
ᄀ장		4	4	5
計		6	7	7

（但し、巻三に見られる⑦「미요」は、済州本『交隣須知』、中村本『交隣須知』では「미오」となっている。また、⑬の「ᄀ장」は、中村本では「ᄀ쟝」となっている。これ以外は、小田本、中村本、済州本における「いかう」にあてられている韓国語はソウル大学本『交隣須知』に等しい。）

　この結果を見ると、ソウル大学本『交隣須知』には「미이」は用いられていないが、京都大学本『交隣須知』の結果とよく似ていると言えよう。用いられている韓国語が大体二種類に限定され、（巻二においても頻度数は高いが、）巻三、巻四において「ᄀ장」が多く見られるのである。また「미이」を用いずに「미오」としたのは、「미오」という語彙に統一しようという書写者の意図が働いたものであろうか。

　また、アストン本、白水本で見られた「심히」には、ソウル大学本ではほとんど「甚ダ」という日本語をあてている。そして、最上級を表わす語の多くは「웃뜸」（第一ジャ）、「제일」（第一ジャ）を用い、「尤も」を表す語としては「맛당」（尤ナ）「지당」（ご尤ナ）「올수외」（コ尤テゴサル）等となっている。⑰の例文には「いかう」が二例見られ、一例は「ᄀ장」一例は「미오」となっているが、これは現在でもよくするように、一つの文の中に同じ語が二度使われるのを避けようとしたものであるとも思われる。

5．明治14年本『交隣須知』と明治16年本『交隣須知』の「いか(こ)う」について

　さて、次に明治の刊本における例文を見ていくことにする。

①池　못셰 고기 씌는 양이 ᄀ장 보기 됴수외다　（明治14年本・巻一・江湖）
　　　池ニ魚ノオドルヤウスガイコウミルニヨウゴザル

175

②優　속이 민오 넉넉허다 (明治14年本・巻一・人品)
　　　内ガイコウヒロイ
③脉　진믹허니 믹이 민우 약허외다 (明治14年本・巻一・身部)
　　　診察スルニーガイカウ弱フゴザル
④厭面　그 샤마귀는 ᄆ장 크니 귀허외다 (明治14年本・巻一・形貌)
　　　ソノアザハイカウフトクテメヅラシウゴザル
⑤貂　돈피털은 민오 덥ᄉ오니 (明治14年本・巻二・走獣)
　　　貂ノ毛ハイカウアタヽカニゴザル
⑥水獺　슈달피는 겨울의 모션도 민들고 먼길 갈제 토슈하야 세연 민우 좃ᄉ
　　　오니　　　　　　　　　　　　　　　　(明治14年本・巻二・走獣)
　　　カハウソノ皮ハ冬毛扇モツクリ遠路往クトキ腕ヌキ作リテハメレバイ
　　　カウヨウゴザル
⑦葵　아욱은 쥭 ᄭ려 먹으면 민오 좃ᄉ오니 (明治14年本・巻二・蔬菜)
　　　葵ハ汁ニタイテクヘバイカウヨーゴザル
⑧飲　마시니 ᄆ장 시원하다 (明治14年本・巻二・喫貌)
　　　ノンダニイカウキミヨイ
⑨喉痺　목구멍 진무르는 증이 ᄆ장 즁하외 (明治14年本・巻二・疾病)
　　　ノドノスノミヅブクレスル症ガイカウ重ウゴザル
⑩繭　고치가 품이 민우 죠흐니 만이 사쟈 (明治14年本・巻三・布帛)
　　　繭ガ品ガイカウヨイニヨリヨケイニ買フ
⑪蓮頭色　년두셕도 ᄆ장 됴흔 셕이오니 (明治14年本・巻三・布帛)
　　　クチバ色モイカウヨイ色デゴザル
⑫梭　북ᄶ지는 양을보니 ᄆ장 잘 ᄊ는 슈품이로셰
　　　　　　　　　　　　　　　　　　(明治14年本・巻三・布帛)
　　　ナサノツカヒヤウヲミルニイカウヨウオル手モトデゴザル
⑬火鉄　보쇠는 불업는 ᄯ에 치면 ᄆ장 요긴헌 거시올셰
　　　　　　　　　　　　　　　　　　(明治14年本・巻三・鉄器)
　　　火ウチハ火ノナイトキウテバイカウ重宝ナモノデゴザル
⑭喇叭　나팔 소리는 텬아성이니 ᄆ장 멀니 들니ᄋᆞ네다
　　　　　　　　　　　　　　　　　　(明治14年本・巻三・風物)
　　　ラッパノ音ハ天鵝ノ声デイカウ遠クキコエマス

Ⅵ 『交隣須知』の日本語

⑮左右七歩　좌우칠보는 ᄐᆞ는 사ᄅᆞᆷ이 밉우 분주ᄒᆞ야 뵈옵네다
　　　　　　　　　　　　　　　　　　　　　　（明治14年本・巻三・鞍具）
　　　　　左右七歩ハノル人ガイカウイソガシウ見エマス
⑯黜　내치며 드리기를 임의로 ᄒᆞ니 권이 ᄀᆞ장 중허외다
　　　　　　　　　　　　　　　　　　　　　　（明治14年本・巻三・政刑）
　　　　　オイダシタリ入レタリスルコヲ自由ニシテ権ガイカウ重ウゴザリマス
⑰搔　긁그면 ᄀᆞ장 시원허니라　（明治14年本・巻四・手運）
　　　　　カケバイカウキミヨウゴザル
⑱是　이거시 ᄀᆞ장 아름다운 일이로다　（明治14年本・巻四・語辞）
　　　　　コレハイカウメデタイコトジヤ
⑲最　ᄀᆞ장 ᄉᆞ랑ᄒᆞ시니 평셩 닛지 아닐가 시푸외다
　　　　　　　　　　　　　　　　　　　　　　（明治14年本・巻四・語辞）
　　　　　イカウアイサレマスニヨリ平生忘マスマイト存ジマス
⑳繁華　동경셩은 ᄀᆞ장 번화헌가 시푸외　（明治14年本・巻一・人品）
　　　　　東京ヘンハモットモ繁華ナソウニゴザル
㉑巍々　외々허여 ᄀᆞ장 놉꺼든　（明治14年本・巻四・逍遥）
　　　　　巍々トシテ最モタカイ

　以上であるが、ここにあげたのは明治14年本『交隣須知』の例文である。明治16年本『交隣須知』の例文もほぼ同じであるが、少し違うところがあるので次に一覧表にしてあげておくことにする。

明治14年本『交隣須知』と明治16年本『交隣須知』の文例に見られる異なり

番号	明治14年本『交隣須知』	明治16年本『交隣須知』
①	고기쯰는	고기쯰는
③	イカウ	イカフ
⑦	イカウヨーゴザル	イカウヨウゴザル
⑨	즁ᄒᆞ외	즁ᄒᆞ외다
⑪	ナサノツカヒヤウ、手モト	ヒヲナゲル、テヅマ
⑭	나팔	나발
⑮	분주ᄒᆞ야	분주허여
⑯	내치며 ᄒᆞ니	내치면 허니
⑱	イカウメデタイ	イカウヨロコバシイ
⑲	イカウ	イコウ

177

番号	明治14年本『交隣須知』	明治16年本『交隣須知』
⑳	화헌가시푸외	繁華시푸외다
㉑	외々	외외

　上の表を見ると、明治16年本に見られる「イカウ」「イカフ」「イコウ」といった日本語表記の揺れの問題や「ㅎ」→「허」への変化の問題、明治14年本の「ヨーゴザル」といった「ー」を用いた新しい表記法の問題、「즁ㅎ외」→「즁ㅎ외다」のように明治16年本では14年本に比べて文末表現が丁寧になっている等の問題もあるが、ここでは詳しい説明は省略し、差異点のみを示すことにする。

　尚、ここにあげた例文のうち、①～⑲は、「いか（こ）う」の用例であるが、⑳、㉑は、「最も」が、「当然だ、適当だ」ではなく、「いちばん」のような最上級を表している例文であると思われる。

　これら①～⑲の例文を見ると、「いか（こ）う」にあてられた韓国語は「미오」「ᄀ장」「ᄀ쟝」、そして「미우」であることがわかる。また、用例数を巻ごとに整理してみると次のようになる。

明治14年本『交隣須知』に見られる「미오（우）」「가장（쟝）」の用例数

	巻一	巻二	巻三	巻四
미오	1	2	0	0
미우	1	1	2	0
가장	2	2	4	3
가쟝	0	0	1	0
計	4	5	7	3

　この表を見ると、用例数は少ないが、やはり、京都大学本『交隣須知』の調査結果と似た傾向にあるとも言えよう。また、写本諸本には見られなかった「미우」の登場にも注目すべきであると思われる。京都大学本『交隣須知』、アストン本『交隣須知』、白水本『交隣須知』では、「미이」と「미오」が用いられ、ソウル大学本、済州本、中村本、小田本『交隣須知』になると、その大部分が「미오」になる。そして、明治の刊本に至って「미오」と共に「미우」も用いられるようになるのである。

　また、明治の刊本に至って、初めて「最も」という語彙に「いちばん」といった最上級の意味を見出すことができるようになる。

6. 明治37年本『交隣須知』の「いか（こ）う」について

　さて、最後に明治37年本『交隣須知』の例文について見ていくことにする。

Ⅵ 『交隣須知』の日本語

葵　아욱은 국을 쓰려 먹으면 믜오 됴흐니 （明治37年本・蔬菜）
　　「葵」は汁にたいてくふと大へんに旨まい。
貂皮　돈피는 믜오 덥ᄉ외다 （明治37年本・走獣）
　　「貂皮」は大層暖かでございます。
脉　믹脉을 보니 믜오 약弱ᄒ외다 （明治37年本・体軀）
　　脉を見てみると大層弱はうございます。
搔　긁으면 믜오 시원ᄒ니라 （明治37年本・手運）
　　搔くと大ゑんいい気持だ。
喇叭　나발喇八 소리는 턴아셩天鵝声과 ᄌ하여셔 믜오 얼리 들니옵ᄂ이다
　　　　　　　　　　　　　　　　　　　　　　（明治37年本・風楽）
　　喇八の音は「天鵝声」と似てゐて大そう遠方まで聞ゑます。
繭　고치가 품 品이 믜오 됴흐니 만히 사쟈 （明治37年本・布帛）
　　大へんたちのいゝ繭だから沢山買はう。
是　이 거시 믜오 아름다운 일이로다 （明治37年本・語辞）
　　これは大へん目出たいことだ。

　これらの例文を見ると、「믜오」にあてられた日本語は「大変に、大層、大へ（ゑ）ん」などであり、「いか（こ）う」は見られない。明治37年本になって、日本語が新しくなったのである。しかし、韓国語は「믜우」ではなく、「믜오」である。これは作者の意図が反映されたものであろうが、このことも注目すべき点の一つであるだろう。

　本章では『交隣須知』に見られる副詞のうち、「最」「いか（こ）う」について論及してみた。現在は「最」という漢字を見た時、「最上級の、いちばん」といった意味を思い浮かべる人がほとんどであると思われるが、『倭語類解』等のいわゆる朝鮮資料では、現代語の「とても」「非常に」にあたる意味を持つ「이고우、いか（こ）う」という語で表わしている場合が多い。濱田敦(1970)は、原刊『捷解新語』には12例、改修本には7例の「もっとも」があり、それらはすべて「最」ではなく「宜」あるいは「的当」にあたるべき意味で用いられていることを指摘している（p.213）。また、『交隣須知』の場合、

179

「いかう」の対訳語は「가장」または「미이(오)」で占められているともしている。確かに『交隣須知』の見出し語漢字「最」の例文を見ると「マ장、イコフ」という語彙が用いられていることがわかる。

最　マ장 ᄉ랑ᄒ시니 평셩 닛지아닐가시외　（京都大学本・巻四・語辞）
　　イカフカワイガラシヤレテワスレマイカトゾンシマスル
最　マ장 ᄉ랑ᄒ시기로 저도 닛지아닌가 시브외
　　　　　　　　　　　　　　　　（ソウル大学本・巻四・語辞）
　　イカウカハイカラレマスユヘアレモワスレヌサウニゴサル
最　マ장 ᄉ랑ᄒ시니 평셩 닛지아닐가 시푸외다
　　　　　　　　　　　　　　　　（明治14年本・巻四・語辞）
　　イカウアイサレマスニヨリ平生忘マスマイト存ジマス

　そこで、本章では『交隣須知』諸本の「いか（こ）う」の用いられ方について調査するとともに「最」の意味が「非常に、とても」から「いちばん」への広がりを見せた過程について考えてみた。その結果、『交隣須知』に限って言えば、明治の刊本に至って初めて「最」が「いちばん」という意味で用いられるようになったことが明らかになった。そして、『倭語類解』『和語類解』では「最…이고우」となっていたものが、『日語類解』（1911）になると「最…못도모」といった変化を見せることになる。また、『交隣須知』諸本により、「いか（こ）う」にあてられた韓国語が偏っていることも明らかになった。まず、京都大学本『交隣須知』では、濱田敦（1969）にあるよう「가장、미이(오)」が多く用いられている。また、同じく古写本系『交隣須知』に属する沈寿官本（天保本）には「가장」の使用が多く見られるようである。しかし、ソウル大学本では「미오」が圧倒的に多く用いられ、明治の刊本に至って「미우」も現われることになる。
　一方、白水本、アストン本には「가장、미이(오)」の他に「심히、만히」も見られるが、これは他の『交隣須知』に比べて特異な感じがする。
　いわゆる朝鮮資料の一つである『交隣須知』においては以上のような変化の過程を一応確認することができるのであるが、日本の仮名資料においてはもっと早い時期に「最」が「いちばん、最上級」の意味で用いられていると思われ

る用例もある。しかし、濱田敦（1970、p.219）には次のようにあり、日本の資料においても朝鮮資料の場合とあまり変わらなかった可能性が高いのではないかとも思われる。

　　なお他のキリシタン資料、例えば、ロドリゲスの『日本大文典』、或は、コリヤードの『懺悔録』『羅西日辞典』『日本文典』などに見える用例、説明なども『伊曾保物語』の「尤」の方の意味と、一応考えられるものが大部分であって、「最」の意と考えるべきものは、殆ど見当らないと云ってよい。そして、そのことは同じ時期の国内仮名資料についても、ほぼ同じではないかと思われる。

　いずれにしろ、『交隣須知』諸本における「最」の意味は、「とても、非常に、甚だ」に始まり、明治14年本に至って、初めて「いちばん、最高に」の意味で用いられるようになったのである。
　しかし、巻三、巻四において「가장」が多く用いられた理由については、用例数もそれ程多くなく、今の時点で明確な理由付けをするのは困難であると思われる。
　また、「最」の意味変化について述べる場合には、韓国語「가장」の意味変化についても言及する必要があると思われるが、韓国語の「가장」には、「最、いちばん」の意味で用いられたと思われる用例もあり、「大変、非常に」の意味で用いられたと思われる用例もある。これらの用例を見た限りでは、「가장」の意味は、日本語の「最」と異なり、15世紀に「最も、いちばん」という意味がまずあり、近代語になって「非常に、大変」といった意味が添加されたものと思われる。従って『交隣須知』の写本諸本の時期には「가장」も「非常に、大変」という意味を持ち、明治の刊本に至って「最」も「가장」も「いちばん」といった最上級で用いられるようになった可能性が高いと思われるが、現段階で断定するのは難しい。
　今後、韓国語の語彙に関しても詳細な調査を行い、明確な結論を出したいと考えている。

3．韓国語に干渉された日本語の語彙

『交隣須知』は、韓国語の本文に対訳日本語が付けられているのであるが、その日本語の語彙の中に、韓国語の干渉による歪みが見られることについては、すでに濱田敦（1970）による指摘がある。そこで、本章では、濱田敦（1970）が京都大学本『交隣須知』の例を一例ずつあげて問題とした、「とまる」と「すわる」、「くう」と「のむ」、「みる」と「あう」、「こえ」と「おと」について、古写本系『交隣須知』諸本、増補本系『交隣須知』諸本、明治の刊本の例を通して、それらの語彙の使われ方がどのようになっているかについて論及していこうと思う。

『交隣須知』は、前述の如く、本文である韓国語と、対訳日本語である日本語とが記されている為、両言語による相互干渉がおこる可能性があると思われる。また同時に、200年余りにわたる言語資料であり、長い間、写本によって伝えられたという事実を考え合わせると、資料が作成された時期により、あるいは書写者の言語意識により、古い語彙を新しい語に書き直したり、間違いを正したりした可能性も十分に考えられる。

そこで、いずれも、韓国語では「앉다」、「먹다」、「보다」、「소리」等のように一語で表わす語彙であるが、日本語においては何語かに使い分ける必要がある為に語の用い方に問題が生じ、それを次第に正しい方向に訂正していった過程を見ていこうとするものである。

このような考察を通して、『交隣須知』の日本語における韓国語の干渉の現象を把握することができるとともに『交隣須知』諸本の性格の一端を垣間見ることができると考えたからである。

1．「とまる」と「すわる」

ここではまず、「とまる」と「すわる」について見ていくことにする。

濱田敦（1970）は、京都大学本『交隣須知』の中に、次のような例があることを指摘し、韓国語の「앉다」は、「人間」が「すわる」意味だけではなく、人間以外の生物が「とまる」場合にも用いられるので、このような「変な」対訳が生まれたと述べている（p.124）。

甍　박곡의 가마괴 안자 우읍닉（京都大学本・巻二・宮宅）
　　ハフニカラスガスワツテナキマスル

しかし、この例は、他の諸写本や刊本には見られないので、ここでは、次の例文をあげることにする。

蠅　프리가 ㅈ처 안즈니 근치럽ᄉ외（京都大学本・巻二・昆虫）
　　ハイガカヲニトマツテコソハユウゴザル
蠅　프리가 ㅈ처 안즈니 근지럽ᄉ외（ソウル大学本・巻二・昆虫）
　　ハイガカヲニスワツテコソハユウゴザル
蠅　프리가 ㅈ처 안즈니 근지럽ᄉ외（済州本・巻二・昆虫）
　　ハイカカヲニスワツテコソバユフゴザル
蠅　프리가 ㅈ테 안즈니 근지럽ᄉ외（明治14年本・巻二・昆虫）
　　ハヘガカホニトマツテコソバユウコザル
蠅　프리가 ㅈ테 안즈니 근지럽ᄉ외다（明治16年本・巻二・昆虫）
　　ハヘガカホニトマツテコソバユウゴザル
蠅　프리가 ㅈ혜 안즈니 간지럽ᄉ외다（明治37年本・昆虫）
　　蠅が顔にとまつてくすぐつたうございます。

　これらの例文を見ると、ソウル大学本と済州本には「スワツテ」とあり、その他、京都大学本『交隣須知』、及明治の刊本においては「トマツテ」とあることがわかる。
　主語は「蠅」であるから、正しいのは「トマツテ」であり、この点については、以前すでに述べたことがあるが（齊藤明美、1995a、p.128）、やはり韓国語において、「とまる」と「すわる」を表わす単語が同一であるところから生ずる、韓国語からの干渉であると言えよう。
　また、資料によって用い方に偏りがあるとも思われる。

　次に、「くう」と「のむ」について見ていくことにする。

2.「くう」と「のむ」

　現代韓国語では、「食べる」と言えば「먹다」、「飲む」と言えば「마시다」であるが、日常会話においては「酒を飲む」等という場合に「먹다」を用いる場合もある。『交隣須知』においては、「먹다」の対訳日本語として「ノム」「クウ」「タベル」の三種類を見出すことができる。「ノム」に「마시다」があてられている場合も無いことはないが、それよりも、「ノム」に「먹다」をあてている場合が多い。例えば、明治14年本『交隣須知』には、「ノム」という語が、22例ほど見られるが、このうち「마시다」が用いられている例文は、2例のみであり、残りの20例は「먹다」が使われているのである。

・「마시다」が用いられている例文

飲　마시니 ᄆ장 싀훤ᄒ의　（京都大学本・巻三・喫貎）
　　ノンテキツウキミガヨイ

飲　마시니 ᄆ장 싀원ᄒ다　（ソウル大学本・巻二・喫貎）
　　ノンダニイカウキミヨイ

飲　마시니 ᄆ쟝 시원ᄒ다　（済州本・巻二・喫貎）
　　ノンタニイカウキミヨイ

飲　마시니 ᄆ장 시원ᄒ다　（明治14年本・巻二・喫貎）
　　ノンニイカウキミヨイ

飲　마시니 ᄆ장 시원ᄒ다　（明治16年本・巻二・喫貎）
　　ノンニイカウキミヨイ

飲　목 ᄆ를 쎄 큰 잔으로 술을 ᄒ 잔 마시엿더니 오장이 시원ᄒ다
　　咽の渇はく処へ大きな盃で酒を一杯のんだら腹の中がすーっとした。

　　　　　　　　　　　　　　　　　　　　（明治37年本・飲食）

　この例文の見出し語漢字は、まさに「飲む」であり、ここにあげた全ての資料が「마시다」を用いている。古語辞典で確認してみると、「마시다」はすでに15世紀に、その用例を発見することができる[37]。しかし、『交隣須知』においては、「ノム」に「먹다」をあてている例文が圧倒的に多いと言える。これに関するはっきりした理由を断定的に述べることは困難であるが、『交隣須知』

VI 『交隣須知』の日本語

が会話体で書かれていることや作者の言語意識（語彙を選択する際の意図）等と何らかの関係があると思われる。

さて、もう一例、次のような例があるのであげておく。

鐘　죵은 깁프고 술 먹기 거복ᄒ의　（京都大学本・巻三・盛器）
　　コツブハフコウテーノムニメントウニコサル

鐘　죵은 깁퍼 술 마시기 거복ᄒ외　（ソウル大学本・巻三・盛器）
　　コツブ゛ハフカウテ酒ヲアジヲウニメンドウニゴサル

鐘　죵은 깁허 술 마시기 거북허옵데　（明治14年本・巻三・盛器）
　　コツプハ深ウテ酒ノムニメンドウニゴザル

鐘　죵은 깁허 술 마시기 거북허옵데　（明治16年本・巻三・盛器）
　　コツプハ深ウテ酒ノムニメンドウニゴザル

鐘　찻죵은 깁허셔 술 마시기가 거북ᄒ데　（明治37年本・器皿）
　　茶飲み茶碗は深くて酒はのみにくい

　ここにあげた例文を見ると、ソウル大学本では、「마시기」に「アジヲウニ」という日本語をあてている。また、「コツブ・コツブ゛・コツプ」のように半濁音表記の方法が三種類あるのも注目に値する。
　以上２例は、日本語「ノム」に、韓国語「마시다」があててある例であるが、前述のように、これ以外の「ノム」には「먹다」が用いられているのである。
　さて、次に、若干注意を要すると思われる例文をあげておく。

酡酪　타락을 년ᄒ여 먹으면 귀운을 보ᄒ옵ᄂ
　　ウシノチヲツヽイテクエハ気分ヲヲキナイマスル
　　　　　　　　　　　　　　　　（京都大学本・巻三・飲食）

酡酪　타락을 년ᄒ여 먹으면 과운을 보ᄒ옵ᄂᄂ
　　ヒツジノ血ヲツヽイテ呑メハキブンヲ補ヒマスル
　　　　　　　　　　　　　　　　（ソウル大学本・巻三・飲食）

酡酪　타락을 년ᄒ여 먹으면 귀운을 보ᄒ옵ᄂᄂ
　　ヒツジノ血ヲツヅイテ呑メハキブン補イマスル　（済州本・巻三・飲食）

185

酡酪　타락을 년ᄒᆞ야 먹으면 긔운을 보허옵ᄂᆞ니
　　　牛酪ヲツヅイテノメバ気分ヲ補ヒマス（明治14年本・巻三・飲食）
酡酪　타락을 년ᄒᆞ야 먹으면 긔운을 보허옵ᄂᆞ니
　　　牛酪ヲツヅイテノメバ気分ヲ補ヒマス（明治16年本・巻三・飲食）
酡酪　타락은 오러 먹으면 긔운을 보호다 ᄒᆞ오
　　　牛酪は永い間だへますと勢がつくそうです。（明治37年本・飲食）

　この例文を見ると、京都大学本は「먹으면」に「クエハ」という日本語をあてており、ソウル大学本、済州本、明治14・16年本では「呑メハ、ノメバ」としている。また、明治37年本においては「먹으면」に対する日本語訳が見られない。あるいは、明治37年本の濁点表記に少し問題があること[38]を考え合わせると「永い間だへますと」は、「永い間たべますと」であると思われる。
　京都大学本の対訳日本語を見ると「ウシノチ（乳）ヲクフ」は、やはり少し「変」であり、「ノム」とするのが正しいと思われる。しかし、明治37年本の例文においては、「牛酪」を「バター」であると考えると、「たべますと」が正しいと言えるだろう。
　いずれにしろ、韓国語の「먹다」に、「食べる・食う・飲む」といった意味の広がりがあるために生じた問題であると言えよう。
　もっとも、日本語の「いただく・あがる」、または、古語の「たぶ（賜）」にも「食べる」と「飲む」の両方の意味があったと思われる。
　さて、次に「見る」と「逢う」について見ていくことにする。

3．「見る」と「逢う」
　見出し語漢字「参星」を見ると、次のようにある。

参星　舎셩과 샹셩은 서로 보지 못ᄒᆞᄂᆞ 별이오니
　　　参星ト商星ハタガヒニミヌ星テゴザル（京都大学本・巻一・天文）

参星　舎셩과 샹셩은 서로 보지 못ᄒᆞᄂᆞ 별이로쇠
　　　参星ト商星ハ互いニ逢ヱヌ星テコサル　（アストン本・巻一・天文）

参星　舍성과 샹성은 서로 보지 못ᄒᆞᄂᆞᆫ 별이라 하옵늬
　　　参星ト商星ハ互ニミヤハヌホシジヤト申マル（白水本・巻一・天文）
参星　舍성과 샹성은 서로 보지 못허는 별이라 허오
　　　参星ト商星ハ互ヒニ見合ヌ星ジヤト云ヒマス
　　　　　　　　　　　　　　　　　　　　　（明治14年本・巻一・天文）
参星　舍성과 샹성은 서로 보지 못허는 별이라 허오
　　　参星ト商星ハ互ヒニ見合ヌ星ジヤト云ヒマス
　　　　　　　　　　　　　　　　　　　　　（明治16年本・巻一・天文）
参星　舍성과 샹성은 서로 보지 못ᄒᆞᄂᆞᆫ 별이라 ᄒᆞ오
　　　「参星」と「商星」とは互いに逢へないほしだそうです。
　　　　　　　　　　　　　　　　　　　　　　　（明治37年本・天文）

　以上であるが、これらの例文を見ると、「보지　못ᄒᆞᄂᆞᆫ　별」に次のような日本語が付されていることがわかる。

① 「ミヌ星」………（京都大学本）
② 「逢ユヌ星」……（アストン本）
③ 「ミヤハヌ星」…（白水本）
④ 「見合ヌ星」……（明治14年本・明治16年本）
⑤ 「逢へないほし」…（明治37年本）

　これらを見ると、①〜⑤の対訳日本語のうち①「ミヌ星」は、やはり、少し「変」な日本語であると言えるだろう。濱田敦(1970)にもあるよう、①の例は「タガヒニアハヌ」とあるべきところが、「ミヌ」となっているもので、その理由としては、韓国語の「보다」の方が、日本語「見る」よりも、意味場が広いことをあげることができると思われる。尚、このような誤用例は、韓国語を母語とする日本語学習者においては、現代においても、しばしば見られるものである。
　また、明治37年本においては「逢へない」としており、他に比して日本語が新しくなっている点にも注目すべきであろう。

　さて、次に「こえ」と「おと」について見ていくことにする。

4.「こえ」と「おと」

「こえ」と「おと」については、すでに指摘したことがある（齊藤明美、1995b、pp.709-710）が、ここでは、日本語の「コエ」と「オト」を表わす韓国語が「소리」一語であるところから生ずる言語干渉の問題について述べていく。

問題となる例文には、次のようなものがある。

琵　ビワノヲトハモノサヒシイ（京都大学本・巻三・風物）
　　　　（소리）
琵　ビハノヲトハモノサビシイ（沈寿官本（天保本）・巻三・風物）
　　　　（소리）
琵　ビワノ音ハサビシイ（ソウル大学本・巻三・風物）
　　　　（소리）
琵　ビワノ音ハサビシイ（済州本・中村本・巻三・風物）
　　　　（소리）
琵　琵琶ノ音ハサビシイ（明治14年本・巻三・風物）
　　　　（소리）
琵　琵琶ノ音ハサビシイ（明治16年本・巻三・風物）
　　　　（소리）
琵琶　琵琶の音はさみしい（明治37年本・風楽）
　　　　（소리）

この例文を見ると、ここに掲げた資料には、「ヲト・音」とあり、「コエ」とある例は無いようである。また、次のような例も見られる。

洞簫　ヨコフヘノコエハモトモノアワレナユエソコクノハ千ノ子弟其声ヲキ
　　　　　　（소리）　　　　　　　　　　　　　　　　　　　　（소리）
　　　イテチリヂリニナツタト申マスル（京都大学本・巻三・風物）
洞簫　シヨウノフエ音ハモトモノアワレナユヘ楚国ノハ千ノ弟ガソノヲトヲ
　　　　　　（소리）　　　　　　　　　　　　　　　　　　　　（소리）
　　　キイテチリミミニナツタト申マスル（沈寿官本・天保本・巻三・風物）

188

Ⅵ 『交隣須知』の日本語

洞簫　ヨコブヱノ音ハ本モノアワレナユエ楚国ノ八千ノ子弟其声ヲキイテチ
　　　　　　（소릐）　　　　　　　　　　　　　　　（소릐）
　　　リヂリニナツタト申マスル（ソウル大学本・巻三・風物）

洞簫　ヨコブヱノ音ハ本モノアハレナユエ楚国ノ八千ノ子弟其声ヲキイテチ
　　　　　　（소릐）　　　　　　　　　　　　　　　（소릐）
　　　リミミニナツタト申マスル（済州本・巻三・風物）

洞簫　ヨコフエノ子ハ本ハノアハレナユヱ楚国ノ八千ノ子弟ガ其声ヲキイテ
　　　　　　（소릐）　　　　　　　　　　　　　　　（소릐）
　　　チリミミニナツタト申マスル　　（中村本・巻三・風物）

洞簫　洞簫ノ音ハ本トモノアハレナユヱ楚国ノ八千ノ弟子が其声ヲキイテチ
　　　　　（소리）　　　　　　　　　　　　　　　　（소리）
　　　リヂリニナツタト云ヒマス（明治14年本・明治16年本・巻三・風物）

洞簫　洞簫の音は一体あはれなものだから楚の国の八千人の子弟がこの音を
　　　　　（소리）　　　　　　　　　　　　　　　　　　　　（소리）
　　　きいて散じてしまつたといふことでございます。(明治37年本・風楽)

　この例文を見ると、京都大学本には「コヱ・声」、沈寿官本の天保本には「音・ヲト」、ソウル大学本、済州本には「音・声」、中村本には「子・声」、明治37年本には「音・音」とあることがわかる。最初の「소리(릐)」には、「コヱ・音・子」、二番めの「소리(릐)」には「声・ヲト・声・音」と資料によって、さまざまな表記がなされているのである。
　これも、やはり韓国語の「소리(릐)」に「音・声・子」等の広い意味がある（意味場が広い）ことが原因となって生じたものであると思われる。
　さて、次に見出し語「笛・茄・口笛・琴・芏・鐘・鼓」を加えて一覧表を作成してみると、次のようになる。尚、これらの例文は、京都大学本、沈寿官本（天保本）、ソウル大学本、済州本、中村本、明治14年本、明治16年本においては、巻三の「風物」門にあり、明治37年本においては、「風楽」門に見られるものである。

「声」と「音」に関する『交隣須知』諸本対照表

京都大学本（天保本）	済州本・ソウル大学本	中村本	明治14年本・明治16年本
琵　ビワノヲト（ヲト）	ビワノ音	ビワノ音	琵琶ノ音
洞簫　ヨコフヘノコエ（ショウノフエノ音）	ヨコブエノ音	ヨコブエノ子	洞簫ノ音
笛　フエノコエ（音）	フエノ音	フエノ子	ヨコーノ音
茄　シバブエノヲト（ヲト）	胡茄ノ声	胡茄ノ声	胡弓シバブエノ音
口笛　フエノコエ（音）	笛ノ音	笛ノ音	フエノ音
胡弓　コキウノヲト（ヲト）	コキウノ音	コキウノ音	コキウノ音
笙　声各ニデテ（声）	音ガメイメイ出テ	音ガメイメイ出テ	音ガオノオノデ
鐘　ツリガエノコエ（ヲト）	釣鐘ノ音	釣鐘ノ音	ツリガ子ノ音
鼓　コエガツヨフデマスル（音）	音ガイカウタカイ	音ガイカウタカイ	音ガヒドク出マス

（巻三・風物）

※尚、ここでは古写本系『交隣須知』に属すると思われる京都大学本と沈寿官本（天保本）の文例を同じ欄に示し、済州本とソウル大学本、明治14年本と明治16年本においても例文が等しいので各々同じ欄に記すことにした。

　この表を見ると、京都大学本においては、ここにあげた9例のうち、6例を「コエ」、または「声」としていることがわかる。しかし、同じ古写本系『交隣須知』であっても、沈寿官本（天保本）では、「笙」1例を除く残りの8例が「ヲト」または「音」となっている。そして、明治14年本、明治16年本『交隣須知』においては、9例全てが「音」に統一されていることがわかる。また、増補本系『交隣須知』に属するソウル大学本と済州本においては、9例中8例が「音」となっているが、中村本『交隣須知』のみが少し異なっているようである。中村本『交隣須知』には、「音」、「声」の他に他の諸本には見られない「子」も使用されているのである。

　このような結果を見ると、写本諸本においては資料が残されていた地域とか、古写本系、増補本系といった分類による諸本の性格、資料が作成された時期よりも、各々の資料の書写者によって、対訳日本語の語彙が選択されたと考える方がより自然であるように思われる。そして、それが各資料における個性となっているかのようにも感じられるのである。

　このように考えれば、同じ苗代川地方に残されていた古写本系『交隣須知』である京都大学本と沈寿官本（天保本）との間に異なった対訳日本語が付されていても納得ができるのである。このことはまた、ソウル大学本、済州本、中

村本に見られる日本語の語彙においても同様であるだろう。三資料とも増補本系『交隣須知』に属し、書写された時期にもそれほど大きな差は見られないが、用いられている語彙に違いがあるのである。しかし、明治14年本、明治16年本の刊本になると韓国語も新しくなり（「소릭」→「소리」）、対訳日本語も「音」一語に統一されることになる。

　さて、今ここで一覧表にした見出し語は、すべて楽器に関するものであったが、『交隣須知』には、次のような例も見られる。

蛩　ハタヲリムシノコヱハヲカシフコサル（京都大学本・巻二・昆虫）
　　　　　　　　（소릭）
蛩　ハタヲリ虫ハ音カヲカシウゴサル（ソウル大学本・巻二・昆虫）
　　　　　　　（소릭）
蛩　ハタヲリ虫ノ声ハヲカシウゴサル（済州本・巻二・昆虫）
　　　　　　　（소릭）
蛩　ハタオリ虫ノ声ハヲカシウゴザル（明治14年本・巻二・昆虫）
　　　　　　　（소리）
蛩　ハタオリ虫ノ声ハヲカシウゴザル（明治16年本・巻二・昆虫）
　　　　　　　（소리）
蛩　機織り虫の鳴き声は可笑しうございます。（明治37年本・巻二・昆虫）
　　　　　　　　（소리）

　ここにあげた例文を見ると、ソウル大学本だけが「音」となっており、あとは「コヱ、声、声」とある。また、明治37年本には「鳴き声」とあるが、この例文は「虫の声」であるから、やはり「コヱ・声・声・鳴き声」とするのが正しく、「音」を用いるのは不自然であるだろう。しかし、ソウル大学本において「音」を用いた理由としては、前にも述べたが、韓国語の「소릭(리)」の意味が、「音」も「声」も表わし得るということをあげることができる。

　ところで、濱田敦（1970）は、「フエノコヱガサヘテトフクユキマスル」という京都大学本の例をあげて、次のように述べている（pp.124-125）。

　「フエノコヱ」もやはり、日本語では、「こえ」「おと」の二語で区別する

191

習慣のある二つの概念を、朝鮮語では一語で表すという両言語のくい違いにもとづく直訳、乃至誤訳であろうと思われる。もっともこの場合は、日本語でも、時代により、また方言でも、差異があるはずで、「笛」については、古代語でならば、正しくは「ね」であったかも知れない。また漢字「音」、「声」が、やはり「おと・こえ」(更には「ね」)いずれにも「よみ」得るところからも日本語において「おと」「こえ」の使い分けにおける混乱が生じたという事情も考えられるかも知れない。

　これによると、日本語において「おと」と「こえ」の使い分けにおける混乱が生じた可能性も考えられるので、断定することは避けなければならないが、ここでとりあげた例文を見た限りでは、資料ごとに用いられている語に偏りがあり、京都大学本で「コヱ」とした用例の多くは、沈寿官本(天保本)では「ヲト・音」となり、さらに何本かの増補本では使用している語彙に「揺れ」が見られ、明治の刊本に至って全て「音」へと統一されていったことがわかる。

　本章では、『交隣須知』に見られる語彙のうち、韓国語の干渉による日本語の誤用例と思われる語について考えてみた。
　ここでとりあげた語彙は、「とまる」と「すわる」、「くう」と「のむ」、「みる」と「あう」、「こえ」と「おと」であり、韓国語の「앉다」、「먹다」、「보다」、「소리」にあたる。いずれも、日本語においては各々何種類かに使い分ける必要がある語であるのにもかかわらず、韓国語では日本語よりも広い意味を持つ(意味場が広い)為に一語で済ますことができるものばかりである。もしも、誤用の原因の一つとして韓国語の앉다の意味場が日本語より広く、その為に日本語を選択する際に、語を選び間違えてしまうということがあげられるとすれば、この資料の対訳日本語を付した人は、日本語の意味を正しく区別する能力に欠けていた人であった可能性があるとも考えられる。
　しかし、ここであげた誤用例が見られる『交隣須知』には偏りがあり、その多くは京都大学本『交隣須知』の例文においてであった。他の資料にも全く無いとは言えないが、京都大学本における誤用例が他よりも多いのは確かなようである。

VI 『交隣須知』の日本語

『交隣須知』を言語資料として用いる際に基本的かつ本質的な問題として、まずあげられるのは、「『交隣須知』の韓国語と対訳日本語の性格（濱田敦、1970、p.131）」であると思われるが、今、誤用であると思われる語彙の使用状況から、京都大学本『交隣須知』の対訳日本語の性格について考えてみると、すでに濱田敦（1970）にも指摘されてはいるが（p.132）、次のように言うことができる。

> 京都大学本『交隣須知』に見られる対訳日本語は、薩摩苗代川という特別な地域で付された可能性があるとも考えられる。つまり、韓国からの移住者の子孫によって書き伝えられたために、その日本語には他の資料に比して多くの韓国語による干渉であると思われるような誤用例が見られるのである。

もちろん、対訳日本語のすべてを苗代川で書いたのかどうかは、はっきりしない。すでに対馬において対訳日本語が付けられた『交隣須知』が苗代川に運ばれた可能性も高いと思われる。しかし、苗代川地域に伝えられた京都大学本『交隣須知』の対訳日本語に韓国語からの干渉と思しきものが見えるという事実を否むことはできないであろう。

4．言語の地域性

　『交隣須知』の日本語の特徴を問題にする場合、「日本語の地域性」の問題を抜きにしては考えられない。この点に関する先行研究としては、李康民（1990、1998）、迫野虔徳（1989）、藤井茂利（1989）等があるが、ここではまず、『交隣須知』の古写本系資料（京都大学本）、増補本系資料（巻一…アストン本・白水本、巻二、三、四…ソウル大学本）、明治刊本（明治14年本）に見られる九州方言について、迫野虔徳（1989）をもとにして調査していく。そして、次に同様の資料群を対象として対馬方言の使用状況について検討していくことにする。

　なお、『交隣須知』の文法については、「2．文法」で二段動詞の一段化、ハ行四段動詞の音便形、形容詞連用形の原形と音便形、打消の助動詞、指定の助動詞「する」の命令形、カ行変格動詞の命令形、形容動詞について述べたが、ここでは、九州方言と特にかかわりがあると思われる、二段動詞の一段化（「2．文法」の項目で概要のみを述べたので、ここでは具体的に用例を提示していく。）「見る」の命令形、形容詞のカリ活用について言及する。

　このような作業を通して、『交隣須知』の日本語の地域性に関する何らかの特徴が認められる可能性が期待できると思われたからである。
　『交隣須知』が、対馬の通詞と深い関係にあったことや、京都大学本が薩摩苗代川に伝わる資料であること等を考え合わせれば、「交隣須知の言語は九州方言であるのか」と疑ってみる価値は充分にあると思われる。そこでまず初めに『交隣須知』に見られる九州方言についてみていくことにする。

1．『交隣須知』に見られる九州方言

　ここでは、迫野虔徳（1989）が、京都大学本に見られる九州方言的な日本語としてあげた語彙が、増補本系資料、明治14年本にどの位見られるのかを調査し、一覧表にしてみた。

Ⅵ 『交隣須知』の日本語

『交隣須知』に見られる九州方言

京都大学本	アストン本 (巻一)	白水本 (巻一)	ソウル大学本 (巻二・三・四)	明治14年本 (巻一・二・三・四)
①アセガル (焦、巻四、4)			アセガラシウ	アセガル
②アマダイリョウ (香娘、巻二、18)			アマダイリヤウ	
③イゲボタン (出壇花、巻二、39)				
④イタミ (薬、巻二、42)				
⑤イドラ (荊、巻二、37)			イバラ	イバラ
⑥イヤ (胞衣、巻三、66ウ)			イヤ	エナ
⑦ウチカタ (兄嫂、巻一、43ウ)				
⑧ウルシゴメ (粳、巻二、21)			ウルショ子	ウルショ子
⑨エグル (土卵、巻二、24)				
⑩ヱコ (水荏、巻二、21ウ)			ヱコ	ヱコ
⑪ヲコブリ (噫、巻三、66ウ)			ヲコホリ	ヲコブリ
⑫カイゴ(桑、巻二、34ウ・54ウ)				
⑬カロフ (刈、巻二、28ウ)			カリテ	カリテ
⑭シワブル (核、巻二、22ウ)			スワブツテ	スワブツテ
⑮スアリ (蟻、巻二、19ウ)			アリ	
⑯スイバリ(爪、巻一、53・巻四、2、5ウ)	スイバリ	スイバリ	(巻四、2) スイバリ	(巻四、2) スイバリ

195

京都大学本	アストン本（巻一）	白水本（巻一）	ソウル大学本（巻二・三・四）	明治14年本（巻一・二・三・四）
⑰チヨウツジ（脳、巻一、47）	テウツシ	テウツシ		
⑱ナバ（菌、巻二、25）			ナバ	ナバ
⑲ネバシ（繭、巻二、57）			ヤマヽイ	
⑳ハエコチカゼ（東南風、巻一、2）	ハヘコチ	ハヱコチ		
㉑ハナノス（鼻孔、巻一、49）	ハナノス	ハナノス		
㉒ハワク（翼、巻二、5、19・巻三、12ウ）				ハワク（巻三）
㉓ビシャゴ（鞦韆、巻三、30）			ビシャゴ	
㉔ヒムシ（燥症、巻三、66ウ）			ヒムシ	
㉕フセ（弊、巻四、34ウ）			フセ	フセ
㉖ヨソワシイ（苟且、巻四、42ウ）				
㉗ヨマ（錐、巻三、16）			ヨマ	ヨマ
㉘ワク（松、巻二、33ウ、36・巻四、41ウ）			ワク（巻二、松）	ワク（巻二、松）

「ソウル大学本と明治14年本に見られる九州方言」

○ソウル大学本

①アセガル　　　　福岡、長崎、熊本（全国方言辞典）

②アマダイリヤウ　対馬（デエロ、デエリョー）（日本言語地図）

③イヤ　　　　　　下の語（日葡辞書）

④ウルショ子　　　ウルシは東海地方と九州北半で用いる（日本言語地図）

⑤ヱコ　　　　　　下の語（日葡辞書）

⑥カロウ　　　　　下の語（日葡辞書）

⑦スイバリ　　　　中国地方西部から福岡県東部、大分県、宮崎県北部、佐賀、長崎北部、壱岐、対島（日本言語地図）

⑧テウツシ　　　　対馬（日本言語地図）
⑨ナバ　　　　　　下の語（日葡辞書）
⑩ビシヤゴ　　　　高知、対馬（全国方言辞典）
⑪ヒムシ　　　　　壱岐（全国方言辞典）
⑫クセ　　　　　　下の語（日葡辞書）
⑬ヨマ　　　　　　下の語（日葡辞書）
⑭ワク　　　　　　下の語（日葡辞書）

以上の語彙を見ると九州北部、対馬、壱岐の語が多く見られることがわかる。

○明治14年本
①アセガル　　　　福岡、長崎、熊本（全国方言辞典）
②ウルシヨ子　　　ウルシは東海地方と九州北半（日本言語地図）
③ヲコブリ　　　　浜荻（久留米）、福岡、佐賀県、壱岐島（おこぶり）、対馬、熊本県（おこぼれ）、長崎
④カロフ　　　　　下の語（日葡辞書）
⑤スイバリ　　　　中国地方西部から福岡県東部、大分県、宮崎県北部、佐賀・長崎北部、壱岐、対馬（日本言語地図）
⑥ナバ　　　　　　下の語（日葡辞書）
⑦ハワク　　　　　九州（筑紫方言）、筑後久留米（はまおぎ）、山形県村山地方、九州（全国方言地図）
⑧ヨマ　　　　　　下の語（日葡辞書）
⑨ワク　　　　　　下の語（日葡辞書）

以上の語彙の中にも、対馬、壱岐の語が含まれていることがわかる。
（※尚、日葡辞書の「下の語」は九州方言、「上の語」は近畿方言を指す。）

九州方言に属する語彙と『交隣須知』との関連については、濱田敦（1966b, p.31）にも「少なくとも、語彙に関する限りでは九州方言に属すべきものと考えられる語の使用が目立つことはたしかである」とあるが、ここにあげた一覧表を見ても、どの資料にも九州方言的な日本語が用いられていることがわ

かる。しかし、その使用状況は資料によって異なっている。

　ソウル大学本で「香娘アマダイリヤウ」とある語を明治14年本では「百足オサムシ」としていたり、「イヤ」を「エナ」に変えていたり、「ビシヤゴ」を「ブラコ」に変えていたりする。これらは今後、詳細な検討を必要とするところであるが、ソウル大学本で用いていた方言を修正した語であるとも考えられる。これに対して、「ヲコブリ」「ハワク」のようにソウル大学本では用いられていないのに明治14年本に九州方言がそのまま使用されている例や「ウルシ」「カリテ」「スイバリ」「ナバ」「フセ」「ヨマ」「ワク」のように両本に共通して見られる九州方言もある。巻一に関しては、アストン本と白水本に「スイバリ」「テウツシ（対馬、日本言語地図）」「ハエコチ（下の語「日葡辞書」）」「ハナノス（下の語「日葡辞書」）」等が見られる。

　これ等の語を見ると、迫野虔徳（1989、p.429）が指摘しているように、『交隣須知』は「九州南部より、対馬などの九州北部との関連が深い」と言えそうである。

　そこで、次に対馬方言との関連について見ていくことにする。

2．『交隣須知』に見られる対馬方言

　ここでは、『明治14年版交隣須知本文及び総索引［索引篇］』（福島邦道・岡上登喜男編、1990、笠間索引叢刊96）の中で、「厳密な検討を加えたとは言いがたい」（p.6）としながらも「対馬方言」と記した語彙の使用状況について検討してみた。各資料に見られる例文は次のようである。

『交隣須知』に見られる対馬方言を用いた例文

①あなじ（西北風　서북풍）主に冬に吹き船を苦しめる悪い風
　　西北風　ニシアナジ風ガ吹ニヨリ船ノカエルニヨフゴサリマスル
　　　　　　　　　　　　　　　　　　　　　　（京都大学本・巻一・天文）
　　西北風　ニジアナシテコサル故舟ノカヘルニハヨウコサリマスル
　　　　　　　　　　　　　　　　　　　　　　（アストン本・巻一・天文）
　　西北風　アナジカ吹ニヨリ船ノ入テ往クニヨロシイ
　　　　　　　　　　　　　　　　　　　　　　（明治14年本・巻一・天文）

VI 『交隣須知』の日本語

②かつれる（飢える 주리다）
　　飢　カツレタイキニクウタニアジカツ子ナラヌ
　　　　　　　　　　　　　　　　　　　　（ソウル大学本・巻二・喫貌）
　　飢　カツヱタトキニクタニアヂガツ子ナラヌ（明治14年本・巻二・喫貌）

③かるう（担う 지다）背負う
　　卜縄　ニナワヲモツテイテヲヽセテコイ（京都大学本・巻三・鞍具）
　　卜縄　荷ヨマヲモツテイテアノ荷ヲカロウテコイ
　　　　　　　　　　　　　　　　　　　　（ソウル大学本・巻三・鞍具）
　　卜縄　荷ナハヲモツテ往テアノ荷ヲカルウテコヨ
　　　　　　　　　　　　　　　　　　　　（明治14年本・巻三・鞍具）

④くぼる（窪る 오목허다、고부다、곱다）窪る、曲がる
　　凹　此田クホイニヨリ……タマロウトゾンジマスル
　　　　　　　　　　　　　　　　　　　　（京都大学本・巻一・地理）
　　凹　此田ハクボツタニツキ水ガタマリソウニコサル
　　　　　　　　　　　　　　　　　　　　（アストン本・巻一・地理）
　　凹　此田ハクボツタニツキ水ガタマリサウニゴザル
　　　　　　　　　　　　　　　　　　　　（明治14年本・巻一・地理）

⑤けまずく（蹴躓く 젓다、것치다、거치다）
　　馬走　ムマヲカケテケツマヅイテコケマシタ（京都大学本・巻二・走獣）
　　馬走　馬ガカケツテケマヅイテコケマシタ（ソウル大学本・巻二・走獣）
　　馬走　馬ガカケツテケツマヅイテウツムケニコケマシタ
　　　　　　　　　　　　　　　　　　　　（明治14年本・巻二・走獣）

⑥す（孔 구멍）穴
　　鼻孔　ハナノスノケヲ……（京都大学本・巻一・頭部）
　　鼻孔　ハナノスノ毛ヲヌカシヤレマセイ（ソウル大学本・巻一・頭部）
　　鼻孔　ハナノスノ毛ヲヌカレヨ（明治14年本・巻一・頭部）

⑦すわぶる（吸わぶる 섈다）しやぶる
　　咂　クチナメズリシテクウニアジカマシマスル（京都大学本・巻三・味臭）
　　咂　ロヲシバブツテクタニ味ガマサリマスル（ソウル大学本・巻二・味臭）
　　咂　ロデスハブリテタベヨ（明治14年本・巻二・味臭）

⑧せからしい（과롭다）いける・面倒
　　苦　ニガウテ……（京都大学本・巻三・味臭）
　　苦　ニガウテセカラシイ（ソウル大学本・巻二・味臭）
　　苦　ニガウテイケナイ（明治14年本・巻二・味臭）
　　瓶　トクリニイレタサケハノコリノ――ガシレンニヨリタイクツシマス
　　　　　　　　　　　　　　　　　　　　　（京都大学本・巻三・盛器）
　　瓶　トクリニイツタ酒ハアマリノ多少ヲ知ライデセカラシウ
　　　　　　　　　　　　　　　　　　　　　（ソウル大学本・巻三・盛器）
　　瓶　トクリニ入タ酒ハアマツタ多少ヲ知ライデメンドウニゴザル
　　　　　　　　　　　　　　　　　　　　　（明治14年本・巻三・盛器）

⑨せりせり（密々 쎅쎅이）(人・物などが）ぎっしりである。びっしりである。
　　密々　セリツメタツテイテイツテユクスキガコサリマセヌ
　　　　　　　　　　　　　　　　　　　　　（京都大学本・巻四・逍遥）
　　密々　セリツメタツタニヨリ入テユクスキガナイ
　　　　　　　　　　　　　　　　　　　　　（ソウル大学本・巻四・逍遥）
　　密々　セリ　シテ立タニヨリ入テユクスキガナイ
　　　　　　　　　　　　　　　　　　　　　（明治14年本・巻四・逍遥）

⑩たしなむ（嗜む 곰추다）大切にしまっておく。
　　餘　アマリノシナハカクシテヲケイ（京都大学本・巻四・太多）
　　餘　アマリノシナハワレタシナンテヲケ（ソウル大学本・巻四・太多）
　　餘　アマリノシナハタシナンデオケ（明治14年本・巻四・太多）

⑪とりあどめる（取りあどめる 츨이다）整える
　　冥々　クニクシテセイシンヲトリアドメラレヌ

VI 『交隣須知』の日本語

(京都大学本・巻四・逍遥)
冥々　クラミラトアルニツキ精神トリアツメヱヌ
(ソウル大学本・巻四・逍遥)
冥々　冥々トスルニツキ精神ヲトリアドメエヌ
(明治14年本・巻四・逍遥)

⑫とりまどめる（取り纏める）望ましい状態になるように物事を処理する。思い通りに動かす。
　疲　クタヒレテシシヲウゴカス⺅ナリマセン（京都大学本・巻二・疾病)
　疲　クタヒレテ手足ヲトリマトメヱマセヌ（ソウル大学本・巻二・疾病)
　疲　クタビレテ手足ヲトリマドメエマセヌ（明治14年本・巻二・疾病)

⑬なば（茸 버섯）きのこ
　菌　ナバハキニモシヨフジチニモデマスル（京都大学本・巻二・蔬菜)
　菌　ナバハ木ニモサキ地ニモ出マスル（ソウル大学本・巻二・蔬菜)
　菌　ナバハ木ニモデヽ地ニモ出マス（明治14年本・巻二・蔬菜)

⑭はこ（箱 샹ᄌ）
　箱子　ハコニイツタ箱子ダセイキヨウ（京都大学本・巻三・織器)
　箱子　コリニハ女ノツカウモノヲ入レルト云ウ（ソウル大学本・巻三・織器)
　箱子　ハコハ女ノ日用ノ衣ヲ入レルモノデアル（明治14年本・巻三・織器)

⑮はざみ（狹見 여어보고）覗き見
　窺　ノソイテミテヒトノヒソカニスル⺅ヲシルハシヨフシナキヨウセキテコサル　　　　　　　　　　　　　　　　（京都大学本・巻三・視聴)
　窺　ハザミシテ人ノスル⺅ヲヒソカニシルノハキノドクナカウセキデコサル
　　　　　　　　　　　　　　　　　（ソウル大学本・巻三・視聴)
　窺　ノゾキ見シテ人ノスル人ノスル⺅ヲヒソカニシルノハヨカラヌ行跡デゴザル　　　　　　　　　　　　　　　（明治14年本・巻三・視聴)

⑯はしかい（脆い 미우하다）もろい
　刃　ヤイバガハシカケレハヲレテツカワレヌ（京都大学本・巻三・武備)

201

刃　ヤイバガハシカイユヱコボレテツカワレヌ
　　　　　　　　　　　　　　　　　（ソウル大学本・巻三・武備）
　　刃　刃ガハシカイユヘコボレテツカハレマセヌ
　　　　　　　　　　　　　　　　　（明治14年本・巻三・武備）

⑰はずむ（弾む 호슨다）晴れ姿をする。めかす。
　　蠟油　蠟油ヲツケテハヅンダ（京都大学本・巻三・女飾）
　　蠟油　ビンツケヲツケテハヅンダ（ソウル大学本・巻三・女飾）
　　蠟油　ビンツケヲカミニヌリテハヅム（明治14年本・巻三・女飾）

⑱ふせる（伏せる 깁다）衣頼を補修する。
　　弊　ヤブレタモノヲフセアテサシヤレイ（京都大学本・巻四・雑語）
　　弊　ヤブレタモノハフセサシヤレイ（ソウル大学本・巻四・雑語）
　　弊　ヤブレタモノヲフセサシヤレイ（明治14年本・巻四・雑語）

⑲ふとる（太る 쿠랏다）成長する。大きくなる。
　　筍　タケノコハハヤクフトリマス（京都大学本・巻二・蔬菜）
　　筍　タケコハ早クフトツテユク（ソウル大学本・巻二・蔬菜）
　　筍　竹ノ子ハ早クフトル（明治14年本・巻二・蔬菜）

⑳ぼうちゃく（妄侫 망녕）老いぼれてぼけること。
　　妄　ボウチャクラシウイウナ（京都大学本・巻四・言語）
　　妄　ボウチャクト云テモトシヨリノ言ニツキステラレマセヌ
　　　　　　　　　　　　　　　　　（ソウル大学本・巻四・言語）
　　妄　ボーチャクノヤウニアレドモ年ヨリノハナシニツキキクヨリ外ハナイ
　　　　　　　　　　　　　　　　　（明治14年本・巻四・言語）

㉑ほさ（覡 박슈、京 화랑이）祈禱師。男のみこ。
　　覡　ホサヲミサシヤレタカ（アストン本・巻一・人品）
　　覡　ホサヲ見サシヤレタカ（白水本・巻一・人品）
　　覡　ホサヲミラレタカ（明治14年本・巻一・人品）

㉒やまし（山師　허션알）ものを誇大に言うこと。
　　虚言　ヤマシラシイ⁷ヲ云ハシヤルナ（ソウル大学本・巻四・言語）
　　虚言　ヤマシラシイ言ヲ云ハシヤルナ（明治14年本・巻四・言語）

㉓よま（細紐　녹신）書簡などをくくる麻の細紐。
　　錐　キリテアナアケテヨマヲトヲシテムスベ（京都大学本・巻三・鉄器）
　　錐　キリデトウシテヨマデツナイデムスベ（ソウル大学本・巻三・鉄器）
　　錐　キリデトホシテヨマデツナイデムスベ（明治14年本・巻三・鉄器）

『交隣須知』諸本に見られる対馬方言の使用状況

	京都大学本	アストン本	白水本	ソウル大学本	明治14年本
①あなじ	○	○			○
②かつれる				○	○
③かるう				○	○
④くぼる	○	○			○
⑤けまずく				○	
⑥す	○			○	○
⑦すわぶる					
⑧せからしい				○	
⑨せりせり					○
⑩たしなむ				○	
⑪とりあどめる	○				○
⑫とりまどめる					○
⑬なば	○			○	
⑭はこ	○				○
⑮はざみ				○	
⑯はしかい				○	
⑰はずむ	○			○	
⑱ふせる	○				
⑲ふとる	○			○	○
⑳ぼうちゃく	○			○	
㉑ほさ		○	○		○
㉒やまし				○	○

	京都大学本	アストン本	白水本	ソウル大学本	明治14年本
㉓よま	〇			〇	〇
計	11	3	1	15	19

　これを見ると、京都大学本より、ソウル大学本、明治14年本の方が多く見られるというように、資料によって用いられ方は異なっているものの、どの資料にも対馬方言と思われる語彙の使用が認められることがわかる。
　さて、次に二段動詞の一段化についてみていくことにする。

3．二段動詞の一段化

　二段動詞の一段化については、迫野虔徳（1989）、李康民（1998）にも、すでに指摘のあるところであるが、九州方言では、現在でも二段活用の残存現象があると言われている。
　しかし、『交隣須知』においては、少なからず一段化した例文が見える。
　迫野虔徳（1989、p.432）は、「全体的に京大本交隣須知の一段化の傾向はきわやかである」とし、李康民（1998、p.123）は、「本書（アストン本交隣須知）では、三音節語の場合は、大部分一段化しており、四、五、六音節語は一段活用と二段活用が並存している様相が見える。（筆者日本語訳）」としている。
　そこで、ここでは二段活用の一段化についての一覧表を作成し、次に示すことにする。

二段動詞の一段化について

	一段活用形	二段活用形
①あふれる（溢れる）		明治14年本・明治16年本
②おちる（落ちる）	ソウル大学本・明治14年本	京都大学本
③おりる（下りる）	ソウル大学本・明治14年本	
④かける（掛ける）		ソウル大学本・明治14年本
⑤くずれる（崩れる）		明治14年本
⑥くらべる（比べる）		明治14年本
⑦くれる（呉れる）	小田本・ソウル大学本・明治14年本	明治14年本
⑧こしらえる（拵える）	ソウル大学本・明治14年本	ソウル大学本・済州本・明治14年本
⑨こたえる（堪える）	中村本	ソウル大学本・明治14年本

VI 『交隣須知』の日本語

	一段活用形	二段活用形
⑩さかえる（栄える）	ソウル大学本・明治14年本	
⑪さだめる（定める）	京都大学本	京都大学本
⑫しびれる（痺れる）	明治14年本	
⑬しらげる（精げる）	明治14年本	
⑭しれる（知れる）	ソウル大学本・明治14年本	
⑮しわける（仕分ける）	小田本・明治14年本	
⑯すえる（据える）	ソウル大学本・明治14年本	
⑰すぎる（過ぎる）		ソウル大学本・明治14年本
⑱すぐれる（優れる）	京都大学本・ソウル大学本・明治14年本	明治14年本
⑲すてる（捨てる）	明治14年本	
⑳すべりおちる（滑り落ちる）	ソウル大学本・明治14年本	京都大学本
㉑せめる（責める）	明治14年本	
㉒そめる（染める）	ソウル大学本・明治14年本	
㉓たおれる（倒れる）	京都大学本	ソウル大学本・明治14年本
㉔たすける（助ける・輔ける）	ソウル大学本・明治14年本	ソウル大学本・明治14年本
㉕たずねる（尋ねる）		ソウル大学本・済州本
㉖たてる（立てる）	京都大学本・ソウル大学本・済州本・明治14年本	京都大学本・明治14年本
㉗ちがえる（違える）	ソウル大学本・明治14年本	
㉘つかえる（仕える）	明治14年本	
㉙つける（漬ける）	明治14年本	
㉚つとめる（努める・務める）	明治14年本	明治14年本
㉛でる（出る）	京都大学本・ソウル大学本・明治14年本	
㉜とがめる（咎める）	ソウル大学本	小田本・明治14年本
㉝とける（解ける・溶ける）	ソウル大学本・明治14年本	
㉞とめる（止める）	明治14年本	
㉟とらえる（捕える）	京都大学本・済州本・ソウル大学本・	
㊱ながれる（流れる）		ソウル大学本・明治14年本
㊲なでる（撫でる）	ソウル大学本・明治14年本	
㊳ぬける（抜ける）	明治14年本	
㊴ねる（寝る）	京都大学本・ソウル大学本・明治14年本	
㊵はじめる（始める）	ソウル大学本・済州本	
㊶はれる（晴れる）		明治14年本
㊷ほめる（褒める）	ソウル大学本・明治14年本	

	一段活用形	二段活用形
㊸ほれる（掘れる）	ソウル大学本・明治14年本	
㊹まぬかれる（免れる）	ソウル大学本・済州本・明治14年本	
㊺まみえる（見える）	明治14年本	
㊻みえる（見える）	京都大学本・小田本・ソウル大学本・明治14年本	小田本・ソウル大学本・明治14年本
㊼わかれる（別れる）	小田本・ソウル大学本・明治14年本	ソウル大学本・明治14年本

　上の表を『交隣須知』諸本ごとにまとめると次のようになる。（尚、小田本、中村本については用例数が少ないので、ここでは明治14年本、ソウル大学本、京都大学本についてまとめておくことにする。）

○明治14年本
一段活用形
デル（出る）ネル（寝る）オチル（落ちる）オリル（下りる）シレル（知れる）スエル（据える）ステル（捨てる）セメル（責める）ソメル（染める）ツケル（漬ける）トケル（溶ける）トメル（止める）ナデル（撫でる）ヌケル（抜ける）ホメル（褒める）ホレル（掘れる）マミエル（見える）サカエル（栄える）シビレル（痺れる）シラゲル（精げる）シワケル（仕分ける）チガエル（違える）ツカエル（仕える）マヌカレル（免れる）スベリオチル（滑り落ちる）

二段活用形
ハルル（晴るる）カクル（掛くる）スグル（過ぐる）アフルル（溢るる）クズルル（崩るる）クラブル（比ぶる）タオルル（倒るる）トガムル（咎むる）ナガルル（流るる）ハジムル（始むる）

一段活用形と二段活用形が併存している語
クレル（呉れる）タテル（立てる）ミエル（見える）コタエル（堪える）スグレル（優れる）タスケル（助ける・輔ける）ツトメル（努める・務める）ワカレル（別れる）コシラエル（拵える）

VI 『交隣須知』の日本語

○ソウル大学本
一段活用形
デル（出る）ネル（寝る）オチル（落ちる）オリル（下りる）クレル（呉れる）シレル（知れる）スエル（据える）ソメル（染める）タテル（立てる）トケル（解ける・溶ける）ナデル（撫でる）　ホメル（褒める）ホレル（掘れる）チガエル（違える）サカエル（栄える）スグレル（優れる）トガメル（咎める）トラエル（捕える）ハジメル（始める）マヌカレル（免れる）

二段活用形
カクル（掛くる）スグル（過ぐる）コタフル（堪ふる）タオルル（倒るる）タズヌル（尋ぬる）ナガルル（流るる）

一段活用形と二段活用形が並存している語
ミエル（見える）タスケル（助ける・輔ける）ワカレル（別れる）コシラエル（拵える）

○京都大学本
一段活用形
デル（出る）ネル（寝る）ミエル（見える）スグレル（優れる）タオレル（倒れる）トラエル（捕える）

二段活用形
オツル（落つる）スベリオツル（滑り落つる）

一段活用形と二段活用形が併存している語
タテル（立てる）サダメル（定める）

　以上であるが、これを見ると、二段動詞の一段化の傾向は著しく、ソウル大学本のような増補本系『交隣須知』と、明治14年本のような刊本との一段化現象は似かよっており、京都大学本に比べて一段化の傾向が強いと言えるようである。

207

しかし、三音節語であっても一段活用をしているものと二段活用をしているもの、または一段活用と二段活用の併存が見られるものもあり、ある一定の規則を見出すことはできないように思われる。

　しかも、かなり一段化が進んでいるという、この現象は、先に述べた九州方言の特色の一つに「二段活用の残存現象」があることと矛盾しているとも思われるが、対馬中央部では二段動詞の一段化が相当進んでいた（迫野虔徳、1989、p.435）ことを鑑みれば、『交隣須知』における二段動詞の一段化は、対馬方言と関連があるとも考えられよう。

　次に、「見る」の命令形についてみていくことにする。

4．「見る」の命令形

　『交隣須知』の日本語の地域性を考える上で問題となる事柄の一つとして「見る」の命令形がある。

　これについては、すでに李康民（1990）の指摘があるが、「見る」の命令形は、「見ろ」（関東地方）、「見い」（中国・近畿地方、熊本の一部地域）、「見れ・見ろ・見よ」（九州地方）といった区分がされているようである。

　『交隣須知』の「見る」の命令形について具体的に見ていくと、京都大学本『交隣須知』においては「見よ」または「見れい」の形をとっている。

漏　水ガモルニヨリワレタカミヨ　（京都大学本・巻一・水貌）

狗　イヌカホユルニヨリマドアケテミレイ　（京都大学本・巻三・走獣）

　しかし、同じ古写本系『交隣須知』であっても沈寿官本（天保本）には「見い」の例も見られるようである。

卜角羊　ニモツヲホトイテイツテヲルモノヲミナヒキアワセテミイ
　　　　　　　　　　　　　　　　　　　　　（天保本・巻三・鞍具）
一結　ヒトクミリダシテカケテミイ　（天保本・巻三・鞍具）

　また、増補本系『交隣須知』には、次のような例文がある。

208

VI 『交隣須知』の日本語

谷　方ゝ谷ニヲ尋テ見イ（アストン本・巻一・地理）
谷　方ゝ谷ニヲ尋テ見ラレイ（白水本・巻一・地理）
控　手ヲヒイテ一処ニヨセテミイ（ソウル大学本・巻四・手運）
曳　ヒキイダシテ見イ（ソウル大学本・巻三・車輪）
狗　犬ガ吠ルニヨリ窓アケテ見イ（済州本・巻二・走獣）
壁欐　フクロタナノ内ヲトクトミイ（ソウル大学本・巻二・宮宅）
珠簾　タマスタレヲアゲテミサシヤレイ（済州本・巻三・墓寺）

　以上の例文を見ると、「見イ」「見ラレイ」「ミサシヤレイ」等があることがわかる。
　これに対して、明治14年本『交隣須知』では、そのほとんどが「ミヨ」に統一されている。

燻臭　カミユクサイニヨリ見イ（ソウル大学本・巻二・味臭）
　　　　　　↓
燻臭　ヤケクサイニヨリ見ヨ（明治14年本・巻二・味臭）

煎臭　コゲクサイニヨリカツテヲ見イ（ソウル大学本・巻二・味臭）
　　　　　　↓
焦臭　コゲクサイニヨリ釜アケテ見ヨ（明治14年本・巻二・味臭）

　これらの例文を見ると、『交隣須知』の写本類には「見よ、見れい、見い、見られい、見さしやれい」等があり、明治の刊本に至って「見よ」に統一されていくことが明らかになったが、この結果のみをもとにして『交隣須知』の日本語の地域性について断定を下すのは困難であろうと思われる。

5．形容詞のカリ活用
　形容詞のカリ活用と九州方言とのかかわりについても、すでに李康民（1990）の指摘するところであるが、現在、九州方言は形容詞がカリ活用形のみをとる地域（佐賀・長崎）と、カリ活用とク活用を併用する地域（鹿児島・宮崎・熊本・福岡）とに分けられ、室町時代以来ク活用を用いた近畿方言に対

209

して、九州方言では、カリ活用優勢であったという。
　そこで、ここでは『交隣須知』に見られる形容詞のカリ活用の用例を具体的にあげていくことにする。

未安　　ヤスカラヌニヨリソノマヽヤメラレヨ　（明治14年本・巻四・雑語）
陋鹿　　キタイトコロニヒサシウスワリナサレテコヽロカヤスカリマセンヌ
　　　　　　　　　　　　　　　　　　　　　　（京都大学本・巻四・雑語）
聰　　　ソレホトニソウメイナギカヤスカリマセウカ
　　　　　　　　　　　　　　　　　　　　　　（アストン本・巻一・人品）
憂　　　心ヅカヒヲ得マシタレドモ何ノナガカリマセウカ
　　　　　　　　　　　　　　　　　　　　　　（明治14年本・巻四・心動）
鳥騮馬　アヲウマニ誰デモノレバヨカラウ　（明治14年本・巻二・走獣）

　以上であるが、「ヤスカリ、ナガカリ、ヨカリ」の三例が見られるが、九州方言の特徴であるとされる「ヨカ人」のような連体形に「カ」を伴った形は見られない。
　用例数もあまり多くなく、形容詞のカリ活用についても、日本語の地域性を決定する為の決め手となるとは言い難いようである。

6．カ行漢字音の拗音表記
　『交隣須知』の日本語の地域性を考える時、「カ行」漢字音の拗音表記も看過できない現象中の一つと言えよう（奥村三雄、1990、pp.116-117）。
　具体的に例をあげると、次のようなものがある。

○スイクワ（西瓜）
　西苽　　スイクワカシクシテウチカアコウゴサル（京都大学本・巻二・蔬菜）
　西苽　　スイクワガジクシテウチガアカウゴサル
　　　　　　　　　　　　　　　　　　　　　　（ソウル大学本・巻二・蔬菜）
　西苽　　スイクワガ熟シテウチガアカイ（明治14年本・巻二・蔬菜）

○ゴクワトウ（五花糖）
　五花糖　五花糖ハシロサトウデコシラエル（京都大学本・巻三・飲食）
　五花糖　ゴクワトウハ内ニゴマーツヅヽアル（ソウル大学本・巻三・飲食）
　五花糖　ゴクワトウハ内ニゴマーツヅヽアル（済州本・巻三・飲食）
　五花糖　五花糖ハ内ニ胡麻ガーツヅヽアル（明治14年本・巻三・飲食）

○コウクワイ（後悔）
　誤　アヤマツテコウクワイサシヤルナ（京都大学本・巻四・言語）
　誤　アヤマツテカウクワイナサルナ（ソウル大学本・巻四・言語）
　誤　アヤマツテカウクワイナサルナ（アストン本・巻四・言語）

○ケンクワ（喧嘩）
　鯨　クシラノケンクワハエヒシヤ（京都大学本・巻二・水族）
　鯨　クジラノケンクワニエビシヤ（ソウル大学本・巻二・水族）
　鯨　鯨ノケンクワニエビノ背ガヤブレタ（明治14年本・巻二・水族）

○ウクワツ（迂闊）
　迂闊　ウクワツナ人ヲタノンデ大ソンヲシダサレマセウ
　　　　　　　　　　　　　　　　　（小田本・巻四・雑語）
　迂闊　ウクワツナ人ヲタノンデ大ソンシタサレマセウ
　　　　　　　　　　　　　　　　　（ソウル大学本・巻四・雑語）
　迂闊　迂闊ニシテ人ノ情意ヲ全クシリマセヌ（明治14年本・巻四・雑語）

　以上であるが、「クワ」の残存現象は確かに見られるが、ここにあげた例だけで、日本語の地域性を決定するのは、やはり難しいようである。

　『交隣須知』に書かれた日本語の性格を考える時、日本語の地域性が必ず問題になることは前述したとおりである。『交隣須知』は、元来、韓国語の学習書であるから、あくまでも本文は韓国語であり、日本語は、「外国語たる朝鮮語リーダーの、心覚えとして、私に、付けられたものの発展」（濱田敦、1966

a、pp.29-30)であるとしても、例えば済州本と中村本、アストン本（巻一）と白水本等の日本語の部分の類似性を見ると、日本語の部分もある程度は写し伝えられる本文の一部となっていた可能性が強いと思われる。

そこで、本章では、まず九州方言的な語彙のうち、迫野虔徳（1989）が京都大学本に見られる用例として取りあげた28個の語彙が、増補本系『交隣須知』、並びに明治14年本『交隣須知』にどのように用いられているかについて調査してみた。そして、次に対馬方言と思われる語彙についても、同様な方法で検討してみた。その結果、『交隣須知』の日本語には、九州方言の中でも、特に九州北部、対馬方言に属する語彙が比較的多く用いられていることが明らかになった。しかし、それらの語彙の重なり方を見ると、京都大学本で用いた語彙をソウル大学本や明治14年本でそのまま用いている訳ではない。資料ごとに異なった語彙を用いている場合も多いのである。また、明治の刊本に至っても対馬方言が少なからず見られるという点は看過できない。

次に、二段動詞の一段化について調査したが、一段化の様子は増補本系資料と明治の刊本に類似性が見られた。京都大学本に比べて、これらの資料においては、一段化現象がより進んでいるように思われる。

また、「見る」の命令形、形容詞のカリ活用、カ行漢字音の拗音表記についても検討してみたが、どれも日本語の地域性を決定付ける要因として充分であるとは言い難い。

『交隣須知』の言語は単純に整理することのできない複雑な要素が絡みあっており、言語の位相的な問題も地域性の問題同様に重要であろうと思われるが、迫野虔徳（1989、p.435）には、次のようにある。

> これ（二段動詞の一段化）は方言的事実とは直接関係のない一種の「よそゆきことば」として意図的に選択された形ではないかと疑ってみることもできるかもしれない。（中略）この種の資料には、「両国交通の公式応接に用ゐられるべき言語」というようなある特別の意識を背景にしたことばづかいがあったとすると、この一段化などもあるいはそのような一種の構えられた言い方ではないかと言う恐れがないではないように思う。

しかし、迫野虔徳（2001、p.244）には、次のようにある。

『交隣須知』や『方言集釈』などの朝鮮側の資料は、成立事情が複雑なようで一概に言いなすことはできないようであるが、対馬方言語彙の反映などからして、動詞活用についても対馬方言との関連を考えることは不自然ではない。この中に、多くの動詞一段化例が含まれているが、このことをもって、九州方言との関連を否定しまうことができないことを、『日暮芥草』の記述は示しているといってよいであろう。

　また、濱田敦（1966b、p.31）には次のようにある。

　少なくとも、語彙に関する限りでは、九州方言に属すべきものと考えられる語の使用が目立つことは確かである。しかし、と云って、本書の言語が、すべて九州方言にもとづいているとは云えないであろう。

　江戸時代の韓国語学習が、対馬を中心に行なわれた事実を考慮すれば、『交隣須知』に九州北部の方言的要素が現われるのはごく自然のようにも思われるが、だからと言って「交隣須知の日本語は九州方言である」と断定することはできないと思われる。今後、より詳細な調査が必要であるが、現段階では、むしろ「九州方言的要素を含んだ、公式応接に用いるべき日本語である」とした方が説得力があると言えるのかもしれない。

VII 結　　論

　本書は、江戸時代から明治時代にかけて、日本で最も広く用いられた韓国語の学習書である『交隣須知』の系譜と日本語について論及したものである。『交隣須知』は200年もの長きにわたって写本で伝えられ、明治期に入ってからも四種類もの刊本が出版された。そして、そこに書かれている韓国語本文も、対訳日本語も活き活きとした会話体であり、言語資料として価値の高いものであると思われる。しかし、これまでの研究を見ると、部分的にはさまざまな論究がなされてきたが、全体像が理解できるような体系的な研究はなかったように思われる。その理由としては、言語資料として量的に不足しているとか、原交隣須知の作者、成立年代等が明らかにされていない等といった、資料自体が持っている、いくつかの問題点があげられる。しかし、部分的に残されているものも含めると、現存する『交隣須知』は15種を越え、その中のいくつかは書写年代、あるいは資料を使用していた時期を知ることができるのである。

　そこで本書では、現存する『交隣須知』の資料相互の関係を明らかにし、そこに用いられている日本語に関する、いくつかの問題を解決することを目的として論を進めた。

　一般的に『交隣須知』の写本類は、巻の分け方、部門の配列、見出し語漢字の配列、例文の異同状況、「増補」欄の有無等によって、いわゆる増補本系と古写本系とに分けられるが、各々に属する『交隣須知』諸本の相互関係については明確にされてこなかったと思われる。そこで、第Ⅰ章で『交隣須知』の研究の意義や先行研究等について述べたあと、Ⅱ章では、古写本系『交隣須知』に属する京都大学本、沈寿官本の天保本と文政本、アストン本について見出し語配列や例文等を調査した。その結果、京都大学本と天保本との類似性が高く、文政本は異質であることが明らかになった。また、アストン本については巻一の「天文」「時節」の二部門しか残されていないので相互関係を明確にすることはできないが、韓国語の読み方（音注）が、カタカナ表記されており、今後、韓国語の音韻を研究していくうえで重要な資料となり得ると思われる。

　続いてⅢ章では、増補本系『交隣須知』に属する各資料の相互関係について

論及した。まず、巻一のみが現存するアストン本と白水本に関する調査を行なった結果、部門配列、見出し語配列は二資料ともに類似性が高いが、例文の内容を見ると、アストン本は明治14年本と、白水本は京都大学本と似通ったものが多いことがわかった。アストン本と白水本とは同じく増補本系に分類されるべき『交隣須知』ではあるが、性格の異なりが見られ、明治の刊本へと繋がっていくのは、アストン本である可能性が高いと思われる。続いて巻二に分類されるソウル大学本と済州本について、見出し語配列、韓国語本文、対訳日本語等について調査した。その結果、これまで「ほとんど一致している」とされていた二つの資料にも、少なからず違いがあることがわかった。韓国語本文より、対訳日本語により多くの異なりが見られることを鑑みると、対訳日本語は完全に固定されたものではなく、学習者の表記法等がある程度反映されていると考えるのが自然であろうと思われる。次に巻三に関する調査をしたが、その結果、全体的には、三資料共に類似性が高いが、見出し語の有無、配列の仕方からは、ソウル大学本と済州本の類似性が高く、対訳日本語の異同状況からは、済州本と中村本の類似性が高いことを明らかにすることができた。

　また、巻四においては、見出し語配列の状況をみると、ソウル大学本と小田本とは大きく異なっている箇所があり、むしろ小田本と京都大学本との類似性が高いことを明らかにすることができた。また、アストン本は、ソウル大学本とも小田本とも京都大学本とも異なる見出し語配列をしており、これらの結果から、小田本を「増補本の祖」であるとすることには疑問が残るという点についても論述した。

　Ⅳ章では、『交隣須知』の刊本について述べた。はじめに、明治14年本が藍本としたのはどの『交隣須知』であったのかを調査したが、資料を一本に限定することは困難であるという結論を得た。巻一については、アストン本のような増補本系『交隣須知』の流れを汲み、巻二、巻三については複数の増補本系写本類を藍本としたのではないかと思われる。但し、巻四については、見出し語配列を見た限りでは、ソウル大学本やアストン本ではなく、小田本、京都大学本（「増補」欄はないが）に近いようである。また、本書では詳しくふれていないが、近年長崎大学本『交隣須知』（巻一・三・四、武藤文庫）の存在が明らかにされ、これを見るといわゆる増補本系『交隣須知』の一種であり、見出し語の配列から巻一はアストン本とも白水本とも異なることがわかった。ま

た、巻三については済州本・中村本に近く、巻四の見出し語漢字の配列のしかたは、小田本、京都大学本『交隣須知』に近いことが明らかになった。韓国語の本文や対訳日本語に関する詳細な研究は今後の課題としたいが、巻四については、韓国語本文も対訳日本語も京都大学本に類似しているようである。

　ただし明治14年本の巻四の例文はソウル大学本と同じものもあり、京都大学本と等しいものもあり、どれか一つに限定することはできないようである。白水本（巻一）のように見出し語配列はいわゆる増補本系『交隣須知』の形を持ちながら、京都大学本に近い例文を多く持つ資料や、長崎大学本の巻四のように見出し語の配列も、例文の多くも京都大学本と類似している資料の出現は、これまでの、『交隣須知』を二系列に分類することに対する疑問を投げかけていると言えるのかもしれない。あるいは「原交隣須知」が一つであったことを証明する為の資料となり得るのかもしれない。これ等の点については今後検討する必要があると思われる。また、明治14年本が刊行された後、二年足らずで明治16年本『交隣須知』が刊行される運びになるが、その理由の一つには、明治14年本に印刷ミスが多かったことをあげることができよう。明治16年本（再刊本）では、明治14年本で筆書きされていた見出し語漢字にも活字が組まれている。また、韓国語の整理も大分行なわれたようである。

　次に、明治16年に出版された明治16年本と宝迫本とを対照的に比較することによって、二資料の違いを明らかにしたが、その異なりの主なものとしては、「ア．明治16年本には見出し語漢字があるが、宝迫本には見られない。イ．明治16年本にあって、宝迫本にない例文が200ばかりあるが、巻ごとに見ると、巻四に150例以上あり、巻三と四に集中していると言える。ウ．明治16年本になくて、宝迫本にある例文は27例あるが、巻一、二、三、四に各々分散している。エ．宝迫本では、明治16年本で多く用いられている原因・理由を表わす接続助詞「ニヨリ」を「カラ」に書き換えている場合が多い。」等をあげることができる。

　続いて明治37年本『交隣須知』の新しさについて述べたが、日本語の文法の新しさについてはⅥ章でふれたので、ここでは、いくつかの例文をあげ、若干の説明を加えるに止めた。

　また、Ⅴ章の『交隣須知』の系譜については、まず、『交隣須知』の作者の問題についてふれ、次に現存する『交隣須知』諸本の系列を表によって示し

た。

　Ⅵ章では『交隣須知』の日本語について論述した。まず、『交隣須知』の音韻・表記について調査したが、ここでは、濁音表記、半濁音表記、オ段長音の開合表記、四つ仮名の混同、合拗音の直音化、長音の短音表記等について述べた。これらの表記法のうち、特に半濁音表記については、京都大学本『交隣須知』においては、無表記であるか、「〻」を用いるかのどちらかであったが、増補本系諸本においては、無表記、「〻」「ᆢ」「°」の四種の表記法が用いられ、明治の刊本に至って「°」へと統一されていく過程を見ることができた。次に、明治37年本より前の『交隣須知』の対訳日本語に見られる文法の特徴から、『交隣須知』に用いられた日本語は、「上方語的要素を色濃く残してはいるが、上方語でも江戸訛りの横溢する江戸語でもない、二言語のうちのどちらか一方に決定することのできない、日本と韓国両交通の交式応接に用いるべく作成された当時の標準語（余所行き詞）であった。」という結論を導き出した。

　続いて、語彙について述べたが、原因・理由を表わす接続助詞「により、から、ので」について論及した。まず、『交隣須知』諸本における使用状況を把握し、次にこれらの語の歴史的変遷、意味変化等について考察した結果、『交隣須知』の写本類諸本には「により」の使用が一般的であり、「から」は、宝迫本に至って多く用いられたことが明らかになった。また、「ので」の登場は、明治37年本を待たなければならないが、明治37年本『交隣須知』に見られる「ので」の用法の中に、「ので」の後に推量や意志（意向・決心）を表わす文が続く用例があることが確認できた。

　次に、副詞「いか（こ）う」と「もっとも」について、その意味変化が『交隣須知』諸本において、どのように見られるかについて論及したが、「もっとも」については、写本類諸本における「もっとも」の意味が「当然だ、適当だ、合理的だ」であったのに対して、明治14年本になると「いちばん、最高に」の意味に変化していく過程を見ることができた。

　続いて、いわゆる朝鮮資料独特の問題であると思われる、韓国語に干渉された日本語の語彙について論述した。ここでは、「とまる」と「すわる」、「くう」と「のむ」、「みる」と「あう」、「こえ」と「おと」のような、日本語においては各々何種類かに使い分ける必要がある語であるのにもかかわらず、韓国語では日本語よりも広い意味を持つ（意味場が広い）為に、一語で済ますことがで

きる語彙が、『交隣須知』諸本において、どのように使用されているかを調査したのであるが、その結果、苗代川に伝わった京都大学本に、韓国語に干渉された日本語の語彙が多く見られるという結果を得た。

続いて、言語の地域性について検討した。まず、『交隣須知』に見られる九州方言、対馬方言の使用状況を把握した後、二段動詞の一段化、「見る」の命令形、形容詞のカリ活用、カ行漢字音の拗音表記について調査した。その結果、『交隣須知』においては、使用している語彙を見ると、九州北部の方言的要素が現われてはいるが、文法全体を見た時に、「『交隣須知』の日本語は九州方言である」と断定するのは困難であるという結論を得た。

いずれにしろ、『交隣須知』の日本語は、古い言語から新しい言語へと移行する際の混沌とした、まさに過渡期の言語と言っても過言ではないと思われる。

尚、今後の課題として、『交隣須知』に見られる、待遇表現、推量の助動詞、人称代名詞、助詞「ヲとニ」「ハとガ」等、まだまだ解決すべき多くの問題を残していると思われるが、以上を持って本書の結びのことばとする。

注

(1) 『交隣須知』の本文は、時代的に考えると「朝鮮語」に当たると思われるが、ここでは「韓国語」という表記に統一することにする。
(2) 「京都大学本」-苗代川本、京大本、京都大学苗代川本等、「ソウル大学本」-中村庄次郎書写前間恭作模写本、韓国ソウル大学蔵本等、「済州本」-済州島本、「小田本」-東京大学旧南葵文庫蔵本、小田幾五郎修正本等、「白水本」-対馬本、等
(3) 京都大学本の部門配列（巻三）
　　衣冠　女飾　鋪陳　盛器　織器　鉄器　雑器　風物　視聴　車轎　鞍具　戯物　政刑　文式　武式　征戦　飲食　墓寺　味臭　喫貌　熟設　買売　疾病　行動　静止
(4) 鑢　鑽之　鍼　攢　銚　鋤　串　串鉄　鍩　鉄把　銍　鑿　犁
(5) 「冊」は「真書」の後と「書案」の次に別々に置いている。
(6) 例えば、「衣冠」の冠、帽子、単衣、袴、草鞋、裳、匙・「鉄器」の斧鉄、鎌・「雑器」の炬行・「風物」の歌、舞、吹、楽・「視聴」の舐・「車轎」の曳・「味臭」の苦等に見られる。
(7) 屏（「鋪陳」）、錚盤（「盛器」）がこれにあたる。
　　（部分的には対訳語があるが、全体の訳はない。）
(8) 衾　カブッテ → キテ（「鋪陳」）、掃　ソウジスルノヲ → イワキカタテ（「織器」）、洞簫　ヨコフエ → ショウノフエ（「風物」）、火薬　キンショウ → クチグスリ（「武備」）、随　イエ → ユヘ（「行動」）、啞　コサル → アロフ（「疾病」）、穤　ゾウリ → クツ（「疾病」）、葅　キミスイ → ツケモノ（「飲食」）等がこれにあたる。
(9) 京都大学本・天保本では「衣冠」のところに単衣・帖・裏・裘・袴・衲・襖・領とあるが、文政本では、裘・単衣・袴・衲・領となっている部分は異なっている。
(10) *Manual of Korean*（図書番号B4）に巻一と巻四があり、巻一がこれにあたる。この他にも朝鮮語会話書（仮題、図書番号C5）に増補本系『交隣須知』の巻一の一部と巻二の一部がある。
(11) 鄭光（1996）に詳しい。
(12) 田代和生（1991）によると、享保12年（1727）の対馬の「通詞養成所稽古生名簿」には、白水又六（格兵衛）という名前が見え、宝暦14年（1764）に渡来し

た通信使の中にも白水右衛門という人物が存在したことを確認できるという。
⑬　見福島邦道・岡上登喜男（1990, p. 3）
　　「ただし、②（済州本）と③（中村本）は異同が少ないので、②を主として取り上げ、③は②と異なるときにのみ掲載する。」
⑭　赤峯瀬一郎（1951）『日韓英三国対話』
⑮　李康民（1996）に指摘がある。
⑯　就中　デテユクナカニスクレテミエマスル（京都大学本・巻四・語辞）
⑰　ソウル大学本には、他に次のような例文がある
　　竹槍　タケヤリハ百姓共ガツカウテツホウウテ（ソウル大学本・巻三・武備）
⑱　①～⑦には、増補本諸本の例文の半濁音表記が無表記の場合は見られないが、例えば次のような例がある。
　　廰　役所ニヲ出ハリナサレテ御用ヲモツハラトシテコサナサレマセイ
　　　　　　　　　　　　　　　　　　　　　　　　　（済州本・巻二・宮宅）
　　廰　役所ニヲ出ハリナサレテ御用ヲモツバラトシテコサナサレマスル
　　　　　　　　　　　　　　　　　　　　　　　（ソウル大学本・巻二・宮宅）
⑲　ソウル大学本においては三濁点が多く用いられており、ここにあげた例文以外にも次のようなものがある。
　　袴　バツチヲ太ウ拵ヘタニヨリ道ユクニメンドウナ
　　　　　　　　　　　　　　　　　　　　　　　（ソウル大学本・巻三・衣冠）
　　鍾　コツブハフカウテ酒ヲアジヲウニメンドウニゴサル
　　　　　　　　　　　　　　　　　　　　　　　（ソウル大学本・巻三・盛器）
　　水墨　スミ繪ガサツバリ□（ソウル大学本・巻三・文式）
　　火縄　火ナワノ火ヲロクスリニツケレハ火花ガバツトヲコツテヲソロシウゴサル　　　　　　　　　　　　　　　　　　（ソウル大学本・巻三・武備）
　　弾子　タマヤヲ射テトブ鳥ヲイラテア丶アツバレニゴサル
　　　　　　　　　　　　　　　　　　　　　　　（ソウル大学本・巻三・武備）
⑳　ジョアン・ロドリゲス原著、土井忠生訳註（1955）『日本大文典』三省堂
㉑　四つ仮名（「ヂ・ジ」「ヅ・ズ」）の混同を指す。
㉒　『仙台言語伊呂波寄』（1720）では、方言と京都ことばとを対比させているが、『物類称呼』（1775）や『御国通辞』（1790）では方言と江戸語とを対比させている。
㉓　滋賀県教育委員会編集（1994）『雨森芳洲関係資料調査報告書』には、次のようにある（p.151）。1703、芳洲、学文稽古のため朝鮮学を学ぶ。（翌年11月帰国）この頃芳洲『交隣須知』をまとめる。

222

㊄　第1期（明治初年〜明治10年代末）-形成期、第2期（明治20年代初〜明治末）-確立期、第3期（大正初年〜大正12年9月）-完成期、第4期（大正12年9月〜昭和20年8月）-第一転成期、第5期（昭和20年8月〜今日）-第二転成期（松村明、1957、p.87）

㉕　The language of kiyoto, the capital of the country, the residence of the imperial court and of literary men, is considered the standard, and of highest authority ; but dialectical differences are numerous, and provincialisms and vulgarisms abound.（『和英語林集成』、1867、上海印刷、横浜刊行、DIALECTS）

㉖　ハテ江戸訛といふけれど。おいらが詞は下司下郎で。ぐつと鄙しいのだ。正銘の江戸言といふは。江戸でうまれたお歴々のつかふのが本江戸さ。（『狂言田舎操』）巻之上

㉗　ただし、刊本と写本類との資料の性格を考えると、刊本は写本類に比べて、規範性を保っていると思われる。当時の国語読本の類は内容的には会話の体裁をとっているが、文語文で書かれていたという。また外務省からの出版ということで、保守的な日本語を用いていることが予想できる。

㉘　天理大学朝鮮語学科研究室編『現代朝鮮語辞典』

㉙　『邦訳日葡辞書』（1980）土井忠生・森田武・長南實　編訳　岩波書店

㉚　金澤庄三郎（1911）『日語類解』例言

㉛　天理大学朝鮮語学科研究室編『現代朝鮮語辭典』

㉜　濱田敦（1970、p.37）
　ここに「朝鮮資料」とは、日本語の、特に歴史的研究に役立つべき資料の中、「朝鮮」にかかわるものをとり出して指す。

㉝　『宇治拾遺12-1』（1213〜1219）には「昔、天竺に一寺あり。住僧もっともおほし」とある。
　また、濱田敦（1969）には「但し、訓点資料などで、漢字「最」「尤」などの對訳として、その語が用いられている場合には、一般の日本語の用法からはずれて、「最」「尤」の本義として、むしろ最上級的な意味のものと考えるべきものかも知れない。」とある。

㉞　① 旋嵐風은 ᄀᆞ장 미ᄫᅮᆫ ᄃᆞ미라　（釋譜詳節6：30）（1447）
　② ᄀᆞ장 아쳐를 디어디　（金剛経三家解2：49）（1482）

㉟　① 히ᄂᆞᆯ ᄯᅡ히 ᄀᆞ장 震動ᄒᆞ니　（歌曲源流21）（1876）

㊱　앉다 …とまる・すわる、먹다 …くう・のむ、보다 …見る・逢う、소리 …こえ・おと等

(37) ①그 못므를 다 마시니 (釋譜詳節 6：31) (1447)
　　②子息 들히毒藥마쇼믄 (月印釋譜 7：16) (1459)
　　③술 마숑과 (飮酒) (楞嚴經諺解 7：53) (1462)
(38) 明治37年本『交隣須知』の濁点表記には次の例文のように濁点が必要でない箇所に濁点を付している場合が、しばしばあると思われる。「此人を人質にとつて置くがら借金を返へして連れてゆけ。」(「質」「売買」)「顔御洗ひになつだら御善を差上げろ」(「盥」「服飾」)

参考文献

〈日本〉 ＊アイウエオ順

雨森芳洲（1736）『詞稽古之者仕立記録』大韓民國國史編纂委員会蔵
泉澄一（1997）『対馬藩藩儒雨森芳洲の基礎的研究』関西大学出版部
猪苗代兼郁（1720）『仙台言葉伊呂波寄』
岩井良雄（1948）『新標準語法』山海堂
大曲美太郎（1935）「釜山に於ける日本の朝鮮語学所と『交隣須知』の刊行」『ドルメン』4-3（岡書院）
─── （1936）「釜山港日本居留地に於ける朝鮮語教育附朝鮮語学習書の概評」『青丘学叢』24
『御国通辞』（1790）服部武喬
奥村三雄（1968）「所謂二段活用の一段化について-方言的事実から史的考察へ-」『近代語研究 第二集』
─── （1990）『方言国語史研究』東京堂出版
小倉進平（1916）「朝鮮語に於ける日本語学」『国学院雑誌』22-10
─── （1920）『国語及朝鮮語のため』ウツボヤ書籍店
─── （1934）「釜山に於ける日本の語学所」『歴史地理』63-2
─── （1936）「『交隣須知』に就いて」『国語と国文学』13-6
─── （1964）『増訂補注朝鮮語学史』刀江書院
小田切良知（1943）「明和期江戸語について」『国語と国文学』20-8・9・11
金澤庄三郎（1904）『国語の研究』同文館
上垣外憲一（1989）『雨森芳洲元禄享保の国際人』中公新書
岸田文隆（1997）「W.G.Aston旧蔵江戸期・明治初期朝鮮語学書写本類에 대하여」（第5回朝鮮学国際学術討論会発表論文）
─── （1997）「『漂民対話』のアストン文庫本について」『朝鮮学報』164
─── （1998）「アストン旧蔵の『交隣須知』関係資料について」『朝鮮学報』167
京極興一（1986）「接続助詞「から」と「ので」の史的考察-小学校国語教科書を対象として-」『国語と国文学』6月号
京都大学文学部国語学国文学研究室（1966）『交隣須知』中村印刷
─── （1968）『異本隣語大方・交隣須知』オフセット印刷本
─── （1969）『異本隣語大方・交隣須知補』オフセット刷本
金田一春彦（1943）「中國人に日本語を教へて」『コトバ』11月号

越谷吾山（1775）『物類称呼』
小松寿雄（1987）「近代語の文法-江戸時代語-」『国文法講座5 時代と文法-近代語-』山口明穂編集 明治書院
齊藤明美（1995a）「交隣須知の研究-ソウル大学本と済州本の巻二を中心に-」『論輯』23駒沢大学大学院
――――（1995b）「『交隣須知』の増補本に関する一考察」『南鶴李鍾徹先生回甲紀念韓日語学論叢』国学資料院
――――（1997a）「『交隣須知』 의 전본 (伝本) 에 대하여 - 서울대학본과 東京大學舊南葵 文庫蔵本 巻四 에 대하여」『인문학연구』 4 翰林大學校人文學研究所
――――（1997b）「『交隣須知』の沈寿官本について」『日本文化學報』3 韓國日本文化學會
――――（1998a）「明治14年版『交隣須知』について」『日本語文學』4 韓國日本語文學會
――――（1998b）「明治16年版『交隣須知』について」『日本文化學報』5 韓國日本文化學會
――――（1998c）「『交隣須知』の系譜」『北東アジア文化研究』7 鳥取女子短期大学北東アジア文化総合研究所
――――（1999a）「『交隣須知』研究 의 意義」『日本 의 言語 와 文學』 4 檀國日本研究學會
――――（1999b）「『交隣須知』の先行研究について」『北東アジア文化研究』9 鳥取女子短期大学北東アジア文化総合研究所
――――（1999c）「『交隣須知』の日本語について」『北東アジア文化研究』10鳥取女子短期大学北東アジア文化総合研究所
――――（1999d）「『交隣須知』の副詞語彙」『日本語學研究』第1輯 韓國日本語學會
――――（2000a）「『交隣須知』の接続助詞-原因・理由を表わす接続助詞を中心にして-」『日本文化學報』8 韓國日本文化學會
――――（2000b）「『交隣須知』の音韻・表記について」『北東アジア文化研究』11 鳥取女子短期大学北東アジア文化総合研究所
――――（2001a）「『交隣須知』の刊本三種の表記法」―明治14年本、明治16年本(再刊本)、明治37年本『交隣須知』の韓国語表記法について―『漢陽日本學』9 漢陽日本學會
――――（2001b）「増補本系『交隣須知』の巻一について」『日本語學研究』3 韓國日本語學會

―――（2001c）「ソウル大学本『交隣須知』と明治14年本『交隣須知』の韓国語表記法について」『東アジア日本語教育・日本文化研究』3 東アジア日本語教育・日本文化研究学会

―――（2001d）「아스톤本『交隣須知』卷一 과 白水本『交隣須知』의 韓國語表記」『인문학연구』8 한림대학교 인문학 연구소

―――（2001e）「『交隣須知』の日本語の地域性について」『日本學報』47 韓國日本學會

阪倉篤義・佐藤喜代治・築島裕・辻村敏樹・中田祝夫・松村明編集（1982）『講座國語史4 文法史』大修館書店

坂梨隆三（1983）「第五章近代の文法Ⅱ（上方編）」『講座国語史4 文法史』大修館書店

―――（1987）『国語学叢書6　江戸時代の国語Ⅰ上方編』東京堂

桜井義之（1956）「宝迫繁勝の朝鮮語学書について-附朝鮮語学書目-」『朝鮮学報』9

―――（1974）「日本人の朝鮮語学研究（一）-明治期における業績の解題-」『韓』3-8

迫野虔徳（1989）「文献方言史総論」奥村三雄編『九州方言の史的研究』桜楓社

―――（2001）「対馬方言書『日暮芥草』について」日本語研究会編『日本語史研究の課題』武蔵野書院

滋賀県教育委員会編集（1994）『雨森芳洲関係資料調査報告書』

式亭三馬・楽亭馬笑（1811）『狂言田舎操』

白藤禮幸（1967）「京都大学文学部国語学国文学研究室編『交隣須知』複製・解題・索引」（書評）『国語学』70

田川孝三（1940）「対馬通詞小田幾五郎とその著書」『書物同好会冊子』11

田代和生（1981）『近世日朝通交貿易史の研究』創文社

―――（1991）「対馬藩の朝鮮語通詞」『史学』60-4

鶴園　裕（1995）「沈寿官家本『漂民対話』について」『朝鮮学報』156

鶴園　裕・池内敏・古畑　徹・南相瓔・小見山春生（1997）「江戸時代における日朝漂流民送還をめぐって-『漂民対話』を中心に-」『青丘学術論集』11 韓国文化研究振興財団

永野　賢（1952）「「から」と「ので」とはどう違うか」『国語と国文学』29-2

―――（1988）「再説「から」と「ので」とはどう違うか-趙順文氏への反批判をふまえて-」『日本語学』7月号　明治書院

幣原　担（1904）「『校訂交隣須知』の新刊」『史學雜誌』15-12

濱田　敦（1958）「丁寧な発音とぞんざいな発音」『国語国文』27-2

―――――（1962）「外国資料」『国語国文』31-11
―――――（1965）「「が」と「は」の一面-朝鮮資料を手がかりに-」『国語国文』34-4.5
―――――（1966a）「薩摩苗代川に伝えられた交隣須知について」『交隣須知』解題京都大学文学部国語学国文学研究室編
―――――（1966b）「交隣須知の言語-二言語の相互干渉-」『交隣須知』解題京都大学文学部国語学国文学研究室編
―――――（1968）『異本隣語大方・交隣須知』解題
―――――（1969）「副詞など」『国語国文』38-1
―――――（1970）『朝鮮資料による日本語研究』岩波書店
―――――（1971）「清濁」『国語国文』40-11
―――――（1983）『続朝鮮資料による日本語研究』岩波書店
―――――（1984）『日本語の史的研究』臨川書店
―――――（1986）『国語史の諸問題』和泉書院刊
原口　裕（1971）「「ノデ」の定着」『静岡女子大学研究紀要』4
飛田良文（1964）「和英語林集成におけるハ行四段活用動詞の音便形」『国語学』56
日野資純（1963）「いわゆる接続助詞「ので」の語構成-それを二語に分ける説を中心として-」『国語学』52
福島邦道（1968）「交隣須知の増補本について」『国文学言語と文芸』57
―――――（1969a）「朝鮮語学習書による国語史研究」『国語学』76
―――――（1969b）「新出の隣語大方および交隣須知について」『国語国文』38-12
―――――（1983）「『交隣須知』の初刊本」『実践国文学』24
福島邦道・岡上登喜男編（1990）『明治十四年版交隣須知本文及び総索引』笠間書院
藤井茂利（1989）「朝鮮資料による九州方言史」奥村三雄編『九州方言の史的研究』桜楓社
古田和子（1989）「『方言集釈』と『倭語類解』との比較研究-倭語の語誌-」『日語日文学研究』14韓國日語日文學會
―――――（1991）「『方言集釈』と『倭語類解』との比較研究-倭語を中心として-」『徳成女大論文集』20徳成女子大学校
松下大三郎（1930）『標準日本口語法』中文館書店
松原孝俊・趙眞璟（1997）「厳原語学所と釜山草梁語学所の沿革をめぐって-明治初期の朝鮮語教育を中心として-」『言語文化研究』九州大学言語文化部
松村　明（1944）「動詞の異同について」『日本語』3月号
―――――（1955）「江戸語における連母音の音訛」『お茶の水女子大学人文科学紀要』

7
――― (1957)『江戸語東京語の研究』東京堂
三尾砂（1942）『話言葉の文法』帝国教育出版部
三ヶ尻浩（1935）「朝鮮の訳学書に用ひられた国語の検討」『朝鮮』244
森岡健二・宮地　裕・寺村秀夫・川端善明編集（1981）『講座日本語学 3 現代文法との史的対照』明治書院
安田　章（1963）「朝鮮資料の流れ-国語資料としての処理以前-」『国語国文』32-1
――― (1966)「苗代川の朝鮮語写本類について-朝鮮資料との関連を中心に-」『朝鮮学報』39-40
――― (1967)「類解攷」『立命館文学』264
――― (1968)「辞書と文例」『国語国文』37-2
――― (1970)「ハ行音のこと」奈良女子大学国文学会『国語学会誌』15
――― (1974)「ハ行転呼音の周辺-ホの場合-」『文学』42-11
――― (1978)「『方言集釈』小考」『朝鮮学報』89
――― (1979)「『方言集釈』の日本語表記」『国語国文』48-1
――― (1980)『朝鮮資料と中世国語』笠間書院
――― (1981)「朝鮮資料の位置」『国語国文』50-12
――― (1990)『外国資料と中世国語』三省堂
――― (1992)「濁る仮名」『国語学』170
――― (1993a)「外国資料の陥穽」『国語国文』62-8
――― (1993b)「規範との背馳」『国語国文』62-10
――― (1994)「練度」『国語国文』63-4
――― (1995)「正と誤との相関」『国語と国文学』72-11
――― (1996)『国語史の中世』三省堂
柳田国男編滝山政太郎著（1977）『対馬南部方言集』国書刊行会
山口明穂編（1987）『国文法講座 5 時代と文法-近代語』明治書院
山口麻太郎（1930）『壱岐島方言集』刀江書院
湯沢幸吉郎（1936）『徳川時代言葉の研究　上方編』刀江書院
――― (1957)『増訂　江戸言葉の研究』明治書院
吉井量人（1977）「近代東京語因果関係表現の通時的考察-「から」と「ので」を中心として-」『国語学』110
米谷　均（1990）「雨森芳洲考-特にその対馬藩における朝鮮通詞養成を中心に-」（卒業論文要旨）『史観』123
和歌森太郎・谷川健一・鈴木棠三編集（1975）『山口麻太郎著作集 2 方言と諺編』佼

成出版社

〈韓国〉 * 가나다 順

강희숙 (1999)「'오〉우'변화의 수행과 확산」『國語學』33
郭忠求 (1980)「十八世紀 國語의 音韻論的研究」『國語研究』43
金京勳 (1982)「近代国語에 대한 一考察」『개신어문연구』 2 충북대학교개신어문연구회
金東彦 (1988)「17세기國語의 表記法」『홍익어문』 7
金文雄 (1984)「近代國語의 語彙變遷 -老乞大諺解와 重刊老乞大諺解의 比較를 통하여-」『목천 유창균박사 환갑기념논문집』
金美先 (1998)「接續副詞研究 (II) -'그래서, 그러니까, 그러므로'를 中心으로-」『語文研究』97韓國語文教育研究會
김승곤 (1978)「연결어미「- 니까」「- 아서」「- 므로」「- 매」의 말쓰임에 대하여」인문과학논총11 건국대학교 인문과학 연구소
金重鎭 (1986)「近代國語表記法研究」圓光大博士論文
――― (1992)「II近代國語表記法의展開와檢討」『국어표기법의 전개와검토』 한국정신문화연구원
남기심 (1978)「"- 어서"의 화용론」『말』 3 연세대학교 한국어학당
남기심・루코프(1983)「論理的形式으로서의 '- 니까' 구문과 '- 어서'구문」『국어의 통사・의미론』탑출판사
朴昌遠 (1990)「竝書」『국어연구 어디까지 왔니』 서울대학교대학원 국어연구회 동아출판사
성낙수 (1978)「이유, 원인을 나타내는 접속문 연구」『한글』 162
宋敏 (1986)『前期近代国語音韻論研究』塔出版社
沈保京 (1995)「交隣須知 (明治14年版) 에서의非韓國語的表現 몇가지考」『南學李鐘徹先生回甲紀念韓日語學論叢』國學資料院
――― (1996)「交隣須知異本比較 -沈寿官所蔵과 外務省所蔵本의 比較」『語文研究』92韓國語文教育研究會
유목상 (1970)「접속어에 대한 고찰」『한글』146한글학회
李康民 (1990)「薩摩苗代川に伝わる『漂民対話』について」『国語国文』59-9
――― (1992)「『方言集釈』と『倭語類解』」『国語国文』61-9
――― (1993)「対馬宗家文庫所蔵의『物名』について」『朝鮮学報』148
――― (1996)「朝鮮資料의 一系譜-苗代川本의 背景-」『日本學報』36韓國日本學會
――― (1998)「아스톤本『交隣須知』의日本語」『日本學報』41韓國日本學會

李基文 (1972)『國語表記法의 歷史的研究』韓國研究院
　　　　(2000)『新訂版國語史概說』(수정판) 太學社
李基文著　村山七郎監修藤本幸夫訳 (1975)『韓国語の歴史』大修館書店
이상복 (1981)「연결어미 '-아서', '-니까', '-느라고', '-므로'에 대하여」배달말 5 李翊燮 (1985)「近代韓国語文献의 表記法研究 -特히 分綴表記의 發達을 中心으로 -」『朝鮮学報』114
――― (1987)「音節末表記 'ㅅ'과 'ㄷ'의 史的考察」『성곡논총』18
――― (1992)『國語表記法研究』서울大學校出版部
李鍾徹 (1982)「沈寿官所蔵本『交隣須知』에 대하여」『백영 정병욱선생還甲紀念論叢』新丘文化社
鄭　光 (1988)「司訳院倭学研究」태학사
――― (1996)「일본 対馬島宗家文庫 소장의 韓語 '物名'에 대하여」『李基文教授停年退任紀念論叢』신구문화사
鄭然粲 (1981)「近代國語音韻論의 몇가지問題」『東洋学』11 단국대학교
鄭昌鎬 (1990)「『捷解新語』原刊本改修本における「ほどに」「により」「ゆえ」の交替現象について」『論文集』9 聖心外國語專門大學
趙義淵・井田勤衛 (1968)『日韓・韓日言語集』日韓交友会出版所
최재희 (1989)「국어 접속문의 구성에 관한 연구」성균관대학교 박사학위
崔彰完 (1994)「『交隣須知』에 나오는「말하다」「보다」「있다」意味의경어에 대하여」『里門論叢』14 韓國外大大學院
――― (1996)「『交隣須知』에 나오는「ゴザル」의 用法」『日語日文學』6 大韓日語日文學會
片茂鎮 (1991)「『交隣須知』の筆写本と刊行本の日本語について」『辞書、外国料による日本語研究』大友信一博士還暦記念論文集刊行会編
――― (1998a)「対馬本『交隣須知』에 대하여」『日本文化學報』5 韓國日本文化學報
――― (1998b)「釜山市立圖書館蔵『交隣須知』에 대하여」『古岩黄聖圭博士定年記念論文集』同刊行委員会
――― (1999)『明治十四年版釜山図書館所蔵交隣須知解題・本文（影印）篇』交隣須知異本叢書 1 弘文閣
洪允杓 (1987a)「近代国語의 語幹末子音群表記에 대하여」『国語学』16
――― (1987b)「近代国語의 表記法」『국어생활』9
――― (1994)『근대곡어연구 (1)』태학사

〈その他〉

趙順文（1988）「「から」と「ので」-永野説を改釈する-」『日本語学』12月号明治書院

ジョアン・ロドリゲス原著・土井忠生博士訳註（1955）『日本大文典』三省堂

ヘボン（J.C.Hepburn）（1872）『和英語林集成』第二版

Hayashi, N. & Kornicki, P. (1991)
　　Early Japanese Books in Cambridge University Library-A *Catalogue of the Aston, Satow and von Siebold Collectinons-* ,Cambridge University Press.

あとがきにかえて

　1992年に韓国の翰林大学人文学部に日本学科が新設され、助教授として韓国に赴任し、『交隣須知』の本格的な研究を始めました。その時、駒澤大学の水原一先生から、駒澤大学の図書館には東洋語対照研究の先学者金沢庄三郎博士の蔵書があると教えられました。教えられたとおり図書館の地下の書庫に行きますと、薄暗い書棚には貴重本といわれている捷解新語、隣語大方など日韓交流史上の重要な資料が整然と並んでいました。さらには、韓国語と日本語で書かれた先生直筆の論文下書きやノートが並んでおり、今、先生がここで研究しているかのような錯覚さえ覚え、身の震えを感じたのを憶えています。そのまま先生の日韓言語資料を開くと、たったひとりでいることも忘れ、時間のたつのも忘れ、夜遅くまで、夢中で読みふけっていました。たしか、そのとき、ひんやりとした地下の「濯足文庫」の前で、自分が韓国に職を得、日韓の言語対照を研究することになったことに、何か運命的なものを感じました。

　研究を始めてから今日まで約10年になりますが、私自身の浅学ゆえ、日韓交流史の資料を題材とした研究ゆえ、この間、韓国と日本の多くの研究者の方々から多くの御教示と多大な御援助をいただきました。ここに記して感謝し、あとがきにかえたいと思います。韓国の先生方におきましては、特に、博士論文の指導教授漢陽大学の李康民先生には、研究の方法や方向づけのみならず、論文作成への叱咤激励をしていただきました。心より感謝申し上げます。また、博士論文の審査委員長をしてくださった国民大学の宋敏先生には、韓国語学を御教示いただきました。『交隣須知』のような資料を研究する場合、韓国語学の知識が必要であり、先生のご指導に感謝いたします。また、論文の審査をしてくださった韓国外国語大学の韓美卿先生、陸軍士官学校の朴在權先生、漢陽大学の朴舜愛先生にも感謝いたします。加えて、漢陽大学の郭永喆先生、福岡大学の李鐘徹先生、壇国大学の片茂鎮先生、漢陽大学の先生方、翰林大学の先生方に感謝申し上げます。

　日本の先生方におきましては、交隣須知の研究を示唆してくださった駒澤大学の木村晟先生、朝鮮資料研究の重要性と意義をご教示してくださった京都大

学名誉教授の安田章先生、日韓対照研究についてご指導してくださった東京大学の生越直樹先生、交隣須知研究資料を紹介してくださった大阪外国語大学の岸田文隆先生、加えて早稲田大学の川口義一先生、慶應大学の田代和生先生、関西大学の泉澄一先生、帝塚山学院大学の上垣外憲一先生にも少なからぬご指導いただきました。心から感謝申し上げます。また、長い間私の研究をあたたかく見守ってくださっている中央大学の渡部芳紀先生、文理大学の佐藤富美子先生にわずかですがお礼ができたような気がしてほっとしているところです。

『交隣須知』を作成したとされる雨森芳洲は交隣須知の字の如く善隣外交を旨としていました。江戸時代の日韓関係は朝鮮通信使に見られるように良好だったといえます。私が韓国に赴任した当時からのこの10年を見ると外交上はともかく、庶民レベルでの交流は隔世の感があります。若者を中心に思いもよらなかったスピードで友好的な交流が進んでいるのです。再び、日韓に友好の時代が見えてきた感じがします。日韓交流年の今年、このようなときに、かつての日韓の友好の証である『交隣須知』に関係する書籍を出版できることに喜びを感じています。この著作が日韓友好のための小石としてでも役立てたとしたら、家族と離れても隣国で研究を続けた甲斐があったのかなと、ひとしおの神妙な感じにかられています。

　最後になりましたが、本書の刊行にあたり、至文堂社長の川上潤氏、編集を担当してくださった梅田光恵氏に心より感謝いたします。

齊藤　明美

索　引

＊韓国人名は音読みとした

あ

赤峯瀬一郎……………………112
アストン…………………34・37
アストン本………18・19・21・22・34・35・37・40・51・70・71・72・78・85・115・117・151・159・170・178・180・215・216
雨森東………………91・111・112
雨森東五郎……………………109
雨森芳洲………11・51・105・108・109・110・111・112・119・141・225
『雨森芳洲関係資料調査報告書』……109
雨森芳洲著者説………………107・111
誤った回帰……………………126・127
衣　冠…………………………27・30
意向表現………………………156
泉澄一……………………38・114・225
『伊曾保物語』…………………181
井田勤衛…………………110・112
一段化現象……………………15
異　本……………………18・25
『異本隣語大方・交隣須知』………104
『異本隣語大方・交隣須知補』………54・61・70
岩井良雄………………………155
ウ音便………143・145・146・147・152
『浮世風呂』……………………142
打消の助動詞………143・148・194

浦島太郎……………………157
浦瀬岩次郎…………………38
浦瀬本………………………13・93
浦瀬裕………12・19・38・71・81・82・90・91・92・93
エ段長音の発生………………121
江戸語…141・142・143・145・152・153
江戸語の形成…………………152
江戸語の特色…………………149
江戸訛り………………………141
大曲美太郎………12・14・92・225
岡上登喜男……61・81・158・198・228
奥村三雄………………………210・225
小倉進平…12・13・14・15・21・53・71・90・91・107・108・111・153・225
小田幾五郎…………13・14・19・70・71
小田切良知……………146・148・225
小田本………13・14・15・16・19・22・26・51・70・72・75・76・77・78・85・114・117・178
オ段長音の開合………121・132・136・138・139・218
お屋敷ことば…………………143
音　韻…………………………121
音韻観念………………………126
音韻現象………………………13・126
音韻史資料……………………17

235

か

回　帰 ……………………………126
開合表記 …………132・133・134・136
外国資料 ……………………………11
『改修捷解新語』 …………………154
概念的動機誘発 ……………………165
外務省蔵版 …………………………12
外務省版 ……………………………15
会話体 …………………………9・165
係助詞 ……………………………156
カ行漢字音の拗音表記 ………210・219
カ行変格活用 ……………………144
カ行変格動詞の命令形 ………151・194
格助詞 …………………………155・158
郭忠求 ……………………………230
笠間索引叢刊 ……………………198
加嶋先生 …………………………26
価　値 ………………………………9
仮名書き朝鮮語辞書 ………………17
金沢庄三郎 ………110・111・223・225
加部厳夫 …………………………71・82
上垣外憲一 …………………109・111・225
上方語 ………140・141・142・143・144
　・147・152
上方語的要素 ………148・152・153
上方語の特色 ……………………149
川端善明 …………………………229
扞　格 ……………………………92
韓国語学習書 ………………………9
韓国語による干渉 ……127・138・139
　・182・192・193・218
韓国語本文 ………………………25
韓国語用例文 ……………………49
韓語的日本語 ……………………11

漢字音の表記 ……………………136
漢字、片仮名混じり文 …………136
漢字の見出し語 ……………………9
漢　城 ……………………………12
刊　本 …………………………10・12
慣用句的表現 ……………………154
岸田文隆 ………15・34・38・114・225
戯　物 ……………………………27
「橘窓茶話」 ……………………108
きまり文句 …………………115・165
客観的叙述 ………………………156
九州方言 ………15・197・213・219
旧南葵文庫蔵本 …………………70
京　語 ……………………………12
郷　語 …………………………12・13
京極興一 …………………157・225
京城刊行 …………………………12
京城帝国大学 ……………………53
共通祖本 …………………………29
京都大学文学部言語学研究室 ……13
京都大学本 ………11・13・15・16・17・
　18・19・21・22・25・26・27・28・29
　・31・34・35・39・40・49・51・66・
　69・75・76・77・78・83・84・85・
　115・117・148・159・178・180・192
　・215・216
キリシタン資料 …………………181
近畿方言 …………………197・209
金京勲 ……………………………230
金守喜 ……………………………82
金重鎮 ……………………………230
近代韓国語 ………………………16
金田一春彦 ………………143・155・225
金東彦 ……………………………230
金文雄 ……………………………230

索　引

金美先……………………230
久米市次郎………………70
形式体言…………………154
形式名詞…………………154
敬譲表現………………77・78
系　譜……………………37
形容詞のカリ活用 ……194・209・219
形容詞連用形……………147・152
形容詞連用形の原形と音便形 ………194
形容動詞…………144・152・194
原因・理由を表わす接続助詞 …154・155
県　官……………………14
県　監……………………14
原刊『捷解新語』…154・155・179
『原交隣須知』………14・18・25・53・
　　66・111・112・141・215
言語資料………………9・11・18・49
言語の地域性……………194
言語変化…………………31
現代仮名遣………………139
検定教科書………………158
原　本……………………14
諺　文………………11・12・25
原倭語類解………………17
語　彙……………………154
語彙的事象………………17
江華条約…………………82
校　合…………………18・68
洪允柯……………………231
校訂交隣須知……………12
合拗音「クヮ」「グヮ」………137
合拗音の直音化 ……138・139・218
『交隣須知』………9・11・12・17・25
　　・26・27・30・31・34・37・110・112
　　・154・169・215

交隣須知伝本……………15
『交隣須知』の系譜 ………107・113
『交隣須知』の二系列……………113
古賀岩助…………………53
国学史料編纂所…………70
『国語学大辞典』…………143
『国語学研究事典』………143
『国語読本』………………158
『国語の研究』……………110
国内仮名資料……………181
国立図書館所蔵『倭語類解』…167
誤　字……………………13
古写本…………………20・180
古写本系………21・25・26・27・50・51
　　・113・161・215
古写本系資料……………194
古写本類諸本……………10
『詞稽古之者仕立記録』………111
『ことばのその』…………71
語法的事象………………17
小松寿雄………146・153・226
コリヤード………………181
近藤真琴………13・70・71
近藤芳樹………………71・82

さ

『再刊交隣須知』…………12
済州本……12・13・14・16・19・22・53
　　・54・59・60・61・62・64・67・68・
　　70・83・84・85・178・216
崔彰完…………………16・231
齊藤明美………161・183・188・226
阪倉篤義…………………227
坂梨隆三………………144・227
錯　誤……………………13

237

桜井義之 …………………227	『尋常小学読本』………158
迫野虔徳………15・22・26・145・194・198・204・227	推量の助動詞 ……………219
佐藤喜代治………………143・227	清音表記 …………………126
三音節語 …………………204	性　格 ……………………16
『懺悔録』…………………181	盛　器 ……………………27
三濁点 ……………………132	清濁表記 …………………122
三尾砂 ……………………155・229	成立過程 …………………37
識　語 ……………………27	成立背景 …………………17
時　節 ……………………34	接続助詞 …………………31・116
指定（断定）の意味 ……149	先行研究 …………………11・49
指定の助動詞 ……………143・149・194	全国方言辞典 ……………196
柴田武 ……………………143	線装本 ……………………25
島井浩 ……………………12	宗家文庫 …………………38
写　本 ……………………9・164	相互関係 …………………22
写本類 ……………………15・22・51	宋　敏 ……………………230
『集語』……………………53	増補本（系）……10・15・18・20・21・26・34・37・39・49・50・51・61・66・70・75・77・83・84・85・113・117・118・170・194・215
蒐　集 ……………………17	
終助詞的な用法 …………156・157・163	
準体助詞 …………………149・154・155・158	「草梁館記」………………108
ジョアン・ロドリゲス……140・232	ソウル大学校中央図書館……19
諸異本 ……………………11	ソウル大学本……12・16・19・21・22・31・51・53・54・59・60・61・62・64・67・68・72・75・76・77・78・83・84・85・117・151・178・216
『捷解新語』………………10・11・30・110	
条件表現形式 ……………157	
助　詞 ……………………219	促音便 ……………………143・145・146・152
書　写 ……………………11	た
書　標 ……………………38	
白石直道 …………………91	待遇表現 …………………219
白石版 ……………………15	体系的 ……………………9
白藤禮幸 …………………11・13・14・227	第十四代沈寿官……………27
白水主 ……………………38	対照研究 …………………10
白水福治 …………………19・38・113・114	題目の分類 ………………118
白水本 ……………………16・18・19・21・37・40・49・114・159・170・178・180・216	対　訳 ……………………11
白　兎 ……………………157	対訳日本語………9・10・11・12・15・

索　引

23・28・29・34・35・36・43・49・50・56・60・61・66・67・68・76・78・97・98・99・115・118・140・162・173・215・216
田川孝三 …………………………227
濁音表記 ………121・128・129・136・138・218
濁音符 ………………………128・139
濁点表記 ……………………125・186
田代和生 …………………………227
田中健夫 ……………………13・70
『探桂玉』 …………………………12
チエンバレン ……………………146
知　好 ……………………………38
長音の短音表記 ………137・138・218
趙義淵 …………………………110・112
趙順文 ………………157・164・232
趙眞璟 ……………………………228
『朝鮮語学書』 ……………………26
朝鮮語学習書 ……………………17
朝鮮語学所 ………………………12
朝鮮語の干渉 ……………………123
『朝鮮使節官氏名』 ………………26
朝鮮資料 ………………154・179・181
朝鮮通詞 …………………………26
朝鮮通信使 …………………26・38
沈寿官 …………………13・16・26
沈寿官本 ………16・19・21・27・28・29・51・114・115・148・151・161・169・180・192・215
沈保京 ……………………16・230
通　詞 ……………………………38
通　事 ……………………………13
築島裕 ……………………………227
対　馬 ……………15・26・118・119

対馬厳原藩士雨森芳洲編輯 ……90
対馬浦瀬裕校正増補 ……………90
対馬通事 ……………………14・54
対馬の通詞 ……………………194
対馬藩 ……………………………118
対馬方言 ………………198・204・219
対馬本 ……………………………49
対馬歴史民俗資料館 ……19・37・38・49・113・114
辻村敏樹 …………………………227
津江篤郎 …………………………38
鶴園裕 ……………………118・227
鄭　光 ……………………………231
鄭昌鎬 ……………………………231
程度逓減の法則 …………………173
丁寧形の依頼表現 ………………156
丁寧体 ……………………………165
鄭然粲 ……………………………231
鉄　器 ……………………………27・33
寺村秀夫 …………………………229
天　保 ……………………………26・27
天保本 ………16・19・21・27・28・29・30・31・115・169・180・215
土井忠生 …………………………232
東京語 ……………………………141
東京大学小倉文庫 ………19・53・61
東京大学旧南葵文庫 ……………19
東国的要素 ……………148・152・153

な

苗代川 ………17・19・25・26・27・193・194・219
永野賢 ………………155・157・164・227
長崎大学 …………………………20
長崎大学本 ………………………20

239

中谷德兵衛‥‥‥‥‥‥‥‥90・91
中田祝夫 ‥‥‥‥‥‥‥‥‥‥227
永留氏‥‥‥‥‥‥‥‥‥‥‥‥38
中村庄次郎 ‥‥‥‥‥‥12・19・53
中村本‥‥‥‥14・19・22・61・64・67・
　68・70・85・178
中村幸彦‥‥‥‥‥‥‥‥‥19・61
ナ行変格の四段化 ‥‥‥‥‥‥143
苗代川写本‥‥‥‥‥‥‥‥‥‥13
苗代川地方 ‥‥‥‥‥‥‥‥‥190
苗代川伝本 ‥‥‥‥‥‥‥‥‥‥19
苗代川本‥‥‥‥‥‥‥‥‥29・49
苗代川本総索引‥‥‥‥‥‥‥‥15
二段活用の残存現象 ‥‥‥‥‥208
二段動詞の一段化‥‥‥15・143・144・
　194・204・207・219
『日語類解』 ‥‥‥‥‥‥168・180
『日韓英三国対話』‥‥‥‥‥‥110
日朝修好条約‥‥‥‥‥‥‥‥‥82
日葡辞書 ‥‥‥‥‥‥‥‥‥‥196
日本言語地図 ‥‥‥‥‥‥‥‥196
『日本口語文典』‥‥‥‥‥‥‥146
日本語対訳 ‥‥‥25・28・29・66・105
日本語的韓語‥‥‥‥‥‥‥‥‥11
日本語における韓国語の干渉 ‥‥‥182
日本語の音韻・表記‥‥‥‥‥‥139
日本語の地域性 ‥‥‥‥‥‥‥194
日本語の文法 ‥‥‥‥‥‥‥‥141
『日本語百科大事典』‥‥‥‥‥143
日本語訳 ‥‥‥‥‥‥‥‥‥‥186
『日本大文典』(Arte da Lingoa de Japan)
　‥‥‥‥‥‥‥‥‥‥‥‥‥140
日本の中央語 ‥‥‥‥‥‥‥‥141
『日本文典』‥‥‥‥‥‥‥‥‥181
人称代名詞 ‥‥‥‥‥‥‥‥‥219

幣原担‥‥‥‥‥12・13・14・15・70・71・
　106・108・227

は

ハ行四段活用‥‥‥‥‥‥146・152
ハ行四段動詞‥‥‥‥143・145・147・194
「ハとガ」‥‥‥‥‥‥‥‥‥‥219
話しことば‥‥‥‥‥‥‥‥‥‥18
濱田敦‥‥‥‥12・13・15・25・26・27・
　29・30・31・52・61・70・121・122・
　123・125・126・127・137・138・154
　・155・161・162・168・169・173・
　179・180・181・182・187・193・197
　・211・213・223・227
"Hayashi, N. & Kornicki, P."‥‥38
　・232
林　大 ‥‥‥‥‥‥‥‥‥‥‥143
原口裕 ‥‥‥‥‥‥‥‥‥‥‥158
破裂、破擦音 ‥‥‥‥‥‥‥‥123
半濁音表記‥‥‥‥129・136・138・139・
　185・218
半濁音符 ‥‥‥‥‥‥‥‥‥‥132
鼻　音 ‥‥‥‥‥‥‥‥‥‥‥‥13
『日暮茶草』‥‥‥‥‥‥‥‥‥213
鼻濁音「ng」の出現 ‥‥‥‥‥121
飛田良文 ‥‥‥‥‥‥‥‥146・228
必然的動機誘発 ‥‥‥‥‥‥‥165
『漂民対話』‥‥‥‥‥‥‥‥‥17
漂流民‥‥‥‥‥‥‥‥‥‥‥‥38
複合語 ‥‥‥‥‥‥‥‥‥‥‥127
福島邦道‥‥‥‥13・14・70・71・81・90
　・105・107・109・110・111・114・
　118・158・198・228
武家言葉 ‥‥‥‥‥‥‥‥‥‥145
釜　山 ‥‥‥‥‥‥‥‥‥‥‥‥12

索　引

釜山市立市民図書館…………………16
釜山市立市民図書館所蔵『交隣須知』
　………………………………………90
藤井茂利………………………194・228
藤波義貫……………………………12・19
『物名』………………………………17
部門配列………………27・40・215・216
古田和子……………………………228
文語的表現…………………………154
文政本……………19・21・27・29・30・31・
　33・114・115・117・161・215
文　法………………………………140
文末表現………………………………33
分　門…………………………………9
ヘボン………………………………232
変　転…………………………………14
片茂鎮…………………16・38・49・145・231
『方言集釈』…………………………17
芳洲『交隣須知』…………………109
芳洲自著説……………………109・111
宝迫繁勝………………12・19・82・91・93・162
宝迫本……………14・19・22・81・82・90・
　91・92・93・94・96・97・98・99・
　111・118・161・162・217・218
『邦訳日葡辞書』…………………167
朴昌遠………………………………230
本江戸………………………………143

ま

前間恭作………12・13・15・19・53・71
　・104・105・107・108・111・112・
　154
前間氏摹写本…………………………22
松下大三郎……………………155・228
松原孝俊……………………………228

松村明………………143・155・227・228
Manual of Korean …………………71
万葉仮名文献………………………122
三ケ尻浩……………………………229
見出し語………34・67・78・113・115・
　117・118・216
見出し語漢字……………25・27・28・40・42
　・54・61・64・68・77・85・93・215
宮地裕………………………………229
「見る」の命令形………………194・219
無表記…………………132・138・218
明治期の新しい日本語……………153
明治37年本………19・23・81・104・152
　・154
明治14年本…………14・15・16・18・19・
　22・23・31・40・81・82・84・85・91
　・151
明治16年本…………12・14・16・17・19・
　22・23・81・90・91・92・93・97・
　161
明治の刊本…………14・15・194・216
明治版…………………………………15
森岡健二……………………………229

や

安田章………11・13・26・110・122・229
柳田国男……………………………229
山口明穂………………………145・229
山口麻太郎…………………………229
山政太郎……………………………229
湯沢幸吉郎…………………………229
吉井量人………………………157・229
余所行き詞…………………………153
四つ仮名………………121・137・139
四つ仮名の混同………136・138・218

241

米谷均…………………229

ら

『羅西日辞典』……………181
藍本……18・22・60・81・84・168・216
李基文………………………231
李康民………17・18・20・25・26・29・
　　43・49・72・78・114・122・123・126
　　・129・136・138・145・194・204・
　　208・209・230
李鐘徹…………………16・231
李翊燮………………………231
『隣語大方』　10・30・38・71・154・168
「隣語大方解題」……………110
流　布……………………17・22
「例解字典」…………………11

例　文………………………27
歴史的仮名遣………132・133・136・138
　　・139
連結語尾……………………165
連　続………………………17
連母音………………………142
ロシア東方学研究所………15・19・34・
　　37・114
「路程記」……………………159
ロドリゲスの『日本大文典』………181

わ

倭　語………………………17
『倭語類解』………17・110・167・168・
　　179・180
『和語類解』……………167・168・180

〔著者略歴〕
齊藤明美（さいとう・あけみ）
1952年　愛知県生まれ。
＊駒澤大学大学院人文科学研究科博士課程国
　文学専攻単位取得満期退学（日本語学）
＊漢陽大学大学院日本語日本文学科博士課程
　修了（日韓対照言語学）
＊文学博士
現在(韓国)翰林大学人文学部日本学科教授、
　翰林大学国際大学院教授
著書：『国語学概説』双文社出版（共著）
　　　『日本語教師として韓国へ』乃木坂出版
　　　『交隣須知 의系譜 와言語』제이앤씨
　　　その他、日本語学・日本語教育・日本
　　　近代文学関係の論文多数
　　　E-mail : saito@hallym.ac.kr
住所：韓国　江原道春川市玉泉洞１番地
　　　　　　翰林大学人文学部日本学科
日本連絡先：(350-1317)埼玉県狭山市水野689-13

───────『交隣須知』の日本語───────

平成14年7月20日発行	著者　齊藤明美	発行所　至　文　堂
東京都新宿区西五軒町4-2	東京(3268)2441(代)	発行者　川上　潤

印刷・製本　大日本印刷株式会社　　　　ISBN4-7843-0210-7　C3081